ケースでアドバイス

労働時間・休日・休暇の実務

テレワーク時代でも迷わない判断のポイント

特定社会保険労務士
松原 熙隆【著】

第一法規

はじめに

　特定社会保険労務士の松原熙隆と申します。

　本書をお手に取っていただきありがとうございます。

　私は、平成8年に石山労務管理事務所（現在：社会保険労務士法人石山事務所）に入所し、平成13年に資格取得、25年の勤務を経て、令和3年4月に自分の事務所を開設しました。大小さまざまな企業の労務管理をみてきた経験を本書でお伝えできればと思います。

　ここ数年で我々社会保険労務士が関与する人事労務関連の法改正が多くありました。平成31年の働き方改革関連法（労働基準法や労働安全衛生法など）の改正や新型コロナウイルス感染症の影響から、ここ2年ほどでテレワーク等が浸透し、労働者の働き方が大きく変わってきています。

　本書は、そうした働き方の変化も踏まえて、単純なようで難しい「労働時間、休日、休暇」に関して、人事担当者がステップアップするためのノウハウを記載しています。人事労務関連の書籍は、専門的なものが多いですが、本書では内容を分かりやすくすることに主眼をおき、図表などを多く使用して視覚的にも理解しやすい構成となっています。

　本書の構成は、第1章で様々な労働時間制度について、法令・通達・判例などを紹介しながら基本解説をしています。第2章では、よくあるお問い合わせや判断に迷う事項について、Ｑ＆Ａ形式で解説をしています。

　また、規定例や書式等がダウンロード可能です。

　人事労務関連の法律は多岐にわたります。毎年のように法改正があり、人事担当者は法改正に対応するだけで一苦労だと思います。ただ、今後は人口減などから現在よりも更なる求人難となることが予想されます。法令遵守は当然のこととして、求職者からみて魅力ある企業となるために、法令を上回るプラスアルファの取り組みが求められます。本書が、そんな人事担当者の一助になれば幸いです。

令和4年8月

松原HRコンサルティング　特定社会保険労務士　松原　熙隆

凡例

◆法令等の略称

法令の略称は以下のとおりです。

略　　称	正式名称
労基法	労働基準法
労規則	労働基準法施行規則
安衛法	労働安全衛生法
労働時間等設定改善法	労働時間等の設定の改善に関する特別措置法
育児・介護休業法	育児休業、介護休業等育児又は家族介護を行う労働者の福祉に関する法律
均等法	男女雇用機会均等法

◆用語の略称

用語の略称は以下のとおりです。

略　　称	正式名称
労基署	労働基準監督署
労働時間ガイドライン	労働時間の適正な把握のために使用者が講ずべき措置に関するガイドライン

◆通達とは

通達とは、行政機関（厚生労働省など）が下部組織やその職員に対し、「事務取扱いの判断基準」などに関し発する内部文書のことです。「行政解釈」などとも呼ばれます。法令とは異なり、外部に法的拘束力があるわけではありません。ただ現実的には、裁判例などでの参考になったりしますし、行政機関における指標となる事項ですの

で、無視していいものではありません。

　良く出てくる通達の類型に「基発」があります。
「基発」とは、厚生労働省労働基準局長が都道府県労働局や労働基準
監督署に対して発する通達となります。

　その他、下記のようなものがあります。
・「発基」：大臣又は厚生労働事務次官名で発する労働基準局関係の通
　達
・「基収」：労働基準局長が疑義に答えて発する通達
・「基監発」：労働基準局長が疑義に答えて発する通達
・「婦発」：婦人局長（現在は雇用均等・児童家庭局長）名で発する通
　達

◆ダウンロード機能

　本書では、掲載されている規定例や書式等のうち、**DL↓**マークが
挿入されているものについて、ダウンロードサービスをご用意してお
ります。
　下記 URL からダウンロードの上、業務でご活用頂けましたら幸い
です。

https://skn-cr. dl-law.com/

　なお、パスワードは下記のとおりとなっています。
　パスワード：「第6節　在宅勤務・テレワーク」の「Q　在宅勤務
とテレワークの違いを教えて下さい。」のページ数を数字3桁で入力
してください。
※ダウンロードは、2026年8月31日までとなります。

目次

第1章 | 労働時間、休日、休暇の基本

第1節 労働時間

第2節 休憩、休日、休暇、休業

第2章 労働時間、休日、休暇等に関する場面別実務対応

第1節 通勤〜始業

Q：従業員から「始業前に制服に着替えることが義務付けられているのに
労働時間にならないのはおかしいのではないか」と聞かれました。どの

第4節 休日・休暇

第5節 休業（妊娠期／育児・介護休業／職場復帰後）

第6節 在宅勤務・テレワーク

第1章

労働時間、休日、休暇の基本

第 1 節 ｜ 労働時間

1-1 労働時間の原則

1　労働時間とは?

　労働時間とは、単純に働いた時間のことではないの?と思われるかもしれませんが、労働基準法（以下「労基法」）では次のように定義されています。

> **労基法第32条**
>
> 　使用者は、労働者に、休憩時間を除き 1 週間について40時間を超えて、労働させてはならない。
>
> 　2　使用者は、 1 週間の各日については、労働者に、休憩時間を除き 1 日について 8 時間を超えて、労働させてはならない。

　これを「法定労働時間」といいます **ポイント❶** 。

　法定労働時間を超えて労働させることは禁止されており、違反すると罰則（ 6 ヵ月以下の懲役又は30万円以下の罰金　労基法第119条）があります。

押さえておきたい判断のポイント①

法定労働時間と所定労働時間

　法定労働時間とは 1 日 8 時間、 1 週40時間を指します。
　所定労働時間とは、就業規則で定めた労働時間となります。

　例えば、 9 時始業、17時終業、休憩 1 時間であれば所定労働時間は 7 時間となります。所定労働時間 7 時間を超えて 8 時間までは法律上働かせることが可能です。

> 　ただし、就業規則で所定労働時間を超えて働かせることがある旨の定めが必要です。

　では、法定労働時間を超えて働かせることはできないのでしょうか?

　この場合、労基法第36条に規定する「時間外・休日労働に関する協定届」、いわゆる36協定届を締結して労働基準監督署(以下「労基署」)に届け出ると、1ヵ月45時間、1年間360時間まで働かせることができます。

　さらに、特別条項付きの協定を締結した場合には、1ヵ月100時間未満(休日労働含む)、複数月平均80時間以内(休日労働含む)、1年間720時間まで働かせることができますが、1ヵ月45時間を超えることができるのは年6回までとなっています。

　このように3段階で規制があります。

【時間外労働の法規制の段階的な考え方】

①(原則)　1日8時間　1週40時間まで

　36協定締結・届出

②1ヵ月45時間、1年間360時間まで

　特別条項締結・届出

③1ヵ月100時間未満(休日労働含む)
　複数月平均80時間以内(休日労働含む)
　1年間720時間以内
　1ヵ月45時間を超えていいのは年6回まで

2　どのような時間が労働時間となるか？

　　ただ、労基法ではそもそもどういった時間が労働時間となるのかを規定しているわけではありません。

　　そのため以前は、労働時間が何かについては諸説ありましたが、労働時間の判例として有名な平成12年3月9日の三菱重工業長崎造船所事件（最高裁判例）において、【労働時間とは、「使用者の指揮命令下」に置かれている時間のことをいい、使用者の「明示または黙示の指示」により、労働者が業務に従事する時間は労働時間にあたること】とされ、以降は、これが指標となりました 判例❶ 。

　　判例❶　三菱重工業長崎造船所事件

　　本事案は、就業規則等の定めにより、始業時刻前に着替えを終了しておくことが義務付けられていて、それが時間外労働にあたるのではないかということが争点でした。

　　争点の具体的内容は、次のとおりです。（一部省略）

　①入退場門から更衣室までの移動時間

　②始業時刻前の着替え時間

　③資材の受け出しや水撒き

　④終業時刻後の着替え時間

　⑤更衣室から入退場門までの移動時間

　　このうち、②③④については労働時間と認定されました。（①⑤については移動時間と認定）

　　判決理由の概要は次のとおりです。

　1　労働時間とは使用者の指揮命令下に置かれている時間をいう。

　2　労働時間に該当するかは、労働者の行為が使用者の指揮命令下に置かれたものと評価することができるかどうかにより客観的に定まる。

　3　2は、労働契約、就業規則、労働協約等の定めにより決定されるべきものではない。

　4　業務の準備行為の評価

　a 事業所内で行うことが使用者から義務付けられていた

　b または余儀なくされていた

　　c その行為に要した時間が社会通念上必要と認められる

⇒以上により、指揮命令下に置かれていると判断され、労働時間と認定されました。

　なお、労災の考え方では①⑤も会社施設内で事業主の「管理下」にあると考えられ、特段の事情が無い限り業務上災害と認定される点が労働時間との考え方と少し異なります。

＜労働時間とはどのような時間か？＞

> 労働時間＝使用者の指揮命令下に置かれている時間

　その後、厚生労働省が発出するガイドラインが平成29年に改定され、労働時間についての考え方が明確に定義付けされるようになりました **ポイント❷**。

押さえておきたい判断のポイント②

労働時間の適正な把握のために使用者が講ずべき措置に関するガイドライン

　「労働時間とは、使用者の指揮命令下に置かれている時間のことをいい、使用者の明示又は黙示の指示により労働者が業務に従事する時間は労働時間にあたる。」、「労働時間に該当するか否かは、労働契約、就業規則、労働協約等の定めのいかんによらず、労働者の行為が使用者の指揮命令下に置かれたものと評価することができるか否かにより客観的に定まるものであること。また、客観的に見て使用者の指揮命令下に置かれていると評価されるかどうかは、労働者の行為が使用者から義務づけられ、又はこれを余儀なくされていた等の状況の有無等から、個別具体的に判断されるものであること」と解されています。

3　労働時間の具体例

　労働時間に該当するかどうかは、労働契約や就業規則等の定めによって決定される訳ではなく、客観的にみて、労働者の行為が使用者

から義務付けられ、または余儀なくされたものであるかどうか等の状況を勘案して判断されることとされています。

　例えば次の①〜⑤のような「参加が強制的」「業務上必要」とする場合には、労働時間として扱うことになります。

---

①作業開始の準備（工具や機械点検等）、作業後の整理・清掃の時間

②朝礼、職場体操の時間

③教育訓練、研修の時間

④手待時間（レストランで客がくるのを待っている時間等）や待機時間（工事現場で砂利を運搬してくるトラックを待っている時間等）

⑤労働安全衛生法に基づく特殊健康診断の時間　等

4　1日とは?

　1日とは、単純に何時から何時までなのでしょうか?

　原則として、午前0時から午後12時までのいわゆる「暦日」を指します。例外として、継続勤務が2暦日にわたる場合には、たとえ暦日を異にする場合でも一勤務として取り扱い、この場合の勤務は始業時刻が属する日の勤務として取り扱うことが通達で示されています **通達❶**。

＜原則＞

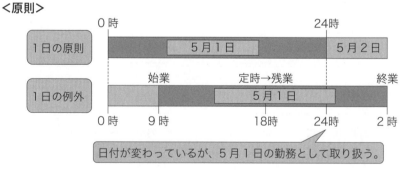

日付が変わっているが、5月1日の勤務として取り扱う。

5　1週間とは？

　同様に、1週間とは何曜日から何曜日までなのでしょうか？

　1週間とは、就業規則その他に別段の定めがない限り、「日曜日から土曜日まで」の暦週を指すことが通達で示されています **通達❶**。カレンダーの並びと同じですね。

＜就業規則に1週間の起算日が無い場合＞

日	月	火	水	木	金	土
休み	出勤	出勤	出勤	出勤	出勤	休み

　会社によっては、土曜日起算で金曜日までを1週間と定めているところもあります。これは、土日休みの会社の場合、急遽休日労働を余儀なくされた際に、振替休日を同一週内で取りやすくするためのものです。

＜就業規則で土曜日を1週間の起算日とした場合＞

土	日	月	火	水	木	金
休み	休み	出勤	出勤	出勤	出勤	出勤

通達❶ 昭和63年1月1日基発第1号

　この通達では、労働基準法第32条関係の一週間の法定労働時間と一日の法定労働時間について、次のように示しています。

　「法第三十二条第一項で一週間の法定労働時間を規定し、同条第二項で一日の法定労働時間を規定することとしたが、これは、労働時間の規制は一週間単位の規制を基本として一週間の労働時間を短縮し、一日の労働時間は一週間の労働時間を各日に割り振る場合の上限として考えるという考え方によるものであること。

　一週間の法定労働時間と一日の法定労働時間との項を分けて規定することとしたが、いずれも法定労働時間であることに変わりはなく、使用

者は、労働者に、法定除外事由なく、一週間の法定労働時間及び一日の法定労働時間を超えて労働させてはならないものであること。

　なお、一週間とは、就業規則その他に別段の定めがない限り、日曜日から土曜日までのいわゆる暦週をいうものであること。

　また、一日とは、午前〇時から午後十二時までのいわゆる暦日をいうものであり、継続勤務が二暦日にわたる場合には、たとえ暦日を異にする場合でも一勤務として取り扱い、当該勤務は始業時刻の属する日の労働として、当該日の「一日」の労働とすること。」

　上記通達にありますが、「労基法での労働時間規制」の考え方として、労基法第32条は「１日８時間労働が積み重なって１週40時間労働となる」のではなく、

第１項　１週間40時間労働の規制
　↓　各日に割り振る場合の上限
第２項　１日８時間労働
　が規定されています。

　この考え方をもとに、第32条の２・３・４・５で変形労働時間制が取られていますので、覚えておくとよいでしょう。

1-2　労働時間の適正な把握のために使用者が講ずべき措置に関するガイドライン

1　労働時間の適正な把握のために使用者が講ずべき措置に関するガイドラインとは

　厚生労働省では、労働時間を適正に把握するために平成29年1月20日、労働時間の適正な把握のための使用者向けの新たなガイドラインを策定しました。

> ガイドライン策定の経緯
>
> 　過労死や過労自殺の問題や長時間労働の是正が問題視されており、企業が労働者の労働時間を把握することは非常に重要です。
>
> 　厚生労働省は、平成13年に「労働時間の適正な把握のために使用者が講ずべき措置に関する基準」を作成しました。さらに平成29年に基準を一部改定し、より具体的な内容に定めました。

2　ガイドラインで定められていること

(1)　使用者には労働時間を適正に把握する責務があること

(2)　労働時間の考え方

　　労働時間とは使用者の指揮命令下に置かれている時間であり、使用者の明示または黙示の指示により労働者が業務に従事する時間は労働時間にあたること

(3)　労働時間の適正な把握のために使用者が講ずべき措置

> 事業主と使用者とは
>
> 　「事業主」とは、法人（株式会社や有限会社など）やその経営担当者を指します。個人事業であれば個人事業主を指します。

「使用者」とは、労働者に関する事項について、事業主のために行為をするすべての者を指し、実質的な権限と責任がある者が該当します。役職や名称にとらわれません。使用者の方が概念としては広いです。

「事業主」と「使用者」

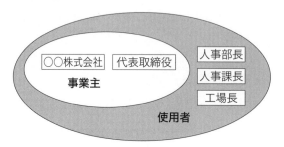

参考：労働基準法第10条
この法律で使用者とは、事業主又は事業の経営担当者その他その事業の労働者に関する事項について、事業主のために行為をするすべての者をいう。

3　ガイドラインの【使用者が講ずべき措置】についての解説
<原則>

(1)　始業・終業時刻の確認・記録

使用者は、労働時間を適正に把握するため、労働者の労働日ごとの始業・終業時刻を確認し、これを適正に記録すること

(2)　原則的な始業・終業時刻の確認方法

①使用者が自ら現認することにより確認すること

「自ら現認する」とは、使用者または労働時間管理を行う者（社長、人事担当役員、人事部長などの責任者）が直接、始業・

終業時刻を自身が目視で確認することをいいます。

②タイムカード、ICカード、パソコンの使用時間の記録等の客観

的な記録を基礎として確認し、適正に記録すること **ポイント❶**

押さえておきたい判断のポイント①

実務上の判断のポイント

　例えば、残業指示書や残業報告書など、使用者が労働時間を算出するために有している記録と突き合わせて確認し記録することも必要です。明確な指標はありませんが、おおむね30分程度の乖離がある場合にはその乖離がなぜ生じているかの確認作業が必要になるでしょう。

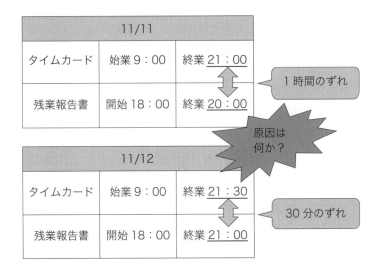

4　ガイドラインの【使用者が講ずべき措置】についての解説 ＜例外＞

＜例外＞自己申告制

　企業において広く実施されていますが、自己申告制は例外的な把握方法となります。

「やむを得ず」自己申告制で労働時間を把握する場合には、次の4つの措置を講ずる必要があります。

①十分な説明を行うこと

　　労働者や労働時間管理を行う者に対して、自己申告制の適正な運用等、ガイドラインに基づく措置について<u>十分な説明</u>を行うことが必要です。

　　労働者に対して説明すべき事項は、次のものがあげられます。

　　・労働時間の考え方

　　・自己申告制の具体的な内容

　　・適正な自己申告を行ったことによる不利益取扱いがないこと　等

②実態調査を行うこと

　　「自己申告による労働時間」と「入退場記録やパソコンの使用時間」等から把握した「在社時間」との間に著しい乖離がある場合には<u>実態調査</u>を行い、労働時間の補正を行う必要があります。

　　また、休憩や自主的な研修、教育訓練、学習等であり、労働時間ではないとの労働者からの報告があったとしても、実際に使用者の指示により業務に従事している等、「使用者の指揮命令下に置かれていた」と認められた時間は労働時間として取り扱わなければなりません。

　　使用者は定期的に実態調査を行い、適正に労働時間が把握できているかを確認することが望ましいといえます　**ポイント❷**。

③適正な自己申告を妨げないこと

　　使用者は労働者が自己申告できる時間数の上限を設定する、上限を超える申告を受け付けない等の<u>適正な申告を阻害する措置を講じてはなりません。</u>

　　また、36協定の延長可能時間数を超過した労働があるにもかか

わらず、記録上これを守っているようにすることが慣習的に行われていないかを確認する必要があります。

例 1 ）36協定で定めている 1 ヵ月の上限時間は45時間なので、

　　　×これを超える残業申請は認めません。

　　　×これを超えた分の残業手当は支払いません。

　　　○これを超えないような働き方をしてください。

　　　○超過しそうな場合は所属長および人事部に申出ください。

④定期的な確認を行うこと

　　適正な自己申告がされているかどうかを定期的に確認する必要があります。

　　労働時間を管理する所属長等が労基法を理解しておらず、会社からの指示を間違って解釈している可能性もありますので、定期的な教育研修なども必要になるでしょう。

押さえておきたい判断のポイント②

実務上の判断のポイント

　特に、次のような毎日同じ始業・終業時刻の自己申告には注意する必要があります。一見問題なさそうですが、通常はこのような全く同じ時刻が続くことは想定しにくいからです。①での十分な説明を労働者がきちんと理解しておらず、適当に労働時間を申告している可能性があります。

自己申告の労働時間		
	始業	終業
○月 1 日	9 ：00	18：00
○月 2 日	9 ：00	18：00
○月 3 日	9 ：00	18：00
○月 4 日	9 ：00	18：00

5　研修・教育訓練等の労働時間の考え方
（厚生労働省：労働時間の考え方：研修・教育訓練等の取り扱い）

（1）　研修・教育訓練

【原則】

　研修・教育訓練について、業務上義務付けられていない自由参加のものであれば、その研修・教育訓練の時間は、労働時間に該当しません。

※研修・教育訓練への不参加について、就業規則で減給処分の対象とされていたり、不参加によって業務を行うことができなかったりするなど、事実上参加を強制されている場合には、研修・教育訓練であっても労働時間に該当します。

※ポイント　業務上の義務付け、自由参加、参加の強制、処分対象

労働時間に該当しない事例

①終業後の夜間に実施する勉強会

　　・弁当の提供あり

　　・参加の強制なし

　　・参加しないことについて不利益な取り扱いをしない

②勤務時間外に行う訓練

　　・会社の設備を無償で使用することの許可

　　・自ら申出て、一人でまたは先輩社員に依頼

　　・使用者からの指揮命令なし

③会社が開催している英会話講習

　　・英会話は業務とは関連性なし

　　・任意参加

　　・外国人講師は会社が手配

労働時間に該当する事例

①使用者が指定する社外研修について、休日に参加するよう指示され、後日レポートの提出も課されるなど、実質的な業務指示で参加する研修

※ポイント

「使用者の指示」と考えられる点

・「休日に参加するよう指示」

・「後日レポートの提出」

②自らが担当する業務について、あらかじめ先輩社員がその業務に従事しているところを見学しなければ実際の業務に就くことができないとされている場合の業務見学

※ポイント

「使用者の指示」と考えられる点

・「先輩社員がその業務に従事しているところを見学しなければ実際の業務に就くことができない」

(2)　仮眠・待機時間

【原則】　仮眠室などにおける仮眠の時間について、電話等に対応する必要はなく、実際に業務を行うこともないような場合には、労働時間に該当しません。

※ポイント　仮眠時間、電話対応不要、業務対応不要

労働時間に該当しない事例

①週1回交代で、夜間の緊急対応当番を決めているが、当番の労働者は社用の携帯電話を持って帰宅した後は自由に過ごすことが認められている場合の当番日の待機時間

(3)　労働時間の前後の時間

【原則】　更衣時間について、制服や作業着の着用が任意であったり、自宅からの着用を認めているような場合には、労働時間に該当しません。

※ポイント　制服等の着用が任意、自宅から着用可

交通混雑の回避や会社の専用駐車場の駐車スペースの確保等の理由で労働者が自発的に始業時刻より前に会社に到着し、始業時刻までの間、業務に従事しておらず、業務の指示も受けていないような場合には、労働時間に該当しません。

※ポイント　自発的、業務に従事しない、業務指示がない

(4)　直行直帰・出張に伴う移動時間

【原則】　直行直帰・出張に伴う移動時間について、移動中に業務の指示を受けず、業務に従事することもなく、移動手段の指示も受けず、自由な利用が保障されているような場合には、労働時間に該当しません。

※ポイント　業務指示がなし、業務に従事しない、移動手段の指示なし、自由利用が保障

(5)　まとめ

労働時間に該当しないとする場合には、上司がその「研修・教育訓練」を行うよう指示しておらず、かつその「研修・教育訓練」を開始する時点において本来業務や本来業務に不可欠な準備・後処理は終了しており、労働者はそれらの業務から離れてよいことについて、あらかじめ労使で確認しておくことが必要です。

具体的には、「研修・教育訓練」について、通常の勤務場所とは異なる場所を設けて行うことや、通常勤務でないことが外形的に明確に見分けられる服装により行うことなどを定め、こうした取り扱いの実施手続きを書面で明確化することが望ましいです。

1-3 労働時間の「状況」の把握（労働安全衛生法）

1 労働時間の「状況」の把握とは

　事業者がすべての労働者の面接指導を適切に実施するため、労働安全衛生法（以下「安衛法」）が平成31年4月に改正され、労働時間の「状況」の把握をすることが定められました。

　これは、長時間労働による疲労の蓄積で健康障害発症のリスクが高まった労働者について、その健康の状況を把握し、これに応じて本人に対する指導を行うとともに、その結果を踏まえた措置を講じるためのものです。

　労基法では、労働時間を「労働時間の適正な把握のために使用者が講ずべき措置に関するガイドライン」に沿って把握する必要がありましたが、安衛法における労働時間の「状況」の把握でも同様にガイドラインに定める方法で把握することが求められています。

2 労基法と安衛法の把握の仕方の違いとは

　労基法の労働時間の把握と安衛法の労働時間の状況の把握の共通点と相違点は、次のとおりです。

＜共通点＞

・ガイドラインに沿って把握すること

＜相違点＞

・労基法では把握の対象外である「管理監督者」「裁量労働制適用者」「事業場外みなし労働時間制適用者」についても把握の必要があること

※高度プロフェッショナル制度の適用者は、労働時間の「状況」の把握ではなく、健康管理時間という指標で把握をすることになってい

ます。

＜労基法と安衛法の把握の仕方の比較表＞

	労基法	安衛法
目的	労働時間の把握	労働時間の「状況」の把握
把握方法	労働時間ガイドラインで使用者が講ずべき措置とされている方法	
対象労働者	①②を除くすべての労働者 ①労基法第41条に定める者 ②みなし労働時間制が適用される労働者（事業場外労働を行う者にあっては、みなし労働時間制が適用される時間に限る。）	すべての労働者 （高度プロフェッショナル制度適用者は健康管理時間で把握）
時間数の考え方	原則、1日8時間、1週40時間を超えた時間が時間外労働	1ヵ月の総労働時間数－{(計算期間1ヵ月間の総暦日数÷7)×40}

＜労働時間の適用状況の比較表＞

労働時間の適用状況を比較した表は次のとおりです。

○は適用対象、×は適用除外となります。

	一般労働者	管理監督者	高度プロフェッショナル制度適用者
労働時間	○	×	×
安衛法の労働時間の状況の把握	○	○	○
休日	○	×	×
割増賃金　時間外	○	×	×
割増賃金　休日	○	×	×
割増賃金　深夜	○	○	×
休憩	○	×	×
年次有給休暇	○	○	○
独自の健康確保措置	△裁量労働制で適用あり	―	○

3　長時間労働をした場合の医師による面接指導（安衛法）

　安衛法が平成31年4月に改正され、長時間労働があった場合の面接指導の対象となる時間外・休日労働の時間数が「100時間超」から「80時間超」に変更になっています。

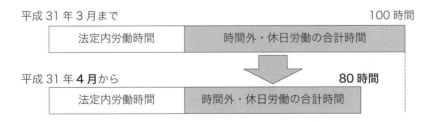

平成31年3月まで　　　　　　　　　　　　　　　　　　　　100時間

| 法定内労働時間 | 時間外・休日労働の合計時間 |

平成31年4月から　　　　　　　　　　　　　　　　　　　　**80時間**

| 法定内労働時間 | 時間外・休日労働の合計時間 |

＜面接指導ラインの時間数＞

　医師による面接指導の対象となる時間数は、次の数式により算出します。

1ヵ月の総労働時間数－｛（計算期間1ヵ月間の総暦日数÷7）×40｝

　計算結果の早見表は次のとおりです。

暦日数	1ヵ月間の総暦日数÷7×40	80時間プラス
31日	177.1時間（177時間06分）	257.1時間（257時間06分）
30日	171.4時間（171時間24分）	251.4時間（251時間24分）
29日	165.7時間（165時間42分）	245.7時間（245時間42分）
28日	160.0時間（160時間00分）	240.0時間（240時間00分）

　医師による面接指導のフローは、次のとおりです。

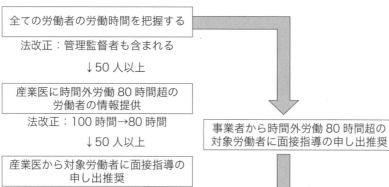

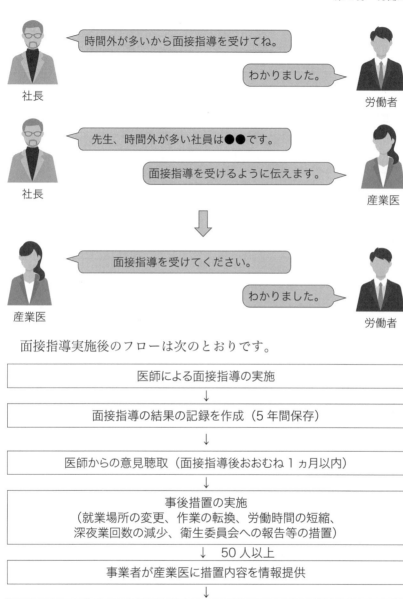

面接指導実施後のフローは次のとおりです。

医師による面接指導の実施

↓

面接指導の結果の記録を作成（5 年間保存）

↓

医師からの意見聴取（面接指導後おおむね 1 ヵ月以内）

↓

事後措置の実施 （就業場所の変更、作業の転換、労働時間の短縮、 深夜業回数の減少、衛生委員会への報告等の措置）

↓　　50 人以上

事業者が産業医に措置内容を情報提供

↓

産業医が必要に応じて事業者へ勧告

↓

事業者が産業医からの勧告の内容を衛生委員会へ報告

　労働者自身が疲労の蓄積を確認するためのツールとして「労働者の疲労蓄積度自己診断チェックリスト」が厚生労働省のホームページからダウンロード可能です。面接指導の措置とあわせて実施するとよいでしょう。

労働者の疲労蓄積度自己診断チェックリスト

労働者の疲労蓄積度自己診断チェックリスト

記入年月日＿＿＿＿＿年＿＿月＿＿日

このチェックリストは、労働者の仕事による疲労蓄積を、自覚症状と勤務の状況から判定するものです。

1．最近1か月間の自覚症状について、各質問に対し最も当てはまる項目の□に✓を付けてください。

1. イライラする	□ ほとんどない（0）	□ 時々ある（1）	□ よくある（3）
2. 不安だ	□ ほとんどない（0）	□ 時々ある（1）	□ よくある（3）
3. 落ち着かない	□ ほとんどない（0）	□ 時々ある（1）	□ よくある（3）
4. ゆううつだ	□ ほとんどない（0）	□ 時々ある（1）	□ よくある（3）
5. よく眠れない	□ ほとんどない（0）	□ 時々ある（1）	□ よくある（3）
6. 体の調子が悪い	□ ほとんどない（0）	□ 時々ある（1）	□ よくある（3）
7. 物事に集中できない	□ ほとんどない（0）	□ 時々ある（1）	□ よくある（3）
8. することに間違いが多い	□ ほとんどない（0）	□ 時々ある（1）	□ よくある（3）
9. 仕事中、強い眠気に襲われる	□ ほとんどない（0）	□ 時々ある（1）	□ よくある（3）
10. やる気が出ない	□ ほとんどない（0）	□ 時々ある（1）	□ よくある（3）
11. へとへとだ（運動後を除く）	□ ほとんどない（0）	□ 時々ある（1）	□ よくある（3）
12. 朝、起きた時、ぐったりした疲れを感じる	□ ほとんどない（0）	□ 時々ある（1）	□ よくある（3）
13. 以前とくらべて、疲れやすい	□ ほとんどない（0）	□ 時々ある（1）	□ よくある（3）

　＜自覚症状の評価＞　各々の答えの（　）内の数字を全て加算してください。　合計　　　　点

I	0～4点	II	5～10点	III	11～20点	IV	21点以上

2．最近1か月間の勤務の状況について、各質問に対し最も当てはまる項目の□に✓を付けてください。

1. 1か月の時間外労働	□ ない又は適当（0）	□ 多い（1）	□ 非常に多い（3）
2. 不規則な勤務（予定の変更、突然の仕事）	□ 少ない（0）	□ 多い（1）	－
3. 出張に伴う負担（頻度・拘束時間・時差など）	□ ない又は小さい（0）	□ 大きい（1）	－
4. 深夜勤務に伴う負担（★1）	□ ない又は小さい（0）	□ 大きい（1）	□ 非常に大きい（3）
5. 休憩・仮眠の時間数及び施設	□ 適切である（0）	□ 不適切である（1）	－
6. 仕事についての精神的負担	□ 小さい（0）	□ 大きい（1）	□ 非常に大きい（3）
7. 仕事についての身体的負担（★2）	□ 小さい（0）	□ 大きい（1）	□ 非常に大きい（3）

★1：深夜勤務の頻度や時間数などから総合的に判断して下さい。深夜勤務は、深夜時間帯（午後10時－午前5時）の一部または全部を含む勤務を言います。

★2：肉体的作業や寒冷・暑熱作業などの身体的な面での負担

　＜勤務の状況の評価＞　各々の答えの（　）内の数字を全て加算してください。　合計　　　　点

A	0点	B	1～2点	C	3～5点	D	6点以上

3．総合判定

　次の表を用い、自覚症状、勤務の状況の評価から、あなたの仕事による負担度の点数（0～7）を求めてください。

【仕事による負担度点数表】

		勤　　務　　の　　状　　況			
		A	B	C	D
自覚症状	I	0	0	2	4
	II	0	1	3	5
	III	0	2	4	6
	IV	1	3	5	7

※糖尿病や高血圧症等の疾病がある方の場合は判定が正しく行われない可能性があります。

➡ あなたの仕事による負担度の点数は：☐ 点（0～7）

	点　数	仕事による負担度
判定	0～1	低いと考えられる
	2～3	やや高いと考えられる
	4～5	高いと考えられる
	6～7	非常に高いと考えられる

4．疲労蓄積予防のための対策

　あなたの仕事による負担度はいかがでしたか？本チェックリストでは、健康障害防止の視点から、これまでの医学研究の結果などに基づいて、仕事による負担度が判定できます。負担度の点数が2～7の人は、疲労が蓄積されている可能性があり、チェックリストの2．に掲載されている"勤務の状況"の項目（点数が1または3である項目）の改善が必要です。個人の裁量で改善可能な項目については自分でそれらの項目の改善を行ってください。個人の裁量で改善不可能な項目については、上司や産業医等に相談して、勤務の状況を改善するように努力してください。なお、仕事以外のライフスタイルに原因があって自覚症状が多い場合も見受けられますので、睡眠や休養などを見直すことも大切なことです。疲労を蓄積させないためには、負担を減らし、一方で睡眠・休養をしっかり取る必要があります。労働時間の短縮は、仕事による負担を減らすと同時に、睡眠・休養を取りやすくするので、効果的な疲労蓄積の予防法のひとつと考えられています。あなたの時間外労働時間が月45 時間を超えていれば、是非、労働時間の短縮を検討してください。

【参考】時間外労働と脳血管疾患・虚血性心疾患との関連について

　時間外労働は、仕事による負荷を大きくするだけでなく、睡眠・休養の機会を減少させるので、疲労蓄積の重要な原因のひとつと考えられています。医学的知見をもとに推定した、時間外労働時間（1週間当たり40 時間を超える部分）と脳出血などの脳血管疾患や心筋梗塞などの虚血性心疾患の発症などの健康障害のリスクとの関連性を下表に示しますので参考にしてください。上のチェックリストで仕事による負担度が低くても時間外労働時間が長い場合には注意が必要です。

時間外労働時間	月45 時間以内	時間の増加とともに健康障害のリスクは徐々に高まる	月100 時間または2～6 か月平均で月80 時間を超える
健康障害のリスク	低い	▮▮▮➡	高い

出典：厚生労働省「労働者の疲労蓄積度チェックリスト」（https://www.mhlw.go.jp/topics/2004/06/tp0630-1.html）より

1-4 労働時間制度

1　各種労働時間制度の概要

　各種労働時間制度について、制度の類型ごとに概要、特徴、業種、人数規模、収入要件、就業規則の定め、労使協定の作成・届出の要否等について、次の表にまとめました。表の右端に参照ページも入っていますので参考にしてください。

2　各種労働時間制度の難易度

　各種労働時間制度の難易度を「導入難易度」、「運用難易度」で表しました。

※「導入難易度」、「運用難易度」ともに筆者の個人的見解です。厚生労働省や出版社の見解を示すものではありません。あくまでも参考程度の指標としてください。

3　労働時間制度導入のためのフローチャート

　どの労働時間制度が適切かのフローチャートを作成しました。

　各種労働時間制度ですが、1社で複数の労働時間制度を導入することは可能です。ただし、複数の労働時間制度を同時に運用することは管理が煩雑になりますので、導入の可否をよく検討していただくことが望ましいです。

　なお、同一人に対して、それぞれの労働時間制度を組み合わせることは不可となっています。

労働時間制度の表

#	労働時間制度の類型	概要	特徴	業種・職種	人数規模	収入要件	就業規則の定め	労使協定の届出	労使協定の要否	参照ページ
1	通常の労働時間管理	1日8時間、1週40時間を超えてはならない	-	-	-	なし	必要	-	-	-
2	1年単位の変形労働時間制	1日8時間、1週40時間を超えることはあるが、1年間で平均して1週40時間以内とする	特定の季節、特定の月に忙しい業種等に適した制度	観光業、建設業等で多く見られる	-			必要	必要	P 37
3	1箇月単位の変形労働時間制	1日8時間、1週40時間を超えることはあるが、1ヵ月で平均して1週40時間以内とする	月末月初が忙しい、月中が忙しい業種に適した制度	業種は問わない	-			▲労使協定で定めたときは必要	▲	P 51
4	1週間単位の変形労働時間制	1日8時間を超えることはあるが、1週40時間以内とする	特定日の労働時間を長くしたい場合に適した制度	接客業等	30人未満			必要	必要	P 62
5	フレックスタイム	1ヵ月（または3か月以内）の総労働時間の枠を決め、始終業時刻は労働者に委ねる	労働時間の配分を労働者に任せたい場合に適した制度	業種は問わない	-			▲1ヵ月超は必要	▲1ヵ月超	P 67
6	事業場外みなし労働時間制	事業場外で労働し、労働時間を把握し難い場合、一定の時間労働したとみなす制度	労働時間管理が困難な外勤者向けの制度	営業職等	-			▲所定労働時間超は必要	▲所定労働時間超は必要	P 79
7	専門業務型裁量労働制	業務の性質上、その遂行方法を労働者の裁量に委ねる必要がある為、業務遂行の手段・時間配分に関して具体的な指示が困難な業務に従事する場合労使協定に定めたとみなす制度	限定された専門的19業務に従事する者が対象	19業務	-			必要	必要	P 102
8	企画業務型裁量労働制	事業運営に関する企画・立案・調査・分析業務に従事する者が対象	事業運営に関する企画・立案・調査・分析業務に従事する者が対象	企画、立案、調査、分析	-			必要（労使委員会の決議等）	必要（労使委員会の決議等）	P 102
9	高度プロフェッショナル制度	高度な専門的知識を必要とし、その性質上従事した時間と成果の関連性が高くないと考えられる業務に従事する労働者が対象	労働時間、休憩、休日、深夜の割増賃金について適用除外	高度専門業務	-	あり		必要（労使委員会の決議等）	必要（労使委員会の決議等）	P 119

※ 左端の類型区分：2〜5は「変形労働時間制」、6〜9は「みなし労働時間制等」

25

難易度の表

労働時間制度	導入難易度	運用難易度	該当ページ
1年単位の変形労働時間制	★★★	★★★	P37
1箇月単位の変形労働時間制	★	★★	P51
1箇月単位の変形労働時間制（労使協定で導入）	★★	★★	P51
1週間単位の変形労働時間制	★★	★★	P62
フレックスタイム制	★	★	P67
フレックスタイム制（3ヵ月以内）	★★★	★★★★	P67
事業場外みなし労働時間制	★	★	P79
専門業務型裁量労働制	★★★	★★★★	P90
企画業務型裁量労働制	★★★★★	★★★★★	P102
高度プロフェッショナル制度	★★★★★	★★★★★	P119

「導入難易度」は、導入するための就業規則、労使協定、制度構築などの作成にかかる難易度を示しています。

「運用難易度」は、毎月の勤怠集計、特殊ルール、定期的な行政への届出にかかる難易度を示しています。

フローチャート

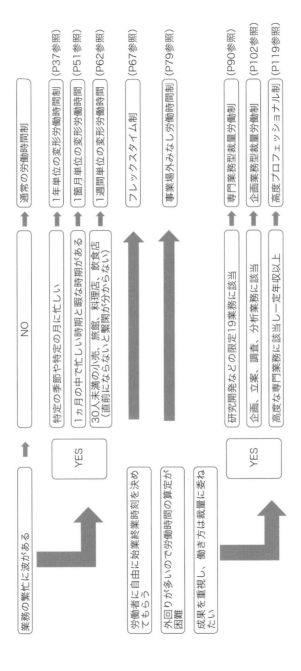

業務の繁忙に波がある

NO → 通常の労働時間制

YES

特定の季節や特定の月に忙しい → 1年単位の変形労働時間制 (P37参照)

1ヵ月の中で忙しい時期と暇な時期がある → 1箇月単位の変形労働時間 (P51参照)

30人未満の小売、旅館、料理店、飲食店（直前にならないと繁閑が分からない） → 1週間単位の変形労働時間 (P62参照)

労働者に自由に始業終業時刻を決めてもらう → フレックスタイム制 (P67参照)

外回りが多いので労働時間の算定が困難 → 事業場外みなし労働時間制 (P79参照)

成果を重視し、働き方は裁量に委ねたい

YES

研究開発などの限定19業務に該当 → 専門業務型裁量労働制 (P90参照)

企画、立案、調査、分析業務に該当 → 企画業務型裁量労働制 (P102参照)

高度な専門業務に該当し一定年収以上 → 高度プロフェッショナル制 (P119参照)

1-5 労働者代表の選出方法

1　労働者代表選出

労基法の定めにより、「労使協定の締結」や「就業規則の意見書の記載」のために労働者代表を選出しなければなりません。

事業場に「労働者の過半数で組織する労働組合」がない場合には、「労働者の過半数を代表する者」を選出する必要があります。

選出にあたっては、次の事項に留意しなければなりません。

・管理監督者は、労働者代表になることができません。

　管理監督者　≠　労働者代表

　※管理監督者は、選出手続き（選挙等）には参加できます。

・協定等を締結するため、または、就業規則の意見聴取のために選出することを明らかにしたうえで、「民主的な方法」で選出すること（投票による信任、挙手による信任、回覧による信任、労働者の話し合い、持ち回り決議等）

・「使用者の意向」に基づき選出されたものでないこと

＜不適切な例＞

(1)　社長が部長に依頼

　●●部長、労働者代表を頼むよ！

　わたし、管理監督者なんですが・・・

(2)　部長が立候補

> 会社の重要事項だから、部長の私がやるしかない！他の者には任せられない！

(3)　親睦会代表を自動的に代表者にしてしまう

> ○○さん、親睦会の代表をしているのだから、労働者代表も頼むよ！

> 目的が違うのにいいのかな？

2　労働者代表選出の流れ

労働者代表の選出の流れは次のとおりです。

(1)　労働者代表の立候補者募集

立候補者がいなかった場合は、推薦募集

案内文例　立候補者募集 DL⬇

労働者各位

20××年×月×日

○○株式会社人事部

労働者代表の立候補者募集について

○月×日付で労使協定を締結するため、労働者代表を選出する必要があります。「管理監督者以外」で労働者代表として立候補いただける方を募集いたします。○月△日までに人事部△△宛にご連絡ください。

案内文例　立候補者がいなかった場合の推薦依頼 DL↓

労働者各位

20××年×月×日

○○株式会社人事部

労働者代表の推薦について

　労使協定を締結するため、労働者代表の立候補を募りましたが、残念ながら応募者がありませんでした。つきましては、「管理監督者以外」の方で労働者代表として適任だと思われる方を各部門から1名推薦のうえ、○月△日までに人事部△△宛にご連絡ください。推薦された方の中から話し合いで1名を労働者代表の候補者とします。

(2)　労働者代表の選任手続き

　選任手続きは、民主的な方法で行うことが必要です ポイント❶ 。

押さえておきたい判断のポイント①

Eメール等による信任

　最近は、労働者代表の信任手続きにメール等を活用することが増えています。その際の信任確認方法として、全従業員にメール送信し、
・メールに返信しないことをもって信任（賛成）とみなすこと
・返信がない場合は、信任（賛成）したものとみなす旨をメールに記載すること
について、厚生労働省が発出した「労使協定方式に関するQ＆A【第3集】令和2年10月21日公表」の中で、次のように記載されています。（問1-9）
【過半数代表者の選出には、労働者の過半数が選任を支持していることが明確になるような民主的な手続を経ることが必要である。最終的には個別の事例ごとに判断されるものであるが、一般的には、お尋ねのような取り扱いは、「労働者の過半数が選任を

支持していることが必ずしも明確にならないものと考えられる。」例えば、返信がなかった労働者について、電話や訪問等により、直接意見を確認する等の措置を講じるべきである。なお、イントラネット等を用いて、労働者の意思の確認を行う場合も同様である。】

　積極的な意思表示ではないため、このような取り扱いは無効とされる可能性があります。自社の取り扱いを見直していただくことをおすすめします。
　最近では、インターネットやイントラネット上のサービスで、信任投票ができる仕組みもあるようですので、ご活用いただくとよいでしょう。

案内文例　労働者代表の選任手続き DL↓

労働者各位

　　　　　　　　　　　　　　　　　20××年×月×日

　　　　　　　　　　　　　　　○○株式会社人事部

　　　　　労働者代表の選任手続きについて

　先日、労使協定締結のため、労働者代表として●●さんが立候補されました。つきましては、●●さんを労働者代表として信任される方は別紙に署名捺印をお願いします。

案内文例　労働者代表の信任の周知 DL↓

別紙

　　　　　　　　　　　　　　　　　20××年×月×日

○月×日付で締結される労使協定に関して、労働者代表に●●さんが就任することを信任します。

署名	捺印

(3)　労使協定の締結（就業規則の意見聴取）

　　労使協定は事業場ごとに締結する必要があります。本社では締結済だけれども支店では未締結という事例も見受けられますのでご注意ください。

2-1　特殊な労働時間制（変形労働時間制）

1　変形労働時間制の種類

　労基法では、1日8時間、1週40時間を原則としていますが、業種によっては業務の繁忙に波があり、特定の時期は忙しく、他の時期はそうでもないことがあるため、単純に原則を守ることが難しい場合があります。そのため、労基法では下記のような様々な変形労働時間制度を定めて対応が可能なようにしています。

　　・1年単位の変形労働時間制（労基法第32条の4）
　　・1箇月単位の変形労働時間制（労基法第32条の2）
　　・1週間単位の非定型的変形労働時間制（労基法第32条の5）
　　・フレックスタイム制（労基法第32条の3）

【導入企業の割合】
　厚生労働省の令和3年の『就労条件総合調査』 ポイント❶ では、変形労働時間制を採用している企業割合は59.6％となっています。

変形労働時間制の有無、種類別採用企業割合　　　　（単位：％）

企業規模	変形労働時間制採用企業	変形労働時間制採用企業のうち			変形制を採用していない
		1年単位変形労働時間制	1ヵ月単位変形労働時間制	フレックスタイム制	
令和3年計	59.6	31.4	25.0	6.5	40.4
1000人以上	76.4	21.3	49.8	28.7	23.6
300–999人	69.5	25.1	39.0	15.6	30.5
100–299人	63.1	31.1	29.8	8.7	36.9
30–99人	56.9	32.5	21.3	4.1	43.1

※1年単位の変形労働時間制、1ヵ月単位の変形労働時間制、フレックスタイム制については、複数回答ありのため合計値が一致しません。

押さえておきたい判断のポイント①

就労条件総合調査

「調査の目的」

　主要産業における企業の労働時間制度、賃金制度等について総合的に調査し、民間企業における就労条件の現状を明らかにすることを目的として実施しています。

「調査範囲と対象」

　全国の企業の中から、下記の条件から無作為に抽出した約6,400社（回答約4,000社）。

・日本標準産業分類に基づく16大産業

・常用労働者30人以上

「調査時期」

　令和3年1月1日現在の現況。

　年間については、令和2年1年間（会計年度により平成31年も一部含む）

2　みなし労働時間制等

　みなし労働時間制は、営業社員等外回りの社員を想定した「事業場外みなし労働時間制」（労基法第38条の２）と、働き方を労働者の裁量に任せる「裁量労働制」に分けられます。裁量労働制は、専門職を対象とした「専門業務型裁量労働制」（労基法第38条の３）と「企画業務型裁量労働制」（労基法第38条の４）に分けられます。

　なお、高度プロフェッショナル制度（労基法第41条の２）は、厳密にはみなし労働時間制ではありませんが、大きなくくりとして含めて解説します。

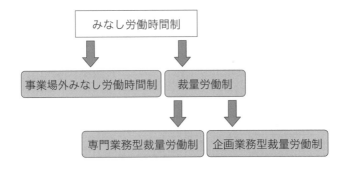

　「みなし」とは？

　「みなし（看做し）」とは、法律用語のひとつで、事実はそれと違うけれども、そうであったとしてしまうことをいいます。

　例えば、カラスは黒いですが「カラスは白いとみなす」と、誰がどう見ても、黒いカラスが法律上は白いことになります（まれに白いカラスがいるかもしれませんが……）。

　みなし労働時間制で「９時間働いたとみなす」と定めた場合は、その日に３時間しか働かなくても９時間労働に、12時間働いたとしても９時間労働になります。

【導入企業の割合】

　厚生労働省の令和3年の就労条件総合調査では、みなし労働時間制を採用している企業割合は13.1%となっています。

みなし労働時間制の有無、種類別採用企業割合　　　　　　（単位：%）

企業規模	みなし労働時間制採用企業	みなし労働時間制採用企業のうち			みなし制を採用していない
		事業場外みなし労働時間制	専門業務型裁量労働制	企画業務型裁量労働制	
令和3年計	13.1	11.4	2.0	0.4	86.9
1000人以上	25.6	17.5	9.1	4.7	74.4
300–999人	16.5	13.2	4.1	1.6	83.5
100–299人	12.8	10.8	2.3	0.4	87.2
30–99人	12.4	11.1	1.5	0.2	87.6

※事業場外みなし労働時間制、専門業務型裁量労働制、企画業務型裁量労働制については、複数回答ありのため合計値が一致しません。

2-2　１年単位の変形労働時間制（労基法第32条の４）

1　１年単位の変形労働時間制とは

　１年単位の変形労働時間制とは、１ヵ月を超え、１年以内の期間を平均して、１週間当たり40時間を超えないことを条件として、業務の繁閑に応じて労働時間を配分することを認める制度です。「特定の月」や「特定の季節」に忙しくなる企業に向いています。

　名称は、１年単位ですが、３ヵ月単位等での導入も可能です。厚生労働省の令和３年の就労条件総合調査では、31.4％の企業で導入されています（他制度との重複回答あり）。

１年単位の変形労働時間制の休日数例（旅行業）

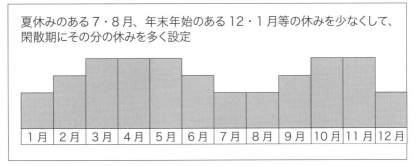

夏休みのある７・８月、年末年始のある12・１月等の休みを少なくして、閑散期にその分の休みを多く設定

導入要件

導入の要件は、次のとおりです。

(1)　労使協定を締結する

(2)　就業規則に１年単位の変形労働時間制を採用することを定める

(3)　(1)(2)と労使協定届および添付資料を労基署へ届け出る

※労使委員会の決議や労働時間設定改善委員会の決議を労使協定に

代えることができます。

2　手続の詳細

....

(1) 労使協定の締結事項

　労使協定で定める事項は次のとおりです。

①対象労働者の範囲

　　・法令上制限はないが、誰が対象となるかは明確にする必要あり

　　・対象期間の途中で退職した場合、割増賃金支払が必要になることがある。（3 (2)参照）

②対象期間および起算日

　　・1ヵ月を超え、1年以内

　　・対象期間の起算日を定める

③特定期間

　　・定めても定めなくてもよい

　　・連続労働日数は12日が限度（4 (1)参照）

④労働日および労働日ごとの労働時間

　　・対象期間を平均して1週あたり40時間を超えないように定める

　　・限度時間を守る必要がある（4 (2)参照）

⑤労使協定の有効期間 **通達❶**

　　・対象期間と同じかそれよりも長い期間を定める

　　・1年程度とすることが望ましいが3年程度までは受理される

> **通達❶** 労使協定の有効期間（平成 6 年 1 月 4 日基発 1 号、平成11
> 年 3 月31日基発168号）
> 　「1 年単位の変形労働時間制に係る労使協定の受理に当たっては、そ
> の有効期間について、本変形制は長期にわたる協定となる可能性があ
> り、不適切な変形制が適用されることを防ぐため、その期間も 1 年程
> 度とすることが望ましいが、「3 年程度」以内のものであれば受理して
> 差し支えないものである。」となっています。

(2)　就業規則への記載事項

　　就業規則の規定例は次のとおりです **通達❷❸❹**。

就業規則規定例 DL⬇

> 第●条（労働時間）
> 　会社は、従業員代表と 1 年単位の変形労働時間制に関する労使
> 協定を締結した場合、従業員の所定労働時間は、4 月 1 日を起算
> 日とする 1 年単位の変形労働時間制によるものとし、対象期間を
> 平均して週40時間を超えないものとする。
> 　2　始業、終業時刻は以下のとおりとする。
> 　　　始業時刻　9 時
> 　　　終業時刻　17時
> 　　　休憩時間　12時から13時
>
> 第●条（休日）
> 　1 年単位の変形労働時間制の適用を受ける労働者の休日につい
> ては、1 年単位の変形労働時間制に関する労使協定の定めるとこ
> ろにより、対象期間の初日を起算日とする 1 週間ごとに 1 日以
> 上、1 年間に○○日以上となるように指定する。その場合、年間
> 休日カレンダーに定め、対象期間の初日の30日前までに各労働者

に通知する。

通達❷ 労働時間の特定１　業務の都合で任意に労働時間を変更することはできない（平成６年１月４日基発１号、平成11年３月31日基発168号）

　１年単位の変形労働時間制を採用する場合には、労使協定により、変形期間における労働日および当該労働日ごとの労働時間を具体的に定めることを要し、使用者が業務の都合によって任意に労働時間を変更するような制度は、これに該当しないものであること。

　したがって、例えば貸切観光バス等のように、業務の性質上１日８時間、週40時間を超えて労働させる日または週の労働時間をあらかじめ定めておくことが困難な業務または労使協定で定めた時間が業務の都合によって変更されることが通常行われるような業務については、１年単位の変形労働時間制を適用する余地はないものであること

通達❸ 労働時間の特定２　就業規則への記載（平成11年１月29日基発45号）

（原則）就業規則で、対象期間における各日の始業・終業時刻、休日を定める必要がある。

↓

（例外）１ヵ月以上の期間ごとに区分して、労働日と労働日ごとの労働時間を特定するときは、以下を定めることで足りることとしています。

　①勤務の種類ごとの始業・終業時刻
　②休日
　③勤務の組み合わせについての考え方
　④勤務割表の作成手続きとその周知方法
　⑤①から④にしたがって、各日ごとの勤務割を具体的に定めること
　　（最初の期間）期間の開始前まで
　　（それ以外の期間）各期間の初日の30日前まで

通達❹ 就業規則への記載の省略は可能か（平成６年５月31日基発45号）

　Ｑ　就業規則に始業・終業時刻は、１年単位の変形労働時間制の労使協定に定める旨を定めて、具体的に就業規則には明記しないことは

可能か？

　A　労使協定の各条にそのまま就業規則の内容となりうるような具体的な始業・終業時刻が定められている場合に限って、そのような取り扱いが可能である。

　ただし、就業規則中に引用すべき労使協定の条文番号を明記することと就業規則の別紙として労使協定を添付することが必要。

(3) 労基署への届出

　事業場ごとに労使協定を締結し、届け出る必要があります。本社のみ締結して、支店では未締結ということが見受けられますので注意しましょう。

労使協定締結	労使協定の労基署への届出	就業規則への記載	その他の書類
必要（原則毎年）	必要（毎年）	必要	勤務カレンダー

※厚生労働省の「スタートアップ労働条件」サイトから１年単位の変形労働時間制の「労働日等を定めたカレンダー」、「労使協定書」、「協定届」が作成できます。指定された項目に入力し、点検ボタンを押してチェックをした後に帳票類が出力可能になっており、便利ですので、ご活用ください。

労使協定書例 DL↓

１年単位の変形労働時間制に関する協定書

　株式会社○○（以下会社という）と従業員代表　△△　とは、１年単位の変形労働時間制に関し、以下のとおり協定する。

第１条（勤務時間等）

　従業員の勤務時間は、４月１日を起算日とする１年単位の変形労働時間制によるものとし、１年間を平均して週40時間を超えないものとする。

3　従業員の１日の所定労働時間は、７時間00分とし、始業終業時刻、休憩時間は下記のとおりとする。

　　始業時刻　　９時

　　終業時刻　　17時

　　休憩時間　　12時から13時

第２条（休日）

　対象期間における休日は、下記のとおりとし、年間カレンダーを２月中に作成して対象従業員に通知する。年間休日数は100日とする。

　（1）隔週土曜日

　（2）日曜日

　（3）国民の祝日

　（4）その他会社が指定した日

第３条（時間外手当）

　会社は、第１条に定める所定労働時間を超えて労働させた場合、または、第２条に定める所定の休日に労働させた場合は、給与規程の定めにより、時間外・休日手当を支払う。

第４条（対象となる従業員の範囲）

　本協定による変形労働時間制は、次のいずれかに該当する従業員を除き、全従業員に適用する。**通達❺**

　（1）18歳未満の年少者

　（2）妊娠中または産後１年を経過しない女性従業員のうち、本制度の適用免除を申出た者

　（3）育児や介護を行う従業員、職業訓練または教育を受ける従

　業員その他特別の配慮を要する従業員に該当する者のうち、本
制度の適用免除を申出た者

第5条　（有効期間）

　本協定の有効期間は、20○●年4月1日から20○○年3月31日
までの1年間とする。

20○●年3月21日

株式会社○○　　代表取締役　　　●●　　　印

従業員代表　　　△△　　　　　　　　　　　印

通達❺　特別の配慮を要する者に対する配慮（平成6年1月4日基
発1号、平成11年3月31日基発168号）

　使用者は、1ヵ月単位の変形労働時間制、1週間単位の変形労働時
間制と同様に、労働者を1年単位の変形労働時間制で労働させる場合
には、育児を行う者、老人等の介護を行う者、職業訓練または教育を
受ける者、その他特別の配慮を要する者については、これらの者が必
要な時間を確保できるような配慮をしなければならない。

労使協定届例 DL↓

様式第4号（第12条の4第6項関係）

1年単位の変形労働時間制に関する協定届

事業の種類	事業の名称	事業の所在地（電話番号）		常時使用する労働者数
卸売業	株式会社○○	東京都港区●●1-2-3（03-1111-1111）		5人
該当労働者数（満18歳未満の者）	対象期間及び特定期間（起算日）	対象期間中の各日及び各週の労働時間並びに所定休日	対象期間中の1週間の平均労働時間数	協定の有効期間

5人（0人）	20○●年4月1日から20○○年3月31日（20○●年4月1日）	（別紙）	35時間35分	20○●年4月1日から20○○年3月31日
労働時間が最も長い日の労働時間数（満18歳未満の者）	7時間00分（　時間　分）	労働時間が最も長い週の労働時間数（満18歳未満の者）	42時間00分（　時間　分）	対象期間中の総労働日数	265　日
労働時間が48時間を超える週の最長連続週数	0　週		対象期間中の最も長い連続労働日数	6日間
対象期間中の労働時間が48時間を超える週数	0　週		特定期間中の最も長い連続労働日数	一日間
旧協定の対象期間	20○△年4月1日から20○●年3月31日	旧協定の労働時間が最も長い日の労働時間数	7時間00分
旧協定の労働時間が最も長い週の労働時間数	42時間00分	旧協定の対象期間中の総労働日数	265　日

協定の成立年月日　20○●年3月21日

協定の当事者である労働組合（事業場の労働者の過半数で組織する労働組合）の名称又は労働者の過半数を代表する者の

　　職名　営業部員

　　氏名　△△

協定の当事者（労働者の過半数を代表する者の場合）の選出方法

（　　　挙手による信任　　　　）

上記協定の当事者である労働組合が事業場の全ての労働者の過半数で組織する労働組合である又は上記協定の当事者である労働者の過半数を代表する者が事業場の全ての労働者の過半数を代表する者であること。☑（チェックボックスに要チェック）

上記労働者の過半数を代表する者が、労働基準法第41条第2号に規定する監

督又は管理の地位にある者でなく、かつ、同法に規定する協定等をする者を
選出することを明らかにして実施される投票、挙手等の方法による手続によ
り選出された者であつて使用者の意向に基づき選出されたものでないこと。
☑（チェックボックスに要チェック）

20○●年 3 月22日　　使用者　職名　代表取締役
　　　　　　　　　　　　　　　　氏名　●●

　＿＿○○＿＿労働基準監督署長殿

年間カレンダー

〈令和4年度〉2022年4月〜2023年3月　　　＜記入例＞（対象期間が1年間の場合）

1年単位の変形労働時間制による労働時間チェックカレンダー

月	暦日	労働時間	休日日数	労働日数	総労働時間
4月	30	8:00	7	23	184:00
5月	31	8:00	9	22	176:00
6月	30	8:00	5	25	200:00
7月	31	8:00	6	25	200:00
8月	31	8:00	10	21	168:00
9月	30	8:00	8	22	176:00
10月	31	7:00	6	25	175:00
11月	30	7:00	7	23	161:00
12月	31	7:00	8	23	161:00
1月	31	7:00	9	22	154:00
2月	28	7:00	6	22	154:00
3月	31	7:00	7	24	168:00
計	365 日		88 日	277 日	2077:00 時間

チェック1
対象期間の総労働日数が限度を超えていないか　OK

チェック2
1日及び1週間の労働時間が限度を超えていないか　OK

チェック3
連続して労働させる日数が限度を超えていないか　OK

チェック4
対象期間の総労働時間が限度を超えていないか　OK

2022年度の祝日は、2021年10月21日時点で内閣府が公表している「国民の祝日について」（https://www8.cao.go.jp/chosei/shukujitsu/gaiyou.html）に基づき作成しています。
※2023年1〜3月の祝日は暫定です。

出典：岩手労働局「労働時間チェックカレンダー（1か月単位の変形労働時間制・1年単位の変形労働時間制）令和4年（度）版」（https://jsite.mhlw.go.jp/iwate-roudoukyoku/content/contents/roudouzikancheckcalender04wiate.pdf）より

3　割増賃金の支払い

(1) 原則（平成 6 年 1 月 4 日基発 1 号、平成11年 3 月31日基発168号）

　　1 年単位の変形労働時間制で時間外労働となるのは次の時間であること

期間	労働時間	時間外労働の時間
1 日	労使協定で 8 時間超とした日	左の時間を超えた時間
	それ以外の日	8 時間を超えた時間
1 週間	労使協定で40時間超とした週	左の時間を超えた時間（※ 1 ）
	それ以外の週	40時間を超えた時間（※ 1 ）
全期間	1 年間の場合、40時間×365日÷7 日≒2085時間42分（うるう年2091時間25分）	変形期間の法定労働時間の総枠を超えた時間（※ 2 ）

※ 1　1 日で時間外とした時間を除く

※ 2　1 日、1 週間で時間外とした時間を除く

(2) 例外

　　通常の割増賃金の支払の他に、対象期間の途中で異動があった者に対して別途割増賃金の支払いが必要になります。

　　異動があった者とは対象期間の途中で入社、退職、休職、復職、配置転換等があった者です。

　　その実労働期間を平均して 1 週間当たり40時間を超えて労働した時間を算出して割増賃金を支払います。

　　退職、休職に入る等した場合は、その時点で対象期間の総労働時間が確定しますのでその時点で、入社、復職等の場合には、対象期

間の終了時点で総労働時間が確定しますのでその時点で割増賃金を
計算して支払います。

別途割増賃金の支払いを要する時間

実労働期間における実労働時間	－	労基法第37条に基づき割増賃金の支払いを要する時間	－	40時間×実労働期間の暦日数÷7

4　労働日数・労働時間の計算方法

(1) 特定期間の連続労働日数

　　原則、連続労働日数は1週6日が限度。

　　ただし、特定期間中は、理論的には下記の図のように連続労働日数
は12日まで可能となります。

日	月	火	水	木	金	土
休み	出勤	出勤	出勤	出勤	出勤	出勤
	1	2	3	4	5	6

←――――1週目――――→

日	月	火	水	木	金	土
出勤	出勤	出勤	出勤	出勤	出勤	休み
7	8	9	10	11	12	

←――――2週目――――→

(2) 労働日および労働日ごとの労働時間に関する限度

　　①対象期間における労働日数の限度

　　　　1年あたり「<u>280日</u>」です。

　　　　対象期間が3ヵ月超1年未満の場合は、

　　　　　⇒280日÷365×対象期間の暦日数（端数切捨）です（例外措置
　　　　　有り）。

所定労働時間と必要休日数の早見表

	1 年（365日）	1 年（366日）
8 時間	105日	105日
7 時間45分	96日	97日
7 時間30分	87日	88日
7 時間15分	85日	86日
7 時間	85日	86日

労働日数の限度の例外措置

　　次の①②の両方に該当する場合は、旧協定の対象期間について1年当たりの労働日数から1日を減じた日数または280日のいずれか少ない日数です（対象期間が3か月を超え1年未満である場合は、上記と同様に計算した日数です）。

①事業場に旧協定（対象期間の初日の前1年以内の日を含む3か月を超える期間を対象期間として定める1年単位の変形労働時間制の労使協定（そのような労使協定が複数ある場合においては直近の労使協定）をいいます）があるとき。

②労働時間を次のいずれかに該当するように定めることとしているとき。

　i　1日の最長労働時間が、旧協定の1日の最長労働時間又は9時間のいずれか長い時間を超える。

　ii　1週間の最長労働時間が、旧協定の1週間の最長労働時間または48時間のいずれか長い時間を超える。

例）対象期間が1年である旧協定が1日の最長労働時間9時間、1週間の最長労働時間48時間、労働日数260日であったところ、今回、対象期間を1年、1日の最長労働時間を10時間とするのであれば、労働日数の限度は259日。

②対象期間における1日の労働時間の限度は、10時間です。

③1週間の労働時間の限度は、52時間です。

5　その他

(1)　年少者（未成年）

満18歳未満のいわゆる年少者は、この制度の対象外です。

例外として、満15歳以上満18歳未満の者については、1週間につき48時間、1日につき8時間を超えない範囲内であればこの制度の利用が認められます。この点は、1ヵ月単位の変形労働時間制と同様です。

(2)　対象期間途中の変更

1年単位の変形労働時間制は、業務の繁閑に計画的に対応するための制度であるため、労使の合意があったとしても、対象期間の途中であらかじめ定められた労働日・労働時間の変更や労使協定の解約を行うことは認められていません。

しかし、新型コロナウイルス感染症の影響により、当初予定されていたとおりに変形労働時間制を実施することが困難な事例が多発したことを踏まえて、特例的に変形期間の途中での労働日や労働時間の変更、労使協定の解約も可能とする取扱いがありました。

2-3 1ヵ月単位の変形労働時間制（労基法第32条の2）

1　1ヵ月単位の変形労働時間制とは

　1ヵ月単位の変形労働時間制は、1ヵ月以内の期間を平均して、1週間当たり40時間（特例措置対象事業場（※）は44時間）を超えないことを条件として、業務の繁閑に応じて労働時間を配分することを認める制度です。月初や月末等の特定の時期が忙しい、ある特定の曜日だけ労働時間を長くしたい、月1回土曜日に出勤してもらいたい企業等に向いています。

　厚生労働省の令和3年の就労条件総合調査では、25.0％の企業で導入されている制度です（他制度との重複回答あり）。

※特例措置対象事業場とは、常時使用する労働者数が10人未満の商業、映画・演劇業（映画の製作の事業を除く）、保健衛生業、接客娯楽業をいいます。

> **導入要件**

　導入の要件は、次のとおりです。

（1）就業規則に1ヵ月単位の変形労働時間制を採用することを定める

（2）就業規則を労基署へ届け出る

　例外として、10人未満の事業場においては、次のやり方も認められています。

（1）労使協定を締結する

（2）労使協定届を労基署へ届け出る

※労使委員会の決議や労働時間設定改善委員会の決議を労使協定に代えることができます。

2　手続の詳細

(1)　就業規則または労使協定で定める事項

①対象労働者の範囲

・法令上制限はないが、誰が対象となるかは明確にする必要あり

②対象期間および起算日

・具体的に定める必要あり

（例：毎月1日を起算日として、1ヵ月を平均して1週間当たり40時間以内とする。）

・対象期間の起算日を定める

・対象期間は、1ヵ月以内とすること

なお、対象期間は、3週間、4週間という定めも可能です。

③労働日および労働日ごとの労働時間　**通達❶**

・各日の労働時間を定める（会社カレンダーやシフト表）

・対象期間を平均して1週あたり40時間を超えないように定める

・限度時間を守る必要がある

④労使協定の有効期間（労使協定で導入した場合）（平成11年3月31日基発168号）

「不適切な制度が適用されることを防ぐため、3年以内とすることが望ましい。」となっています。

通達❶ 労働時間の特定（昭和63年1月1日基発1号、平成9年3月25日基発195号、平成11年3月31日基発168号）

　変形期間における各日、各週の労働時間を具体的に定めることを要し、変形期間を平均して週40時間の範囲内であっても、使用者が業務の都合により任意に労働時間を変更するような制度は該当しないものであること。

　また、就業規則において、各日の労働時間の長さだけでなく、始業・終業時刻を定める必要があること。

---

(2) 労働時間の計算方法 **ポイント❶**

　　対象期間を平均して 1 週間当たり40時間を超えないためには、対象期間中の労働時間を以下の法定労働時間の総枠以内とする必要があります。計算方法は次のとおりです。

> 40時間（週の法定労働時間）×（対象期間の暦日数÷ 7 日）

（特例措置対象事業場の場合は40時間を44時間に置き換え）

↓

法定労働時間の総枠の早見表

月の暦日数	週の法定労働時間 40時間	週の法定労働時間 44時間
28日	160.0時間（160時間00分）	176.0時間（176時間00分）
29日	165.7時間（165時間42分）	182.2時間（182時間12分）
30日	171.4時間（171時間24分）	188.5時間（188時間30分）
31日	177.1時間（177時間06分）	194.8時間（194時間48分）

　　また、上記の法定労働時間（40時間）の総枠にもとづく月の勤務日数の上限は以下のとおりです。

月の勤務日数の上限

月の暦日数	1 日 8 時間	1 日 7 時間45分	1 日 7 時間30分	1 日 7 時間
28日	20日	20日	21日	22日
29日	20日	21日	22日	23日
30日	21日	22日	22日	24日
31日	22日	22日	23日	25日

押さえておきたい判断のポイント①

注意が必要！上限時間の超過

　1日8時間労働、月の所定労働日数が22日、休日が8日の場合に、通常労働時間制では問題なくても、1ヵ月単位の変形労働時間制では月の上限時間を超えてしまうことがある点に注意が必要です。(31日の月で休日が8日の場合も同様)

　カレンダーの並び次第のところがありますので要注意です。

月	火	水	木	金	土	日
	1	2	3	4	5	6
7	8	9	10	11	12	13
14	15	16	17	18	19	20
21	22	23	24	25	26	27
28	29	30				

8時間×22日＝176時間＞171.4時間

(3) 割増賃金支払

　割増賃金の支払については、3ステップで判断します。

ステップ1　1日について定めた時間を超えていないか？

ステップ2　1週間について定めた時間を超えていないか？

ステップ3　対象期間の法定労働時間の総枠を超えていないか？

　詳細は、次のとおりです。

> ステップ 1 ：1 日について

①8 時間超の時間とした日　・・・その時間を超えた時間
②それ以外の日　　　　　　・・・8 時間を超えた時間

例）月曜日 9 時間、火曜日 7 時間を所定時間と定めた場合、
　　それぞれ10時間働いた場合、月曜日は10-9 ＝ 1 時間、火曜日は
　　10-8 ＝ 2 時間が割増賃金の支払い対象となります。（火曜日の 7
　　時間から 8 時間までの 1 時間はこの時点では割増対象外の法定内
　　労働時間）

> ステップ 2 ： 1 週間について

③40時間超の時間とした週・・・その時間を超えた時間
④それ以外の週　　　　　　・・・40時間を超えた時間
★ただし、（ステップ 1 ）で時間外となる時間を除きます。
例）1 日 8 時間、週 6 日勤務と定めた場合

> ステップ 3 ：対象期間（通常は 1 ヵ月）について

⑤対象期間における法定労働時間の総枠を超えた時間
★ただし、（ステップ 1 ）（ステップ 2 ）で時間外となる時間を除きま
す。

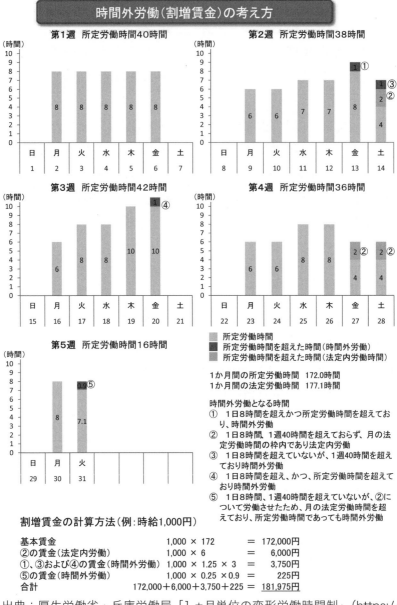

時間外労働（割増賃金）の考え方

出典：厚生労働省・兵庫労働局「1ヵ月単位の変形労働時間制」（https://jsite.mhlw.go.jp/hyogo-roudoukyoku/content/contents/000597825.pdf）より

労使協定書例 DL↓

１ヵ月単位の変形労働時間制に関する協定書

株式会社○○（以下会社という）と従業員代表　△△　とは、１カ月単位の変形労働時間制に関し、以下のとおり協定する。

第１条（勤務時間等）

従業員の勤務時間は、毎月１日を起算日とする１カ月単位の変形労働時間制によるものとし、起算日から１カ月を平均して週40時間を超えないものとする。

２　従業員の１日の所定労働時間は、７時間00分とする。

第２条（休日）

休日は、隔週土曜日、日曜日、国民の祝日、その他会社が指定した日とする。

第３条（対象となる従業員の範囲）

本協定による変形労働時間制は、次のいずれかに該当する従業員を除き、全従業員に適用する。

（1）18歳未満の年少者

（2）妊娠中または産後１年を経過しない女性従業員のうち、本制度の適用免除を申出た者

（3）育児や介護を行う従業員、職業訓練または教育を受ける従業員その他特別の配慮を要する従業員に該当する者のうち、本制度の適用免除を申出た者

第４条　（有効期間）

本協定の有効期間は、20○●年４月１日から20○○年３月31日までの１年間とする。

20○●年３月21日

株式会社○○　　代表取締役　　　●●　　㊞

| 従業員代表 | △△ | 印 |

労使協定届例 DL↓

様式第3号の2（第12条の2の2関係）

1箇月単位の変形労働時間制に関する協定届

事業の種類	事業の名称	事業の所在地（電話番号）		常時使用する労働者数
卸売業	株式会社○○	東京都港区●● 1 - 2 - 3 （03-1111-1111）		5人
業務の種類	該当労働者数（満18歳未満の者）	変形期間（起算日）	変形期間中の各日及び各週の労働時間並びに所定休日	協定の有効期間
営業・事務	5人（0人）	1ヵ月 （毎月1日）	1日7時間 1週35時間 or42時間 隔週土曜日、日曜日、国民の祝日、その他	1年間 （20○●年4月1日から20○○年3月31日）
労働時間が最も長い日の労働時間数（満18歳未満の者）	7時間00分	労働時間が最も長い週の労働時間数（満18歳未満の者）		42時間00分

協定の成立年月日　20○●年3月21日

協定の当事者である労働組合（事業場の労働者の過半数で組織する労働組合）の名称又は労働者の過半数を代表する者の

職名　営業部員

氏名　△△

協定の当事者（労働者の過半数を代表する者の場合）の選出方法

（挙手による信任）

上記協定の当事者である労働組合が事業場の全ての労働者の過半数で組織する労働組合である又は上記協定の当事者である労働者の過半数を代表する者が事業場の全ての労働者の過半数を代表する者であること。☑（チェックボックスに要チェック）

上記労働者の過半数を代表する者が、労働基準法第41条第2号に規定する監督又は管理の地位にある者でなく、かつ、同法に規定する協定等をする者を選出することを明らかにして実施される投票、挙手等の方法による手続により選出された者であつて使用者の意向に基づき選出されたものでないこと。☑（チェックボックスに要チェック）

200●年3月22日　　使用者　職名　代表取締役
　　　　　　　　　　　　　　氏名　●●

　○○　労働基準監督署長殿

就業規則規定例 DL↓

第●条（労働時間）

　従業員の所定労働時間は、毎月1日を起算日とする1カ月単位の変形労働時間制によるものとし、起算日から1カ月を平均して週40時間を超えないものとする。

2　始業、終業時刻は以下のとおりとする。

　　始業時刻　　9時

　　終業時刻　　17時

　　休憩時間　　12時から13時

> **通達❷** シフト勤務等による労働時間の特定の程度（昭和63年3月14日基発150号）
>
> Q　勤務シフトによる1ヵ月単位の変形労働制を採用する場合、各人ごとに、各日、各週の労働時間を就業規則に定めなければならないか。それとも、就業規則では、「始業・終業時刻は、起算日前に示すシフトによる」とのみ記載し、起算日前に勤務シフトを示すことだけで足りるか。
>
> A　就業規則において、できる限り具体的に特定すべきものであるが、業務の実態から月ごとに勤務割を作成する必要がある場合には、就業規則において「各直勤務の始業・終業時刻」、「各直勤務の組合せの考え方」、「勤務割表の作成手続」及び「その周知方法」等を定めておき、それにしたがって各日ごとの勤務割は、「変形期間の開始前」までに具体的に特定することで足りる。

シフト制の場合の就業規則規定例 DL↓

第●条（労働時間）

　従業員の所定労働時間は、毎月1日を起算日とする1カ月単位の変形労働時間制によるものとし、起算日から1カ月を平均して週40時間を超えないものとする。

2　始業・終業時刻、休日のシフトについては、前月20日までに「シフト勤務表」を作成し、社内イントラネットで周知する。

3　始業、終業時刻のシフトは以下のとおりとする。

　　Aシフト　始業時刻　　9時　終業時刻　17時
　　Bシフト　始業時刻　11時　終業時刻　19時
　　Cシフト　始業時刻　13時　終業時刻　21時

　このようなシフト勤務に関して、就業規則で、「シフトの詳細は、シフト勤務表で定める」としか記載が無く、「各シフトの始業・終業時刻」「シフトの組み合わせの考え方」「シフト表の作成手続」「シフト表の周知方法」「変形期間開始前に特定する」ことが記

載されていないことが多く見受けられます。

　裁判例でも、就業規則にキチンと定められていない場合や記載されていても運用がキチンと行われていない場合に、変形労働時間制が否定される場合があります。今一度、就業規則の見直しや運用が正しく行われているかの確認をしていただくことを推奨します（東京地裁令和２年６月25日　イースタンエアポートモータース事件）。

2-4　１週間単位の非定型的変形労働時間制（労基法第32条の５）

1　１週間単位の非定型的変形労働時間制とは

　１週間単位の非定型的変形労働時間制は、日ごとに業務に著しい繁閑が生じる業種で、あらかじめ労働時間を就業規則等に特定することが困難な事業に限定して認められています。例えば旅館業等で週末は客が多くすごく忙しいけれども、平日は暇になることが多い場合等です。この制度を導入するには、業種や人数要件等があります。

導入要件

　導入の要件は、次のとおりです。

(1) 小売業、旅館、料理店および飲食店の事業であること

(2) 常時使用する労働者が「30人未満」の事業場であること

(3) １週間の労働時間を40時間以内にすること

　　（10人未満の特例措置対象事業場も同様）

(4) １日について10時間を超えて労働させないこと

(5) 翌週の勤務時間の通知を書面で行うこと

(6) **労使協定**を締結する

(7) **就業規則**に１週間単位の非定型的変形労働時間制を採用することを定める（10人以上の事業場）

(8) (6)(7)と労使協定届を労基署へ届け出る

労使協定書例 DL↓

　　１週間単位の非定型的変形労働時間制に関する協定書

　株式会社○○（以下「会社」という。）と従業員代表　△△　は、

労基法第32条の５に定める１週間単位の非定型的変形労働時間制に関して、次のとおり協定する。

第１条　（１週間の労働時間）

　１週間の所定労働時間は40時間とする。

２　１週間とは、土曜日から金曜日までをいう。

３　１日の所定労働時間は10時間を超えないものとする。

第２条　（勤務時間の通知）

　毎週木曜日までに次の１週間分の所定勤務時間を通知するものとする。

２　休日は週１回とし、前項の書面により各人ごとに指定する。

第３条　（緊急時の勤務）

　緊急時でやむを得ない場合には、前日までに書面で通知することにより、前条の所定勤務時間を変更し、または休日を振り替えることがある。

第４条　（希望勤務時間の申出）

　従業員は、各日の勤務時間の決定にあたって希望がある場合には、毎週火曜日までに申出るものとする。

２　会社は、前項の希望を考慮して第２条の勤務時間の通知を行うものとする。

第５条　（割増賃金）

　従業員が第２条または第３条の規定された所定勤務時間を超えて勤務をしたときは、賃金規程の定めるところにより割増賃金を支払う。

第６条　（有効期間）

　この協定の有効期間は20○●年４月１日から20○○年３月31日までの１年間とする。有効期間満了の１ヵ月前までに労使のいず

れか一方から申出のない限り、さらに１年間自動延長されたものとみなし、以後もまた同様とする。

以上のとおり協定し、会社および従業員代表は各々１通を所持する。

20〇●年３月18日

株式会社〇〇　　代表取締役　　　●●　　印

従業員代表　　　　△△　　　　　印

勤務時間の通知例

〇月●日

〇月×日から〇月△日の勤務時間は以下のとおりです。

土曜日　　10時間

日曜日　　10時間

月曜日　　休み

火曜日　　休み

水曜日　　7時間

木曜日　　6時間

金曜日　　7時間

労使協定届例 DL↓

様式第 5 号（第12条の 5 第 4 項関係）

1 週間単位の非定型的変形労働時間制に関する協定届

事業の種類	事業の名称	事業の所在地 （電話番号）	常時使用する労働者数
宿泊業	株式会社○○	東京都○区●● （03-1111-0111）	20人
業務の種類	該当労働者（満18歳以上の者）	1 週間の所定労働時間	変形労働時間制による期間
客室係	10　人	40時間	20○●年 4 月 1 日～ 20○○年 3 月31日
料理係	4　人		
洗い場	2　人		
フロント	2　人		
事務	2　人		

協定の成立年月日　20○●年 3 月20日

協定の当事者である労働組合（事業場の労働者の過半数で組織する労働組合）の名称又は労働者の過半数を代表する者の

　　　　　　　　　　　　　　　職名　　客室係

　　　　　　　　　　　　　　　氏名　　△△

協定の当事者（労働者の過半数を代表する者の場合）の選出方法

　　　（　　挙手による信任　　）

上記協定の当事者である労働組合が事業場の全ての労働者の過半数で組織する労働組合である又は上記協定の当事者である労働者の過半数を代表する者が事業場の全ての労働者の過半数を代表する者であること。☑（チェックボックスに要チェック）

　上記労働者の過半数を代表する者が、労働基準法第41条第 2 号に規定する監督又は管理の地位にある者でなく、かつ、同法に規定する協定等をする者を選出することを明らかにして実施される投票、挙手等の方法による手続により選出された者であつて使用者の意向に基づき選出されたものでないこと。☑（チェックボックスに要チェック）

20〇●年 3 月23日

使用者　職名　代表取締役

氏名　　●●

　　〇〇　　労働基準監督署長殿殿

2-5 フレックスタイム制（労基法第32条の３）

1 フレックスタイム制とは

(1) フレックスタイム制の概要

　フレックスタイム制は、１日の労働時間の長さを固定的に定めずに、一定の期間（清算期間）（※１）の総労働時間を定めます。

　労働者は、その総労働時間の枠内で各労働日の労働時間や始業・終業時刻を自分で定めることができるため、自由に効率的に働くことができます。

　一定の期間を平均して、１週間あたり40時間（特例措置対象事業場は44時間）を超えないことが必要です。

　業種、人数を問わず導入が可能で、働き方改革をアピールする企業に向いており、労働者からの人気が高い制度で、厚生労働省の令和３年の就労条件総合調査では、6.5％の企業で導入されている制度です（他制度との重複回答あり）。

　※１　従来は清算期間の上限は１ヵ月でした。労基法改正により、平成31年４月からは、清算期間の上限を３ヵ月以内にすることが可能になりました。

■通常の労働時間制度

■フレックスタイム制（イメージ）

※フレキシブルタイムやコアタイムは必ずしも設けなければならないものではありません。
　コアタイムを設定しないことによって、労働者が働く日も自由に選択できるようにすることも可能です。
　また、フレキシブルタイムの途中で中抜けするなどといったことも可能です。

出典：厚生労働省「フレックスタイム制のわかりやすい解説＆導入の手引き」
（https://www.mhlw.go.jp/content/000476042.pdf）より

(2)　清算期間3ヵ月

　　3ヵ月以内の期間内で総労働時間の増減を調整可能な制度です。

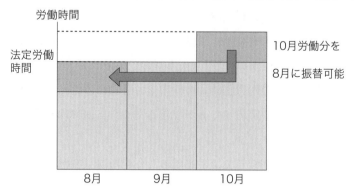

(3)　清算期間1ヵ月以内

　　1ヵ月以内の単位で労働時間の精算が必要です。

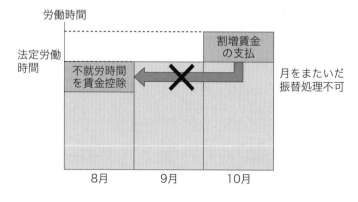

(4)　1ヵ月と3ヵ月の違いのまとめ

	1ヵ月以内	3ヵ月以内
労使協定の 労基署への届出	なし	必要

1 週平均50時間超の場合の取扱い	なし	中途精算必要
時間管理の煩雑度	少ない	多い
時間配分の自由度	高い	すごく高い
その他		特定月に極端な長時間労働が発生しやすい

(5) フレックスタイム制導入におけるメリット・デメリット

　　フレックスタイム制を導入する場合のメリットとデメリットは次のとおりです。

メリット	デメリット
通勤ラッシュの時間帯を避けられる	顧客からの連絡に対応できないことがある
半休や時間単位年休を使用せずに用事を済ませることができる	朝礼や朝一の会議等が実施できない
効率的に働けるため残業削減につながる	時間にルーズになってしまう
求職者へのアピールポイントになる	他部署との連携が難しくなる

導入要件

　導入の要件は、次のとおりです。「1ヵ月以内」の清算期間の場合は労使協定の労基署への**届出は不要**ですが、新制度である「3ヵ月以内」の清算期間の場合には労基署への**届出が必要**なので注意が必要です。

【1ヵ月以内の清算期間の場合】

（1）労使協定を締結する

(2) 就業規則にフレックスタイム制を採用することを定める

(3) 就業規則を労基署へ届け出る

【3ヵ月以内の清算期間の場合】

(1) 労使協定を締結する

(2) 就業規則にフレックスタイム制を採用することを定める

(3) (1)(2)と労使協定届を労基署へ届け出る

2　手続の詳細

(1) 労使協定の締結事項

労使協定で定める事項は次のとおりです。

①対象労働者の範囲

対象者は自由に設定することが可能です。全従業員に導入してもよいですし、部門ごとに導入可否を決めてもよいですし、新入社員や社内ルールを守れない者を除外することも協定に定めることで可能です。

②清算期間

会社の勤怠の締め日と合わせてください。

③清算期間の総労働時間（所定労働時間）

④標準となる1日の労働時間

⑤コアタイム（必ず勤務しなければならない時間帯）

⑥フレキシブルタイム（労働者が自由に出退勤を決められる時間帯）

※⑤コアタイム,⑥フレキシブルタイムは定めないことも可能です。

労使協定書例（1ヵ月以内）DL↓

フレックスタイム制に関する協定書

　株式会社○○（以下会社という）と従業員代表　△△　とは、フレックスタイム制に関して、以下のとおり協定する。

第1条（適用対象者）

　対象者は●●部、○○部に所属する従業員とする。

第2条（清算期間）

　清算期間は、毎月1日から末日までの1ヵ月とする。

第3条（清算期間における総労働時間）

　1ヵ月の総労働時間は、その月の所定労働日数に1日の標準労働時間8時間00分を乗じた時間とする。

　「総労働時間＝8時間×その月の所定労働日数」

第4条（標準となる1日の労働時間の長さ）

　標準労働時間は、8時間00分とし、年次有給休暇（および特別休暇（有給のもの））取得時は、通常の賃金を支払う。

第5条（休憩時間）

　休憩時間は就業規則の定めるところによる。

第6条（コアタイム）

　必ず労働しなければならない時間帯は午前10時から午後3時までとする。

第7条（フレキシブルタイム）

　従業員の選択により労働することができる時間帯は次のとおりとする。

　　　　開始時間帯：午前7時から午前10時まで

　　　　終了時間帯：午後3時から午後10時まで

第8条（超過時間の取扱い）

　第3条の総労働時間を超えて労働した場合は、給与規程の定めるところにより時間外割増賃金を支払う。

2　前項の総労働時間を超える労働を行う場合および深夜に労働する場合は、会社の指示によるものとし、これらによらない場合には事前に所属長の許可を受けなければならない。

第9条（不足時間の取扱い）

　第3条の総労働時間に実労働時間が不足した場合は、給与規程の定めるところにより不足時間の控除を行う。

第10条（勤務予定の申告）

　従業員は、毎週金曜日までに所定の勤務表に次週の勤務予定時刻を記入しこれを所属長に提出しなければならない。

第11条（清算期間における法定労働時間の総枠）**ポイント①**

　清算期間における法定労働時間の総枠は、以下のとおりとする。

清算期間の暦日数	法定労働時間数の総枠
28日	160.0時間（160時間00分）
29日	165.7時間（165時間42分）
30日	171.4時間（171時間24分）
31日	177.1時間（177時間06分）

2　前項にかかわらず、「8時間×清算期間内の所定労働日数」が、前項の法定労働時間数の総枠を上回る場合には「8時間×清算期間内の所定労働日数」を法定労働時間の総枠とする。

第12条（有効期間）

　本協定の有効期間は、20○●年4月1日から20○○年3月31日までの1年間とする。有効期間満了の1ヵ月前までに労使のいずれか一方から申出のない限り、さらに1年間自動延長されたもの

とみなし、以後もまた同様とする。

以上のとおり協定し、会社および従業員代表は各々１通を所持する。

20〇●年３月21日

株式会社〇〇　　代表取締役　　●●　　　　印

従業員代表　　　△△　　　　　　　　　　　印

※休憩時間帯も労働者に委ねる場合、一定の業種以外は「一斉休憩の適用除外に関する労使協定書」の締結が必要です。

労使協定書例 DL↓

一斉休憩の適用除外に関する労使協定書

株式会社〇〇（以下「会社」という。）と従業員代表　△△は、労基法の定めに基づき、休憩時間の一斉付与の適用除外に関して、次のとおり協定する。

第１条　（対象者）

　就業規則第●条に基づく休憩時間について、一斉休憩付与の適用除外の対象となる者の範囲は全従業員とする。

第２条　（休憩時間帯）

　従業員の休憩は、業務の都合および従業員の自主的判断により交代で与える。休憩時間帯については、労働時間の途中に、▲時から△時までの間に１時間を与える。交代の内容については、部門ごとに決定する。

第３条　（有効期間）

　この協定の有効期間は20〇●年４月１日から20〇〇年３月31日

までの1年間とする。有効期間満了の1ヵ月前までに労使のいずれか一方から申出のない限り、さらに1年間自動延長されたものとみなし、以後もまた同様とする。

以上のとおり協定し、会社および従業員代表は各々1通を所持する。

20●●年3月21日

株式会社○○　　代表取締役　　　●●　印

従業員代表　　　△△　　　　　　　　　印

(2) 就業規則への記載事項

始業・終業時刻については、労働者の決定に委ねる旨を定めます。

就業規則規定例 DL↓

第●条（フレックスタイム制）

会社は、フレックスタイム制に関する労使協定の定めに基づき、フレックスタイム制を導入する場合がある。この場合、始業・終業時刻は、従業員の決定に委ねるものとする。フレックスタイム制の詳細は労使協定の定めによる。

(3) 労基署への届出

事業場ごとに労使協定を締結し、労基署へ届け出る必要があります（届出は3ヵ月以内の制度の場合のみ）。本社だけで締結して、支店では未締結ということが見受けられますので注意しましょう。

3ヵ月以内の労使協定届例 DL↓

様式第 3 号の 3 （第12条の 3 第 2 項関係）

清算期間が 1 箇月を超えるフレックスタイム制に関する協定届

事業の種類	事業の名称	事業の所在地（電話番号）	常時雇用する労働者数	協定の有効期間
卸売業	株式会社○○	東京都港区●●1-2-3（03-1111-1111）	40人	20○●年 4 月 1 日から 1 年間
業務の種類	該当労働者数	清算期間（起算日）	清算期間における総労働時間	
営業部企画部	10人 5 人	3 ヵ月（4/1、7/1、10/1、12/1 ）	8 時間×所定労働日数	
標準となる 1 日の労働時間		コアタイム	フレキシブルタイム	
8 時間		午前10時～午後 3 時	午前 7 時～午前10時、午後 3 時から午後10時	

協定の成立年月日　20○●年 3 月21日

協定の当事者である労働組合（事業場の労働者の過半数で組織する労働組合）の名称又は労働者の過半数を代表する者の

　　　　　　　　　　　　　　　　　職名　　営業部員

　　　　　　　　　　　　　　　　　氏名　　△△

協定の当事者（労働者の過半数を代表する者の場合）の選出方法

（　　　　挙手による信任　　　　　）

上記協定の当事者である労働組合が事業場の全ての労働者の過半数で組織する労働組合である又は上記協定の当事者である労働者の過半数を代表する者が事業場の全ての労働者の過半数を代表する者であること。☑（チェックボックスに要チェック）

上記労働者の過半数を代表する者が、労働基準法第41条第 2 号に規定する監督又は管理の地位にある者でなく、かつ、同法に規定する協定等をする者を選出することを明らかにして実施される投票、挙手等の方法による手続によ

り選出された者であつて使用者の意向に基づき選出されたものでないこと。

☑（チェックボックスに要チェック）

200●年３月22日　　使用者　職名　代表取締役

　　　　　　　　　　　　　　氏名　●●

___○○___労働基準監督署長殿

押さえておきたい判断のポイント①

完全週休２日制における労働時間総枠の逆転現象への対応

　完全週休２日制であっても、フレックスタイム制を導入した場合に曜日の並びの関係で法定労働時間の総枠を超えてしまう場合があります（１ヵ月単位の変形労働時間制で解説済）。

　例えば、次のカレンダーで土日休みの場合には労働日が22日あり、１日８時間労働すると残業が無くても22×８＝176時間となり、清算期間の総枠171.4時間を4.6時間超えてしまう逆転現象が生じます。

　以前は通達において、この逆転現象に対応していましたが、平成31年の法改正により法律の条文の中で定めができました。完全週休２日制の事業場において、「労使協定」により精算期間内の所定労働日数に８時間を乗じた時間数を清算期間における法定労働時間の総枠とすることが可能となりました。

　この部分は１ヵ月単位の変形労働時間制と違う点ですので注意しましょう。

　なお、フレックスタイム制（１ヵ月以内）の労使協定は、届出が不要のため、労使協定自体が更新されておらず、この対応の記載が漏れているケースが非常に多いです。導入している会社は早急に見直しをしましょう。

月	火	水	木	金	土	日
	1	2	3	4	5	6
7	8	9	10	11	12	13
14	15	16	17	18	19	20
21	22	23	24	25	26	27
28	29	30				

法定労働時間の総枠の早見表

月の暦日数	週の法定労働時間 40時間	週の法定労働時間 44時間
28日	160.0時間（160時間00分）	176.0時間（176時間00分）
29日	165.7時間（165時間42分）	182.2時間（182時間12分）
30日	171.4時間（171時間24分）	188.5時間（188時間30分）
31日	177.1時間（177時間06分）	194.8時間（194時間48分）

コーヒーブレイクコラム　フレックス

　コロナ前の事ですが、筆者がランチにいくと隣のテーブルにいた女性の集団の会話が聞こえてきました。同じ会社の同僚同士のようでした。

　「私の部署はフレックスがないのよ〜。上司が変わって使えなくなったんだよね…。」

「え〜ありえない」

　このあたりで私の耳がダンボになってきました。

＜フレックスを部門ごとに入れてる会社なのかな？＞

「今までは仕事がない時は早く帰れてたのに、仕事してる振りして時間つぶすのが超大変！！」

＜こういう話を聞けるのは非常に貴重です。話しかけたくなるのを堪えて、どうするのがいいのかを考えてみました。＞

　推測ですが、この女性の所属部署では、本来はフレックスタイム制は使えないのでしょう。ただ、他部署では使えるようで、前任の上司は融通をきかせてあげていたようです。

　労務管理の観点からは、現在の上司が会社のルール通りで正しいのですが、効率的な働き方ができていない可能性がありますね。

　現状だと、暇なときは定時まで仕事をしてる振りをして、忙しいときは残業をしてとなると、会社側にとっても時間外勤務手当の支払いがマイナスになります。

　筆者がアドバイスするとすれば、働き方に関しての現状の問題点を把握する（従業員アンケートの実施等）、社内の業務分析を行い無駄な作業等がないかを確認する等、労使で協力して残業を削減するための取り組みをしていくこと等、効率的な働き方について、様々な提案をしていくことになります。

2-6 事業場外労働に関するみなし労働時間制（労基法第38条の2）

1　事業場外労働に関するみなし労働時間制とは

(1) 制度の概要

　　事業場外労働に関するみなし労働時間制は、業務の全部または一部を「事業場外」で従事し、使用者の指揮監督が及ばないため労働時間の算定が困難な場合に、使用者のその労働時間に係る算定義務を免除し、その事業場外労働については、「特定の時間」を労働したとみなすことのできる制度です。

　　直行直帰で外回りをする営業社員等、労働時間の把握をすることが困難な業務で導入されています。最近では在宅勤務制度を実施する際の労働時間制度としても活用されています。

　　厚生労働省の令和3年の就労条件総合調査では、11.4％の企業で導入されている制度です（他制度との重複回答あり）。

(2) 対象業務

①原則

　　事業場外で業務に従事し、使用者の具体的な指揮監督が及ばず労働時間の算定が困難な業務です　通達❶。

通達❶ 事業場外労働の範囲（昭和63年1月1日基発1号）

　事業場外で働く場合でも、次のような使用者の指揮監督が及んでいる場合には、労働時間の算定が可能であるので、みなし労働時間制の適用はありません。

＜労働時間の算定が可能な場合＞
①何人かのグループで事業場外労働に従事する場合で、そのメンバーの中に労働時間の管理をする者がいる場合
②無線やポケットベル等によって随時使用者の指示を受けながら事業

　場外で労働している場合

③事業場において、訪問先、帰社時刻等当日の業務の具体的指示を受けた後、事業場外で指示どおりに業務に従事し、その後、事業場に戻る場合

②在宅勤務で適用されるための要件

　在宅勤務でも事業場外労働に関するみなし労働時間制は適用可能ですが、**通達❷** に定める要件を満たす必要があります。

通達❷ **情報通信機器を活用した在宅勤務における事業場外労働に関するみなし労働時間制の要件（平成16年3月5日基発03050011号、平成20年7月28日基発0728002号）**

次に掲げるいずれの要件をも満たす形態で行われる在宅勤務（労働者が自宅で情報通信機器を用いて行う勤務形態をいう。）については、原則として、労基法第38条の2に規定する事業場外労働に関するみなし労働時間制が適用されます。

①業務が、起居寝食等私生活を営む自宅で行われること。

②「情報通信機器」が、「使用者の指示により常時」「通信可能な状態」におくこととされていないこと。

③業務が、「随時使用者の具体的な指示に基づいて」行われていないこと。

※①②③のすべてを満たす必要があります。

※②の「情報通信機器」は、パソコンや携帯電話等が該当します。携帯電話を所持していることだけで制度が適用外になることはありません。業務の実態に応じて判断して下さい。

※②の「使用者の指示により常時通信可能な状態」は、労働者が自分の意思で通信可能な状態を切断することが使用者から認められない状態を指します。

　勤務時間中は通信回線自体の切断はできず、使用者の指示は情報通信機器を用いて行われるが、労働者が情報通信機器から自分の意思で離れることができ、応答のタイミングを労働者が判断することができる場合は、通信可能な状態に該当しません。

　会社支給の携帯電話等を所持していても、その応答を行うか否か、又は折り返しのタイミングについて労働者において判断できる場合も通信可能な状態に該当しません。

　　　※③の「随時使用者の具体的な指示に基づいて」は、使用者の指示が、業務の目的、目標、期限等の基本的事項にとどまり、一日のスケジュール（作業内容とそれを行う時間等）をあらかじめ決める等、作業量や作業の時期、方法等を具体的に特定するものではない場合は含まれません。

(3) 労働時間の算定方法

　　事業場外労働に関するみなし労働時間制の労働時間の算定には、3つの方法があります 通達❸ 。

通達❸ 事業場外労働に関する労働時間の算定方法（昭和63年1月1日基発第1号）

①	所定労働時間	就業規則等で定められた始業時刻から終業時刻までの時間から休憩時間を除いた時間のことで、労働義務のある時間
②	通常必要とされる時間	通常、所定労働時間を超えて労働することが必要である場合には、その業務遂行に通常必要とされる時間
③	②の場合で労使で協定したとき	労使協定で定める時間

※②について

　業務の実態をふまえて協議したうえで決めることが適当であるので、突発的に生ずるものは別として、常態として行われている場合は、できる限り労使協定を結ぶことが望まれます。

※③について

　業務の遂行に通常必要とされる時間は、時間の経過とともに変化すると考えられます。そのため、一定の期間ごとに「見直し」をすることが適当です。

※②・③について

　労働時間の一部を事業場「内」で労働した場合には、その時間については別途把握しなければならず、「みなす」ことはできません。したがって、②・③のときは、労働時間の一部について事業場外で業務に

> 従事した日における労働時間は、別途把握した『事業場「内」おける時間』と「みなし労働時間制により算定される事業場外で業務に従事した時間」を合計した時間となります。

導入の要件は、次のとおりです。

(1) 対象となる業務に該当するかを確認

(2) 就業規則に事業場外労働に関するみなし労働時間制を採用することを定める

(3) (所定労働時間超の場合) 労使協定を締結する

(4) (所定労働時間超の場合) 労使協定届、労使協定書、就業規則を労基署へ届け出る

就業規則規定例 `DL↓`

第○条（事業場外労働に関するみなし労働時間制）

　従業員が労働時間の全部または一部について事業場外で労働した場合で、労働時間を算定することが困難な業務に従事したときは、就業規則第●条に規定する所定労働時間を労働したものとみなす。

2　前項の事業場外での業務を遂行するために所定労働時間を超えて労働することが必要な場合には、労使協定を締結したうえで、労使協定で定めた労働時間を労働したものとみなす。

労使協定書例 DL↓

事業場外労働に関するみなし労働時間制の協定書

　株式会社○○（以下会社という）と従業員代表　△△　とは、事業場外労働に関するみなし労働時間制に関し、以下のとおり協定する。

第１条（適用対象者）

　この協定は、営業部に所属する従業員が、事業場外で出張その他営業活動に従事する場合に適用する。

第２条（みなし労働時間）

　前条に定める従業員が、労働時間の全部または一部について事業場外で勤務した場合で、労働時間を算定することが困難な日の労働時間は所定労働時間（８時間）の他に１日１時間とみなす。

２　前項に定める所定労働時間を超過した１時間については、給与規程の定めるところにより割増賃金を支払う。

第３条（休憩・休日）

　適用対象者の休憩および所定休日は、就業規則の定めるところによる。

第４条（休日深夜勤務の手続）

　適用対象者が所定休日・深夜に勤務する場合は、事前に所属長に申請し、許可を得なければならない。この場合、給与規程の定めるところにより、割増賃金を支払う。

第５条　（有効期間）

　本協定の有効期間は、20○●年４月１日から20○○年３月31日までの１年間とする。

20○●年３月21日

　　　　　株式会社○○　　代表取締役　　　●●　　印

	従業員代表	△△	印

労使協定届例 DL↓

様式第12号（第24条の 2 第 3 項関係）

事業場外労働に関する協定届

事業の種類	事業の名称	事業の所在地（電話番号）		
卸売業	株式会社○○	東京都港区●● 1 - 2 - 3 (03-1111-1111)		
業務の種類	該当労働者数	1 日の 所定労 働時間	協定で 定める 時間	協定の有効期間
営業員	5 人	8 時間	9 時間	1 年間（20○●年 4 月 1 日 から20○○年 3 月31日）
時間外労働に関する協定の届出年月日			20○●年 3 月22日	

協定の成立年月日　20○●年 3 月21日

協定の当事者である労働組合（事業場の労働者の過半数で組織する労働組合）の名称又は労働者の過半数を代表する者の

職名　営業部員

氏名　△△

協定の当事者（労働者の過半数を代表する者の場合）の選出方法

（　　　挙手による信任　　　）

上記協定の当事者である労働組合が事業場の全ての労働者の過半数で組織する労働組合である又は上記協定の当事者である労働者の過半数を代表する者が事業場の全ての労働者の過半数を代表する者であること。☑（チェックボックスに要チェック）

上記労働者の過半数を代表する者が、労働基準法第41条第 2 号に規定する監督又は管理の地位にある者でなく、かつ、同法に規定する協定等をする者を選出することを明らかにして実施される投票、挙手等の方法による手続により選出された者であつて使用者の意向に基づき選出されたものでないこと。

☑（チェックボックスに要チェック）

20○●年 3 月22日　　使用者　職名　代表取締役
　　　　　　　　　　　　　　氏名　●●

　　○○　労働基準監督署長殿

2　労働時間の具体的な適用

(1) 基本的な算定方法

　労働時間の算定困難な事業場外での業務の遂行に通常必要とされる時間を「通常必要時間」とします（労使協定によって定めた場合、労使協定で定めた時間が「通常必要時間」となります）。

①労働日の労働時間の「全部」が労働時間の算定困難な事業場外労働である場合の 1 日の労働時間の算定

　労働日の労働時間の「全部」が労働時間の算定困難な事業場外労働であることから、その日は、別途把握しなければならない労働時間はないため、労働時間は次のとおりとなります。

　　 i 「所定労働時間≧通常必要時間」の場合：「所定労働時間」

　　 ii 「所定労働時間＜通常必要時間」の場合：「通常必要時間」

②労働日の労働時間の「一部」が労働時間の算定困難な事業場外労働（外勤）と事業場内労働（内勤）の混在である場合の 1 日の労働時間の算定

　労働日の労働時間の「一部」が外勤と内勤の混在であることから、その日は、別途把握しなければならない労働時間があるため次の算定方法によります。

　　 i 「所定労働時間≧通常必要時間＋内勤時間」の場合：「所定労働時間」

　　　その日は内勤時間を含めて「所定労働時間」労働したとみな
　します。
　　ⅱ「所定労働時間＜通常必要時間＋内勤時間」の場合：「通常
　　必要時間＋内勤時間」
(2) 労働時間の一部が事業場内労働（内勤）の具体例
　労働時間に内勤と外勤（直行・直帰等の事業場外労働）が混在し
ている場合、労働時間の取り扱いはどのようになるでしょうか？
（所定労働時間は 7 時間30分の場合）
①内勤を行ったあと、外勤を行ってそのまま直帰する場合

```
 8 ：00から12：00　　内勤
12：00から13：00　　休憩
13：00から　　　　　外勤　そのまま直帰
```

　内勤時間は、 4 時間です。
　　ⅰ　外勤時間（通常必要時間）が 3 時間だった場合
　　　 4 時間＋ 3 時間で計 7 時間となり、所定労働時間以内なの
　　で、 7 時間30分働いたものとみなします。
　　ⅱ　外勤が 5 時間だった場合
　　　 4 時間＋ 5 時間で計 9 時間となり、所定労働時間を超える
　　ので、 9 時間働いたものとみなします。
②直行して外勤後、内勤を行う場合

```
　　　　　　14：00まで　直行で外勤
12：00から13：00　休憩
14：00から18：30まで　内勤
```

　内勤時間は、 4 時間30分です。
　　ⅰ　外勤時間が 3 時間だった場合
　　　 4 時間30分＋ 3 時間で計 7 時間30分となり、所定労働時間
　　以内なので、 7 時間30分働いたものとみなします。

　　ii　外勤時間が 5 時間だった場合

　　　　4 時間30分 + 5 時間で計 9 時間30分となり、所定労働時間
　　　を超えるので、 9 時間30分働いたものとみなします。

　③外勤と内勤が混在する場合

9 : 00から10 : 00　　内勤
10 : 00から12 : 00　　外勤
12 : 00から13 : 00　　休憩
13 : 00から14 : 00　　外勤
14 : 00から15 : 00　　内勤
15 : 00から17 : 00　　外勤
17 : 00から18 : 30　　内勤

　　内勤時間は、 3 時間30分です。

　　i　外勤時間（通常必要時間）が 3 時間だった場合

　　　　3 時間30分 + 3 時間で計 6 時間30分となり、所定労働時間
　　　以内なので、 7 時間30分働いたものとみなします。

　　ii　外勤時間が 5 時間だった場合

　　　　3 時間30分 + 5 時間で計 8 時間30分となり、所定労働時間
　　　を超えるので、 8 時間30分働いたものとみなします。

(3) 休憩、深夜、休日の適用

　　みなし労働時間制を適用した場合でも、休憩、深夜、休日に関す
　る法規定は適用されます。

(4) 労働時間の状況の把握義務

　　労基法上は、労働時間を把握することが困難な業務であるため労
　働時間の把握は必要ありませんが、安衛法の定めにより労働時間の
　「状況」の把握が必要です。

(5) 所定労働時間超過分の割増賃金は 1 日単位

　　事業場外労働に関するみなし労働時間制で、所定労働時間を超過

している分については、別途超過部分の賃金の支払が必要になります。

　営業手当等の名称で支払われることが多いですが、その算出方法に誤りが多いので注意が必要です。

　例えば、次のようなケースです。

①所定労働時間　8時間

②労使協定で定めたみなし労働時間　1日1時間

③土日祝日年末年始が休み　月平均所定労働日数が20日

　「営業手当」＝　（残業単価）×（超過時間数1時間）×（20日）

　上記の「×（20日）」の部分が月によって誤りとなります。

　理由は、事業場外みなし労働時間制は、「1日の労働時間」を定める制度のため、毎月の労働日が必ず20日以下であれば問題ありませんが、祝日等の並びにより、月によって18日が労働日数の月もあれば、21日や22日や23日労働になる月もあります。

　22日労働の場合には、（残業単価）×（超過時間数1時間）×22日の支払が必要になり、「2日分の未払い賃金」が生じていることになります **ポイント❶**。

押さえておきたい判断のポイント①

実務上の対応

　実務としては、毎月固定で処理するのであれば、22日や23日分等最大限の日数分の手当を支給するのが正しい処理となります。実態に合わせる処理をするのであれば、乗じる日数は毎月変動させる必要があります。

(6)　年少者

　満18歳未満のいわゆる年少者は、この制度の対象外です。

3　事業場外労働に関するみなし労働時間制の民事裁判例 判例❶

　事業場外労働に関するみなし労働時間制の民事裁判例においては、否定される事案が多くあります。「労働時間を算定しがたいとき」に該当しない事案等の不適切な取り扱いをしている場合が多いようです。間違った取扱いにより否定されないように、改めて自社の運用状況を見直しすることも必要でしょう。

判例❶	阪急トラベルサポート残業代等請求事件（最高裁第二小法廷平成26年1月24日）	
結論	みなし労働時間制適用を否定
地位	添乗業務員（旅行会社主催の募集型企画旅行）
判断要旨	添乗業務は、業務の内容があらかじめ具体的に確定している（旅行日程が日時や目的地等を明らかにして定められている）
	添乗員が自ら決定できる事項の範囲およびその決定にかかる選択の幅は限られている
	派遣先である旅行会社は、派遣添乗員との間で、あらかじめ定められた旅行日程に沿った旅程管理等の業務を行うべきことを具体的に指示
	予定された旅行日程を途中で変更する場合、個別の指示をする
	旅行日程の終了後は、内容の正確性を確認し得る添乗日報によって業務の遂行の状況等につき、詳細な報告を受ける
	上記を踏まえ、業務の性質、内容やその遂行の態様、状況等、旅行会社と添乗員との間の業務に関する指示および報告の方法、内容やその実施の態様、状況等に鑑みると、添乗業務については、これに従事する添乗員の勤務の状況を具体的に把握することが困難であったとは認め難く、労基法第38条の2第1項にいう「労働時間を算定し難いとき」にあたるとはいえないとした

2-7　専門業務型裁量労働制（労基法第38条の3）

1　専門業務型裁量労働制とは

(1)　制度の概要

　　専門業務型裁量労働制は、新商品や新技術の研究開発、各種士業の業務等、業務の性質上、業務遂行の手段や方法、時間配分等を大幅に労働者の裁量にゆだねる必要がある業務として法令等に定められた業務の中から、対象となる業務を労使で定め、労働者を実際にその業務に就かせた場合、労使であらかじめ定めた時間働いたものとみなす制度です。

　　昭和62年に制度化導入され、最初は5つの業務、その後徐々に増加して平成16年から現在の19業務になっています（残念ながら筆者の保有資格である社会保険労務士は含まれていません）。

　　厚生労働省の令和3年の就労条件総合調査では、2.0％の企業で導入されている制度です（他制度との重複回答あり）。

(2)　対象業務

　　「専門業務型裁量労働制」は、次の19業務に限り、事業場の過半数労働組合または過半数代表者との労使協定を締結労基署長への届出することにより導入することができます。

専門業務型裁量労働制の対象19業務

> (1)　①新商品もしくは新技術の研究開発業務
>
> 　　　②人文科学もしくは自然科学に関する研究の業務
>
> (2)　情報処理システムの分析または設計の業務
>
> 　（電子計算機を使用して行う情報処理を目的として複数の要素が
> 組み合わされた体系であってプログラムの設計の基本となるもの

をいう。(7)において同じ。)

(3)　①新聞もしくは出版の事業における記事の取材もしくは編集の業務

　　②放送番組・ラジオ放送の制作のための取材・編集の業務

(4)　衣服、室内装飾、工業製品、広告等の新たなデザインの考案の業務

(5)　放送番組、映画等の制作の事業におけるプロデューサーまたはディレクターの業務

(6)　広告、宣伝等における商品等の内容、特長等に係る文章の案の考案の業務（いわゆるコピーライターの業務）

(7)　事業運営において情報処理システムを活用するための問題点の把握またはそれを活用するための方法に関する考案もしくは助言の業務（いわゆるシステムコンサルタントの業務）

(8)　建築物内における照明器具、家具等の配置に関する考案、表現または助言の業務（いわゆるインテリアコーディネーターの業務）

(9)　ゲーム用ソフトウェアの創作の業務

(10)　有価証券市場における相場等の動向または有価証券の価値等の分析、評価またはこれに基づく投資に関する助言の業務（いわゆる証券アナリストの業務）

(11)　金融工学等の知識を用いて行う金融商品の開発の業務

(12)　学校教育法に規定する大学における教授研究の業務（主として研究に従事するものに限る）

(13)　公認会計士の業務

(14)　弁護士の業務

(15)　建築士（一級建築士、二級建築士および木造建築士）の業務

　　(16)　不動産鑑定士の業務

　　(17)　弁理士の業務

　　(18)　税理士の業務

　　(19)　中小企業診断士の業務

(3)　休憩、深夜、休日の適用

　　裁量労働制により、労働時間のみなしが適用される場合でも休憩、深夜、休日に関する法規定は適用されます。

導入要件

導入の要件は、次のとおりです。

(1)　労使協定を締結する

(2)　就業規則に専門業務型裁量労働制を採用することを定める

(3)　(1)(2)と労使協定届および添付資料を労基署へ届け出る

2　手続の詳細

(1)　労使協定の締結事項

　　労使協定で定める事項は次のとおりです。

①　制度の対象とする業務

②　対象労働者の範囲

③　対象となる業務遂行の手段や方法、時間配分等に関し労働者に具体的な指示をしないこと

④　労働時間としてみなす時間（1日）

⑤　労働時間の状況に応じて実施する健康・福祉確保措置

⑥　苦情処理に関する措置

⑦　協定の有効期間（※3年以内とすることが望ましい）

⑧　⑤⑥の記録を協定の有効期間およびその期間満了後3年間保存

すること

労使協定書例 DL↓

専門業務型裁量労働制に関する協定書

株式会社〇〇（以下会社という）と従業員代表　△△　とは、専門業務型裁量労働制に関し、以下のとおり協定する。

第1条（専門業務型裁量労働制の原則）

裁量労働に従事する労働者（以下、「裁量労働従事者」）は、原則として当該業務の遂行につき裁量を有し、会社は業務遂行の手段および時間配分の決定等につき具体的な指示をしないものとする。

ただし、従事する業務の決定および内容等についての指示ならびに職場秩序および施設管理上の指示はこの限りでない。

第2条（適用対象業務および労働者）

本協定が適用される対象業務は、以下のとおりとする。

ア　（2）情報処理システムの分析の業務

イ　（4）WEBデザインの考案の業務

2　裁量労働従事者は、勤続〇年以上または業界経験年数△年以上の労働者とする。

第3条（みなし労働時間）

裁量労働従事者が、所定労働日に勤務した場合は、就業規則第●条の所定労働時間のほかに1日1時間労働したものとみなす。

2　前項に定める所定外労働時間1時間に対しては、給与規程の定めるところにより、割増賃金を支払う。　ポイント❶

第4条（休憩・休日）

裁量労働従事者の休憩および所定休日は、就業規則の定めるところによる。

第5条（裁量労働従事者の出勤等の際の手続）

　裁量労働従事者は、出勤した日については、勤怠管理システムにより出社・退社時刻の記録を行わなければならない。

2　裁量労働従事者が、出張等業務の都合により事業場外で従事する場合には、事前に所属長の許可を得なければならない。この場合、第3条に定める労働時間労働したものとみなす。

3　裁量労働従事者が所定休日に勤務する場合は、時間外・休日労働協定の範囲内で事前に所属長に申請し、許可を得なければならない。所属長の許可を得た場合、裁量労働従事者の休日労働に対しては、裁量労働制は適用せず、給与規程の定めるところにより、割増賃金を支払う。

4　裁量労働従事者が深夜勤務する場合は、事前に所属長に申請し、許可を得なければならない。所属長の許可を得た場合、裁量労働従事者の深夜労働に対しては、給与規程の定めるところにより割増賃金を支払う。

第6条（裁量労働従事者の健康と福祉の確保）

　会社は、裁量労働従事者の健康と福祉を確保するために、次の措置を講ずるものとする。

2　裁量労働従事者の健康状態を把握するために次の措置を実施する。

　ア　所属長は、勤怠管理システムの記録により、裁量労働従事者の在社時間を把握する

　イ　裁量労働従事者は、2ヵ月に1回、自己の健康状態について所定の「労働者の疲労蓄積度チェックリスト」に記入のうえ、所属長に提出する。

　ウ　所属長は、チェックリストの受領後、速やかに裁量労働従事者ごとに健康状態等についてヒアリングを行う。

3　会社は、第2項の把握結果による裁量労働従事者の勤務状況および健康状況に応じ、必要と認めるときには、次のいずれかの措置を講ずるものとする。

　ア　年次有給休暇の取得勧奨

　イ　特別健康診断の実施（定期健康診断とは別に）

　ウ　配置転換

　エ　産業医によるカウンセリングの実施

第7条（裁量労働適用の中止）

　前条の措置の結果、裁量労働従事者に専門業務型裁量労働制を適用することがふさわしくないと認められた場合または裁量労働従事者が専門業務型裁量労働制の適用の中止を申出た場合は、会社は、当該労働者に専門業務型裁量労働制を適用しないものとする。

第8条（裁量労働従事者の苦情の処理）

　裁量労働従事者から苦情等があった場合には、次の手続に従い、対応するものとする。

2　裁量労働相談室を人事部に開設する。

3　裁量労働室長は人事部長、室員は人事課長とする。

4　取り扱う苦情の範囲を次のとおりとする。

　ア　裁量労働制の運用に関する全般の事項

　イ　裁量労働従事者に適用している評価制度、これに対応する賃金制度等の処遇制度全般

5　相談者の秘密を厳守し、プライバシーの保護に努めるとともに、必要に応じて実態調査を行い、解決策等を労使に報告する。

第9条（勤務状況等の保存）

　会社は、裁量労働従事者の勤務状況、裁量労働従事者の健康と福祉確保のために講じた措置、裁量労働従事者からの苦情につい

て講じた措置の記録をこの協定の有効期間の始期から有効期間満了後 3 年間を経過する時まで保存することとする。

第10条（有効期間）

本協定の有効期間は、20〇●年 4 月 1 日から20〇〇年 3 月31日までの 1 年間とする。有効期間満了の 1 ヵ月前までに労使のいずれか一方から申出のない限り、さらに 1 年間自動延長されたものとみなし、以後もまた同様とする。

以上のとおり協定し、会社および従業員代表は各々 1 通を所持する。

20〇●年 3 月21日

株式会社〇〇　　代表取締役　　　●●　　印

従業員代表　　　△△　　　　　　　　　印

押さえておきたい判断のポイント①

みなし裁量労働時間に対する割増賃金と固定残業手当

上記の労使協定例では、次のように定めています。

「所定外労働時間 1 時間に対しては、給与規程の定めるところにより、割増賃金を支払う。」

裁量労働制や事業場外みなし労働時間制は、「 1 日」何時間労働するかを定める制度となっています。

これに対して、固定残業手当は、「月間」何時間相当分と決めることが多いです。

1 日 1 時間程度の時間外労働がある想定であれば「月間」20時間（ 1 日 1 時間×月平均所定労働日数20日）というような算出方法が一般的です。

そのため、固定残業手当を設定していた人が、裁量労働制に移行した場合等、それまでと同様に裁量労働手当も20時間相当分としてしまうことがあります。この場合、労基法上、未払い賃金となる月が発生します。

ほとんどの月では問題ないことが多いですが、例えば月の所定

労働日数が22日ある場合、本来は、「22日×1日1時間分」の支払が必要なところ、「20時間分」しか支払っていないため、2時間分が未払いとなってしまいます。

　対策としては、「所定労働日数×1日当たりの時間数」を毎月計算して支払うか、最大限の可能性がある「23日分を固定で支払う」こととなります。労基署の調査でもよく指摘される事項です。間違いのない取り扱いをするようにしましょう。

(2) 就業規則への記載事項

　始業・終業時刻については、労働者の決定に委ねる旨を定めます。

就業規則規定例 DL↓

第●条（専門業務型裁量労働制）

　会社は、専門業務型裁量労働制に関する労使協定の定めに基づき、業務遂行の手段および時間配分の決定等を従業員の裁量に委ねる専門業務型裁量労働制を導入する場合がある。

2　労働時間、休憩、休日等についての詳細は労使協定の定めによる。

(3) 労基署への届出

　事業場ごとに労使協定を締結し、届出する必要があります。本社だけで締結して、支店では未締結ということが見受けられますので注意しましょう。

労使協定例 DL↓

様式第13号（第24条の 2 の 2 第 4 項関係）

専門業務型裁量労働制に関する協定届

事業の種類		事業の名称			事業の所在地（電話番号）		
WEB 制作・運用サービス		株式会社○○			東京都港区●● 1 - 2 - 3 （03-1111-1111）		
業務の種類	業務の内容	該当労働者数	1 日の所定労働時間	協定で定める労働時間	労働者の健康及び福祉を確保するために講ずる措置（労働者の労働時間の状況の把握方法）	労働者からの苦情の処理に関して講ずる措置	協定の有効期間
(2) 情報処理システムの分析業務	システム分析	5 人	8 時間	9 時間	2 ヵ月に 1 回所属長が健康状態についてヒアリングを行い、必要に応じて年次有給休暇の取得勧奨等を行う（勤怠管理システムの記録）	人事部に「裁量労働相談室」を設け、別添協定書第 8 条の措置を講ずる。	20○●年 4 月 1 日から 20○○年 3 月31日
(4) WEBデザインの考案業務	WEBデザイン	5 人					
時間外労働に関する協定の届出年月日							20○●年 3 月22日

協定の成立年月日　20○●年 3 月21日

協定の当事者である労働組合（事業場の労働者の過半数で組織する労働組合）の名称又は労働者の過半数を代表する者の

　　職名　システム分析部員

　　氏名　△△

協定の当事者（労働者の過半数を代表する者の場合）の選出方法

（　　　　挙手による信任　　　　）

上記協定の当事者である労働組合が事業場の全ての労働者の過半数で組織する労働組合である又は上記協定の当事者である労働者の過半数を代表する者が事業場の全ての労働者の過半数を代表する者であること。☑（チェックボックスに要チェック）

上記労働者の過半数を代表する者が、労働基準法第41条第 2 号に規定する監督又は管理の地位にある者でなく、かつ、同法に規定する協定等をする者を選出することを明らかにして実施される投票、挙手等の方法による手続により選出された者であつて使用者の意向に基づき選出されたものでないこと。☑（チェックボックスに要チェック）

20〇●年 3 月22日　　使用者　職名　代表取締役

　　　　　　　　　　　　　　氏名　●●

　　〇〇　労働基準監督署長殿

3　導入後の措置

(1) 健康・福祉確保措置

　　健康・福祉確保措置をどのように講ずるかを明確にするために、対象労働者の勤務状況を把握することが必要です。使用者が対象労働者の労働時間の状況等の勤務状況を把握する方法としては、対象労働者がいかなる時間帯にどの程度在社し、労務提供をし得る状態にあったか等を明らかにし得る出退勤時刻または入退室時刻の記録等によるものであることが望ましいことに留意することが必要です。

　　健康・福祉確保措置としては次のものが考えられます。

健康・福祉確保措置の例

①	把握した対象労働者の勤務状況およびその健康状態に応じて、代償休日又は特別な休暇を付与すること	☐
②	把握した対象労働者の勤務状況およびその健康状態に応じて、健康診断を実施すること	☐

③	働き過ぎの防止の観点から、年次有給休暇についてまとまった日数連続して取得することを含めてその取得を促進すること	☐
④	心とからだの健康問題についての相談窓口を設置すること	☐
⑤	把握した対象労働者の勤務状況およびその健康状態に配慮し、必要な場合には適切な部署に配置転換をすること	☐
⑥	働き過ぎによる健康障害防止の観点から、必要に応じて、産業医等による助言、指導を受け、または対象労働者に産業医等による保健指導を受けさせること	☐

※使用者は、把握した対象労働者の勤務状況およびその健康状態に応じて、対象労働者への専門業務型裁量労働制の適用について必要な見直しを行う旨を協定に含めることが望ましいという点に留意が必要です。

(2) 苦情処理措置

　　苦情処理措置については、その内容を具体的に明らかにすることが必要であり、例えば、苦情の申出の窓口および担当者、取り扱う苦情の範囲、処理の手順・方法等を明らかにすることが望ましいこととされています 通達❶ 。

　　使用者や人事担当者以外の者を申出の窓口とすること等の工夫により、対象労働者が苦情を申出やすい仕組みとすることや、取り扱う苦情の範囲については対象労働者に適用される評価制度、賃金制度およびこれらに付随する事項に関する苦情も含むことが望ましいことに留意してください。

> **通達❶** 健康・福祉確保措置、苦情処理措置の具体的な内容（平成
> 　　　　15年10月22日基発1022001号）
> 　　健康・福祉確保措置、苦情処理措置の具体的な内容については、企
> 画業務型裁量労働制における同措置の内容と同等のものとすることが
> 望ましいものであること

(3)　労働者の疲労蓄積度チェックリスト

　　厚生労働省では、「労働者の疲労蓄積度チェックリスト」を公開
しています（『1-3　労働時間の「状況」の把握（労働安全衛生
法）』参照。PDF版での公開のため、手書きでの対応となります）。
また、厚生労働省の運営する「こころの耳」というサイトでは、
「働く人の疲労蓄積度セルフチェック（働く人用）」というWEB上
の質問に回答していくと診断結果が確認できるサイトがあります。
診断結果は、印刷、PDFで保存、PDFを任意のメールアドレスに
送付等3つの保存方法がありますので、ご活用いただくとよいで
しょう。

　　厚生労働省：「こころの耳」

　https://kokoro.mhlw.go.jp/fatigue-check/worker.html

2-8 企画業務型裁量労働制（労基法第38条の４）

1　企画業務型裁量労働制とは

(1) 制度の概要

　企画業務型裁量労働制は、事業運営上の重要な決定が行われる企業の本社等において、企画、立案、調査および分析を行う労働者が対象です。専門業務型裁量労働制と同様に、業務遂行の手段や方法、時間配分等を大幅に労働者の裁量にゆだねる必要がある業務として定められた業務の中から、対象となる業務を労使で定め、労働者を実際にその業務に就かせた場合、労使であらかじめ定めた時間働いたものとみなす制度です。

　平成12年に労使委員会の決議に基づき導入できるようになり、その後、平成16年の法改正で導入や運用についての要件・手続きが緩和されています。

　厚生労働省の令和３年の就労条件総合調査では、0.4％の企業で導入されている制度です。（他制度との重複回答あり）

(2) 対象業務

　対象業務について、次の４要件のすべてを満たすことが必要です。

①業務が所属する事業場の事業の運営に関するものであること

　（例えば、対象事業場の属する企業等に係る事業の運営に影響を及ぼすもの、事業場独自の事業戦略に関するもの等）

②企画、立案、調査および分析の業務であること

③業務遂行の方法を大幅に労働者の裁量にゆだねる必要があると、「業務の性質に照らして客観的に判断される」業務であること

④企画・立案・調査・分析という相互に関連しあう作業を、いつ、

どのように行うか等についての広範な裁量が労働者に認められている業務であること

(3) 企画業務型裁量労働制の対象業務となりうる業務の例示

「労働基準法第38条の 4 第 1 項の規定により同項第一号の業務に従事する労働者の適正な労働条件の確保を図るための指針」を表形式にしたものです。

(判定欄　○：対象業務となり得る　×：対象業務となり得ない)

部署	業務例	判定
経営企画担当部署	経営状態、経営環境等について調査・分析を行い、経営に関する計画を策定する業務	○
	現行の社内組織の問題点やその在り方等について調査・分析を行い、新たな社内組織を編成する業務	○
	経営に関する会議の庶務の業務	×
人事労使担当部署	現行の人事制度の問題点やその在り方等について調査・分析を行い、新たな人事制度を策定する業務	○
	業務の内容やその遂行のために必要とされる能力等について調査・分析を行い、社員の教育・研修計画を策定する業務	○
	人事記録の作成および保管、給与の計算および支払、各種保険の加入および脱退、採用・研修の実施等の業務	×
財務経理担当部署	財務状態等について調査・分析を行い、財務に関する計画を策定する業務	○
	金銭の出納、財務諸表・会計帳簿の作成および保管、租税の申告および納付、予算・決算に係る計算等の業務	×

広報担当部署	効果的な広報手法等について調査・分析を行い、広報を企画・立案する業務	○
	広報誌の原稿の校正等の業務	×
営業企画担当部署	営業成績や営業活動上の問題点等について調査・分析を行い、企業全体の営業方針や取り扱う商品ごとの全社的な営業に関する計画を策定する業務	○
	個別の営業活動の業務	×
生産企画担当部署	生産効率や原材料等に係る市場の動向等について調査・分析を行い、原材料等の調達計画も含め全社的な生産計画を策定する業務	○
	個別の製造等の作業、物品の買付等の業務	×

(4)　休憩、深夜、休日の適用

　　裁量労働制により、労働時間のみなしが適用される場合でも休憩、深夜、休日に関する法規定は適用されます。

> 導入要件

　導入の要件は、次のとおりです。

(1)　労使委員会を設置する

(2)　就業規則に企画業務型裁量労働制を採用することを定める

(3)　労使委員会で決議する

(4)　労基署へ決議・変更した就業規則を届け出る

(5)　対象労働者の同意を得る

(6)　制度を実施する

(7)　実施状況を労基署に定期報告する

(8)　制度を継続する場合は 3) から繰り返す

2　手続の詳細

(1) 労使委員会の設置

　①構成メンバー

　　　使用者および労働者を代表する委員で構成します 通達❶ 。

　　・労働者代表委員は、半数を占めていなければなりません。

　　・労使各 1 名の 2 名では労使委員会として認められません。

　　・使用者代表委員……使用者からの指名

　　・労働者代表委員……対象事業場の過半数労働組合または

　　　　　　　　　　　　　過半数代表者から任期を定めて指名

> **通達❶ 労使委員会の委員の指名（平成12年 1 月 1 日基発 1 号）**
> ①委員の指名は、管理・監督者以外の中から、任期を付して行うこと
> 　任期の限度は法令で定められていないが、過度に長期にわたるもの
> 　は不適当
> ②指名する委員には、企画業務型裁量労働制の対象労働者やその上司
> 　を選任することが望ましいこと

(2) 運営規程

　　　労使委員会のルールを定めた規程を作成します。

運営規程例 DL↓

　　労使委員会運営規程

　第 1 条（設置）

　　　会社は、本社に労使委員会（以下「委員会」という）を設置す

　る。

　第 2 条（審議事項）通達❷

　　　委員会は、次の事項について審議することを目的とする。

　　(1) 企画業務型裁量労働制に関する事項

 (2)　専門業務型裁量労働制に関する事項

 (3)　高度プロフェッショナル制度に関する事項

 (4)　時間外・休日労働に関する事項

 (5)　一年単位の変形労働時間制に関する事項

 (6)　フレックスタイム制に関する事項

 (7)　事業場外みなし労働時間制に関する事項

 (8)　その他賃金、労働時間等社員の労働条件に関する事項

第3条（委員会の構成）

 委員会の委員は、次の10名をもって構成する。

 (1)　労働者代表（○○労働組合）によって指名され、社員の過半数の信任を得た者　5名

 (2)　会社が指名する者　5名

2 前項で指名された委員の任期は2年とする。ただし、再任を妨げない。

3 委員に欠員が生じた場合は、すみやかに委員を補充し、欠けた委員の残りの任期を引き継ぐものとする。

第4条（開催）

 委員会の開催は、次のとおりとする。

 (1)　毎年3月、6月、9月、12月に定例委員会を開催する。

 通達❸

 (2)　委員の過半数から開催の申出があったときは臨時で委員会を開催する。

第5条（定足数）

 委員会の成立には、第3条第1号および第2号の委員それぞれ4人以上の出席を必要とする。

第6条（議長）

 議長は、委員の中から委員の互選によって選出する。

2　議長は、委員会の議事をつかさどる。

第7条（採決）

　第2条第1項第1号および第3号にかかる事項については、委員の5分の4以上の多数による決議を要するものとする。

2　前項以外の事項については、出席委員の過半数で決定し、可否同数のときは議長の決するところによる。

第8条（決議の取り扱い）

　前条第1項の決議については、書面により行い、出席委員全員の記名押印を行うものとする。

第9条（情報の開示）

　会社は、委員会において、企画業務型裁量労働制に関する次の事項を開示するものとする。

　（1）対象社員の勤務状況

　（2）対象社員の健康、福祉確保のための措置の実施状況

　（3）対象社員からの苦情処理の実施状況

　（4）実施に関する行政への報告の内容

2　会社は、委員会において、高度プロフェッショナル制度に関する次の事項を開示するものとする。

　（1）対象社員に適用される評価制度、賃金制度、対象業務の具体的内容

　（2）健康管理時間の状況、休日確保措置、選択的措置、健康・福祉確保措置及び苦情処理措置の実施状況、労使委員会の開催状況

　（3）実施に関する行政への報告の内容

3　会社は、前項第2号の健康管理時間の状況及び休日確保措置の実施状況について、対象社員全体の平均値のほか、その分布表を作成する等して、対象社員の個別の状況を明らかにしなけ

ればならない。

4　会社は、第1項第2号の苦情処理措置の実施状況について、苦情の内容、その処理の状況を開示するに当たっては、対象社員のプライバシーの保護に配慮しなければならない。

第10条（議事録）

会社は、委員会開催の都度議事録を作成するものとし、開催の日から起算して3年間保存する。

2　前項の議事録は、社員に周知するものとする。この場合周知方法は社内イントラネットへの配信によるものとする。

第11条（不利益取り扱いの禁止）

会社は、労働者が労使委員会の委員であること、労使委員会の委員になろうとしたこと、労使委員会の委員として正当な行為をしたことを理由として不利益な取り扱いを行わない。

付　　則

1　この規程は20○●年3月1日から適用する。

2　この規程の改正については、委員会の同意を得るものとする。

※第2条の(1)(3)(8)以外は削除しても差し支えありません。

> **通達❷** 特定条項にかかる労使協定に関する特例【労使委員会の決議を労使協定に代えることが可能に】（平12年1月1日基発1号、平成15年12月26日基発1226002号、平成22年5月18日基発0518第1号）
>
> (1) 労使委員会は、次に掲げる方の規定に関し、その労使協定に代えて、労使委員会による決議（協定代替決議）を行うことができる。
>
> ①1ヵ月単位の変形労働時間制
>
> ②フレックスタイム制
>
> ③1年単位の変形労働時間制

　　④1週間単位の非定型的労働時間制

　　⑤一斉休憩適用除外

　　⑥時間外および休日の労働

　　⑦代替休暇

　　⑧事業場外労働制

　　⑨専門業務型裁量労働制

　　⑩年次有給休暇の計画的付与

　　⑪年次有給休暇中の賃金の定め

　　　これらの決議には、上記の各規定に関し、法に基づき定めることとされている事項を含んでいることが必要であること。

　　　なお、協定代替決議を行う場合の委員の5分の4以上の多数による議決については、決議と同様、労使委員会に出席した委員の5分の4以上の多数による議決で足りるものであること。

(2)　協定代替決議のうち、届出を要する次のものについて、労働基準監督署への届出を要しない。

　　①1ヵ月単位の変形労働時間制

　　③1年単位の変形労働時間制

　　④1週間単位の非定型的労働時間制

　　⑧事業場外労働制

　　⑨専門業務型裁量労働制

(3)　協定代替決議のうち、⑥時間外および休日の労働　については、規則様式第9号の3により労働基準監督署長への届出が必要であること。

　　　また、時間外および休日の労働　に関し決議がなされ、事業場外労働に関し協定がなされている場合には、両者を規則様式第9号の2により届出ることはできず、それぞれ規則様式第9号の3および規則様式第12号により届出が必要であること。

(4)　協定代替決議のうち、⑥時間外および休日の労働　については、労基法第36条第1項の協定で定める労働時間の延長の限度等に関する基準および特定労働者に係る労基法第36条第1項の協定で定める労働時間の延長の限度等に関する基準に基づき、労使協定の届出があった場合と同様の指導を行うものであること。

> **通達❸　労使委員会の開催頻度（平12年３月28日基発180号、平成15年12月26日基発1226002号）**
>
> 　指針で定期報告の内容を労使委員会に情報開示するよう求めていることから、１年に２回開催されるものと考える。
>
> 　また、労使委員会は、事業場における企画業務型裁量労働制の適正な実施をチェックし、必要に応じて制度内容の見直しを図るべき役割を有していることから、これらの委員会に加えて定期的に開催することが望ましい。

(3) 就業規則への記載事項

　始業・終業時刻については、労働者の決定に委ねる旨を定めます。

就業規則規定例 **DL↓**

> 第●条（企画業務型裁量労働制）
>
> 　会社は、企画業務型裁量労働制に関する労使協定の定めに基づき、業務遂行の手段及び時間配分の決定等を従業員の裁量に委ねる企画業務型裁量労働制を導入する場合がある。
>
> ２　労働時間、休憩、休日等についての詳細は労使委員会の決議の定めによる。

(4) 労使委員会の決議例

　労使委員会の決議例は、次のとおりです。

決議例 **DL↓**

> ○○株式会社△△事業場労使委員会は、企画業務型裁量労働制につき委員の５分の４以上の合意に基づき次のとおり決議する。
>
> 第１条（対象業務）

　企画業務型裁量労働制の対象となる業務は、次のとおりとする。

　（1）営業企画室で営業方針・基本計画を策定する業務

　（2）人事部で人事計画を策定する業務

第 2 条（対象労働者）

　制度を適用する労働者は、前条で定める業務に従事する者のうち、入社 5 年目以上で、かつ、主任以上の者とする。

第 3 条（対象労働者の事前の同意等）

　対象労働者を対象業務に従事させる前に本人の同意を得なければならない。同意を得るに当たっては、会社は、あらかじめ次に掲げる事項を書面で明示するものとし、その際、労働者が同意をするか否かの判断に当たっての十分な時間的余裕を確保するものとする。

　（1）制度の概要

　（2）本決議の内容

　（3）同意をした場合に適用される評価制度および賃金制度の内容

　（4）同意をしなかった場合の配置および処遇

第 4 条（不同意者の取り扱い）

　会社は、同意をしなかった者に対して、同意をしなかったことを理由として、処遇等で、本人に不利益な取り扱いをしてはならない。

第 5 条（みなし労働時間）

　第 2 条に定める者のうち、第 3 条に基づき同意を得た者（以下「裁量労働従事者」という）が、所定労働日に勤務した場合には、就業規則第○条に定める就業時間に関わらず、1 日 8 時間労働したものとみなす。

第6条（裁量労働従事者の出勤等の際の手続）

　裁量労働従事者は、出勤した日については、当社勤怠管理システムにログインし出社退社時刻を記録しなければならない。

２　裁量労働従事者が、出張等業務の都合により事業場外で従事する場合には、あらかじめ所属長の承認を得て、これを行なわなければならない。所属長の承認を得た場合には、前条に定める労働時間労働したものとみなす。

第7条（裁量労働従事者の健康と福祉の確保）

　会社は、裁量労働従事者の健康と福祉を確保するため、次の措置を講ずるものとする。

　(1) 所属長は、勤怠管理システムの出社退社時刻の記録により、裁量労働従事者の在社時間を把握する。

　(2) 裁量労働従事者は、2ヵ月に1回、自己の健康状態について所定の「健康状態自己診断カード」に記入の上、所属長に提出する。

　(3) 所属長は、(2)の自己診断カードを受領後、速やかに裁量労働従事者ごとに健康状態等についてヒアリングを行う。

　(4) 所属長は、(2)(3)の結果を取りまとめ、産業医に提出するとともに、裁量労働従事者の健康状態等について産業医の意見を聴く。

２　会社は、産業医が必要と認めるときは次の措置を実施する。

　(1) 定期健康診断とは別に、特別健康診断を実施する。

　(2) 特別休暇を付与する。

３　精神・身体両面の健康についての相談室を人事部に設置する。

第8条（裁量労働適用の中止）

　前条の措置の結果、裁量労働従事者に企画業務型裁量労働制を

適用することがふさわしくないと認められた場合、または裁量労働従事者が企画業務型裁量労働制の適用の中止を申出た場合は、会社は、当該労働者に企画業務型裁量労働制を適用しないものとする。

第 9 条（裁量労働従事者の苦情の処理）

　裁量労働従事者から苦情等があった場合には、次の手続に従い、対応するものとする。

2　裁量労働相談室を人事部に開設する。

3　裁量労働室長は人事部長、室員は人事課長とする。

4　取り扱う苦情の範囲を次のとおりとする。

　(1) 裁量労働制の運用に関する全般の事項

　(2) 裁量労働従事者に適用している評価制度、これに対応する
　　賃金制度等の処遇制度全般

5　相談者の秘密を厳守し、プライバシーの保護に努めるとともに、必要に応じて実態調査を行い、解決策等を労使に報告する。

第10条（決議の変更）

　決議した時点では予見することができない事情の変化が生じ、委員の半数以上から労使委員会開催の申出があった場合には、有効期間の途中であっても、決議した内容を変更する等のための労使委員会を開催するものとする。

第11条（勤務状況等の保存）

　会社は、裁量労働従事者の勤務状況、裁量労働従事者の健康と福祉確保のために講じた措置、裁量労働従事者からの苦情について講じた措置、企画業務型裁量労働制を適用することについて裁量労働従事者から得た同意に関する労働者ごとの記録を決議の有効期間中および有効期間満了後 3 年間を経過する時まで保存する

 こととする。

第12条（評価制度・賃金制度の労使委員会への開示）

　会社は、裁量労働従事者に適用される評価制度、これに対応する賃金制度を変更する場合、事前にその内容について委員に対し説明するものとする。

第13条（労使委員会への情報開示）

　会社は、労使委員会において、裁量労働従事者の勤務状況、裁量労働従事者の健康と福祉確保のために講じた措置、裁量労働従事者からの苦情について講じた措置の情報を開示するものとする。

第14条（決議の有効期間）

　決議の有効期間については、○年○月○日から１年間とする。

　2　決議については、再度決議しない限り更新されないものとする。

20○●年３月21日

○○株式会社△△事業場労使委員会

　　　　　　　　　　委員　○○○○　印　　○○○○　印
　　　　　　　　　　　　　○○○○　印　　○○○○　印
　　　　　　　　　　　　　○○○○　印　　○○○○　印
　　　　　　　　　　　　　○○○○　印　　○○○○　印

（5）決議届

　決議届を届出しなければ企画業務型裁量労働制の効力は発生しません（平成12年１月１日基発１号）。

（6）労基署への届出

　決議が行われた日から起算して６ヵ月以内ごとに労基署へ定期報告をする必要があります。

報告する事項は次のとおりです。所定の様式を使用します。

・対象労働者の労働時間の状況

・対象労働者の健康・福祉確保措置の実施状況

報告様式例 DL↓

様式第13号の 4 （第24条の 2 の 5 第 1 項関係）

企画業務型裁量労働制に関する報告

報告期間20○●年 4 月から20○●年 9 月まで

事業の種類	事業の名称	事業の所在地（電話番号）		
卸売業	株式会社○○	東京都港区●● 1 - 2 - 3 　（03-1111-1111）		
業務の種類	労働者の範囲	労働者数	労働者の労働時間の状況（労働時間の把握方法）	労働者の健康及び福祉を確保する措置の実施状況
営業方針・基本計画の策定	営業企画室で、入社 5 年目以上かつ主任以上	8 人	平均 9 時間、最長11時間（勤怠管理システム）	特別健康診断の実施（ 8 月10日）
人事計画の策定	人事部で、入社 5 年目以上かつ主任以上	3 人	平均 9 時間、最長11時間（勤怠管理システム）	特別健康診断の実施（ 8 月10日）

　20○●年10月11日　　使用者　職名　代表取締役

　　　　　　　　　　　　　　　氏名　●●

　○○　労働基準監督署長殿

(7)　対象労働者の同意

　　対象労働者からの同意書面を取ります。決まった様式は特にありません。

対象労働者の同意書面例 `DL⬇`

株式会社○○

代表取締役　●●　殿

　企画業務型裁量労働制の適用を受けることに関する同意書

○○　○○（労働者氏名）は、別添の「○○株式会社△△事業場
労使委員会の決議」および企画業務型裁量労働制度のことをよく
理解したうえで、同制度の適用を受けることに同意します。

以上

20○●年 3 月21日

○○部　　○○ ○○　（労働者署名）

3　導入後の措置

(1) 健康・福祉確保措置

　　使用者は、対象労働者の健康・福祉を確保するため、次を決議す
る必要があります。

　①対象労働者の勤務状況を把握する方法を具体的に定めること

　②把握した勤務状況に応じて、どういう状況の対象労働者に対
　　し、いかなる健康・福祉確保措置をどのように講ずるかを明確
　　にすること

　①の勤務状況の把握方法については、通常の実労働時間管理と同
様の管理までは求められていません。しかし、出退勤時刻のチェッ
ク等によって、労働者がいかなる時間帯にどの程度の時間在社して
いたかの状況を把握する方法を、決議で明確に定めることが必要で
す。

健康・福祉確保措置の例

①	把握した対象労働者の勤務状況およびその健康状態に応じて、代償休日又は特別な休暇を付与すること	☐
②	把握した対象労働者の勤務状況およびその健康状態に応じて、健康診断を実施すること	☐
③	働き過ぎの防止の観点から、年次有給休暇についてまとまった日数連続して取得することを含めてその取得を促進すること	☐
④	心とからだの健康問題についての相談窓口を設置すること	☐
⑤	把握した対象労働者の勤務状況およびその健康状態に配慮し、必要な場合には適切な部署に配置転換をすること	☐
⑥	働き過ぎによる健康障害防止の観点から、必要に応じて、産業医等による助言、指導を受け、または対象労働者に産業医等による保健指導を受けさせること	☐

※また、使用者は、上記と併せて次の事項についても決議することが望まれます。

⑦	使用者が対象となる労働者の勤務状況を把握する際、併せて健康状態を把握すること	☐
⑧	使用者が把握した対象労働者の勤務状況およびその健康状態に応じて、対象労働者への企画業務型裁量労働制の適用について必要な見直しを行うこと	☐
⑨	使用者が対象となる労働者の自己啓発のための特別の休暇の付与等能力開発を促進する措置を講ずること	☐

(2) 苦情処理措置

　　労働者からの苦情について、苦情の申出の窓口および担当者、取り扱う苦情の範囲等、措置の具体的内容を決議で定めることが求められています。

　　具体的には、企画業務型裁量労働制に関しては、業績評価制度や

　目標管理制度、これに基づく賃金制度等が併せて導入されることが多いことから、評価制度、賃金制度に付随する苦情が多く寄せられることが予想されますので、これらに関する苦情についても苦情処理の対象に含めるように措置することが適当であると考えられます。

　既に企業内に苦情処理システムがある場合には、そのシステムを活用して、企画業務型裁量労働制の苦情処理についても併せて実施することを対象労働者に周知するというように実態に応じて機能するよう配慮することが求められます。

(3) 定期報告

　決議届と報告を定期的に行う必要があります。忘れないようにしましょう。

決議届：年1回

報告：6ヵ月ごとに1回

2-9　高度プロフェッショナル制度（労基法第41条の2）

1　高度プロフェッショナル制度とは

　高度プロフェッショナル制度は、高度な専門知識を持ち、自律的で創造的な働き方を希望する労働者が高い収入を確保しつつ、メリハリのある働き方ができるよう、本人の希望に応じた自由な働き方ができる制度です。労基法改正に伴い平成31年4月から新設されました。

　対象者は、労働時間、休憩、休日および深夜の割増賃金が適用除外となります（「深夜の割増賃金」の部分が労基法の管理監督者と異なる点です）。

　使用者は、始業・終業時刻や深夜・休日労働等労働時間に関わる働き方についての業務命令や指示等を行ってはならず、自由な働き方の裁量を奪うような成果や業務量の要求や納期・期限の設定等を行ってはなりません。

　導入にあたっては、健康確保の観点から法律に定められた社内手続きおよび健康確保措置が必要です。また、対象となる労働者の収入要件、限定された対象業務、本人の同意等も必要となります。

　導入の状況は、厚生労働省が令和元年4月1日から令和3年3月31日までの間に受理した高度プロフェッショナル制度の決議届及び定期報告によると、令和3年3月末時点で、同制度の導入企業数は20社（21事業場）、対象労働者数合計は552人となっています。まだ導入実績はあまり多くありません。

導入要件

(1)　限定された5つの対象業務に該当するか

　①金融商品の開発業務

②金融商品のディーリング業務

③アナリストの業務（企業・市場等の高度な分析業務）

④コンサルタントの業務

⑤研究開発業務

(2) 対象業務に従事する時間に関し、使用者から「**具体的な指示**」を受けて行うものでないこと

(3) 年収要件を満たすこと（確定支払額が**1,075万円**以上）

2　対象業務の詳細

対象業務は、次の通りとなります。

---

①金融商品の開発業務

「金融工学等の知識を用いて行う金融商品の開発の業務」

　金融取引のリスクを減らしてより効率的に利益を得るため、金融工学のほか、統計学、数学、経済学等の知識をもって確率モデル等の作成、更新を行い、これによるシミュレーションの実施、その結果の検証等の技法を駆使した新たな金融商品の開発の業務をいいます。

②金融商品のディーリング業務

　「資産運用（指図を含む）の業務」「有価証券の売買その他の取引の業務」から範囲を限定（投資判断に基づく資産運用の業務、投資判断に基づく資産運用として行う有価証券の売買その他の取引の業務または投資判断に基づき自己の計算において行う有価証券の売買その他の取引の業務）

　金融知識等を活用した自らの投資判断に基づく資産運用の業務または有価証券の売買その他の取引の業務をいいます。

③アナリストの業務（企業・市場等の高度な分析業務）

「有価証券市場における相場等の動向または有価証券の価値等
の分析、評価またはこれに基づく投資に関する助言の業務」

　有価証券等に関する高度の専門知識と分析技術を応用して分
析し、当該分析の結果を踏まえて評価を行い、これら自らの分
析または評価結果に基づいて運用担当者等に対し有価証券の投
資に関する助言を行う業務をいいます。

④コンサルタントの業務

「顧客の事業の運営に関する重要な事項についての調査または
分析及びこれに基づく当該事項に関する考案または助言の業
務」

　企業の事業運営についての調査または分析を行い、企業に対
して事業・業務の再編、人事等社内制度の改革等経営戦略に直
結する業務改革案等を提案し、その実現に向けてアドバイスや
支援をしていく業務をいいます。

⑤研究開発業務

「新たな技術、商品または役務の研究開発の業務」

　新たな技術の研究開発、新たな技術を導入して行う管理方法
の構築、新素材や新型モデル・サービスの研究開発等の業務を
いい、専門的、科学的な知識、技術を有する者によって、新た
な知見を得ることまたは技術的改善を通じて新たな価値を生み
出すことを目的として行われるものをいいます。

対象業務例

対象業務となり得る業務例	対象業務となり得ない業務例
①金融商品の開発業務	
資産運用会社における新興国企業の株式を中心とする富裕層向け商品（ファンド）の開発の業務	金融商品の販売、提供または運用に関する企画立案または構築の業務

対象業務となり得る業務例	対象業務となり得ない業務例
	保険商品または共済の開発に際してアクチュアリーが通常行う業務
	商品名の変更や既存の商品の組合せのみをもって行う金融商品の開発の業務
	専らデータの入力または整理を行う業務
②金融商品のディーリング業務	
資産運用会社等における投資判断に基づく資産運用の業務（いわゆるファンドマネージャーの業務）	有価証券の売買その他の取引の業務のうち、投資判断を伴わない顧客からの注文の取次の業務
資産運用会社等における投資判断に基づく資産運用として行う有価証券の売買その他の取引の業務（いわゆるトレーダーの業務）	ファンドマネージャー、トレーダー、ディーラーの指示を受けて行う業務
証券会社等における投資判断に基づき自己の計算において行う有価証券の売買その他の取引の業務（いわゆるディーラーの業務）	金融機関における窓口業務
	個人顧客に対する預金、保険、投資信託等の販売・勧誘の業務
	市場が開いている時間は市場に張り付くよう使用者から指示され、実際に張り付いていなければならない業務
	金融以外の事業を営む会社における自社資産の管理、運用の業務

③アナリストの業務（企業・市場等の高度な分析業務）	
特定の業界の中長期的な企業価値予測について調査分析を行い、その結果に基づき、推奨銘柄について投資判断に資するレポートを作成する業務	一定の時間を設定して行う相談業務
	専ら分析のためのデータ入力または整理を行う業務
④コンサルタントの業務	
コンサルティング会社において行う顧客の海外事業展開に関する戦略企画の考案の業務	調査または分析のみを行う業務
	調査または分析を行わず、助言のみを行う業務
	専ら時間配分を顧客の都合に合わせざるを得ない相談業務
	個人顧客を対象とする助言の業務
	商品・サービスの営業・販売として行う業務
	上席の指示やシフトに拘束され、働く時間帯の選択や時間配分に裁量が認められない形態でチームのメンバーとして行う業務
	サプライヤーが代理店に対して行う助言または指導の業務
⑤研究開発業務	

対象業務となり得る業務例	対象業務となり得ない業務例
メーカーにおいて行う要素技術の研究の業務	作業工程、作業手順等の日々のスケジュールが使用者からの指示により定められ、そのスケジュールに従わなければならない業務
製薬企業において行う新薬の上市に向けた承認申請のための候補物質の探索や合成、絞り込みの業務	既存の商品やサービスにとどまり、技術的改善を伴わない業務
既存の技術等を組み合わせて応用することによって新たな価値を生み出す研究開発の業務	既存の技術等の単なる組合せにとどまり、新たな価値を生み出すものではない業務
特許等の取得につながり得る研究開発の業務	他社のシステムの単なる導入にとどまり、導入に当たり自らの研究開発による技術的改善を伴わない業務
	専門的、科学的な知識、技術がなくても行い得る既存の生産工程の維持・改善の業務
	完成品の検査や品質管理を行う業務
	研究開発に関する権利取得に係る事務のみを行う業務
	生産工程に従事する者に対する既知の技術の指導の業務
	上席の研究員の指示に基づく実験材料の調達や実験準備の業務

3　使用者からの「具体的な指示」とは

　業務に従事する時間に関し、使用者から具体的な指示（業務量に比して著しく短い期限の設定その他の実質的に業務に従事する時間に関する指示と認められるものを含む。）を受けて行うものは高度プロフェッショナル制度の対象業務から除かれるとされています。

　ただし、高度プロフェッショナル制度が適用されている場合であっても、具体的な指示に該当するもの以外については、使用者は、対象労働者に対し必要な指示をすることは可能です。

　例えば、対象となる労働者に対し、業務の開始時に当該業務の目的、目標、期限等の基本的事項を指示することや、中途において経過の報告を受けつつ、これらの基本的事項について所要の変更の指示をすることは可能とされています。

　また、使用者は、対象労働者の上司に対し、業務に従事する時間に関して具体的な指示を行うことはできないこと等、高度プロフェッショナル制度の内容に関して必要な管理者教育を行うことが必要とされています。

指示できること	指示できないこと
業務の目的、目標、期限等の基本的事項	業務に従事する時間に関する具体的な指示
中間報告後の所要の変更の指示	業務量に比して著しく短い期限の設定
	実質的に業務に従事する時間に関する指示と認められるもの

4　導入フロー

高度プロフェッショナル制度の導入の手順は、次のとおりです。

(1) **労使委員会**を設置する

(2) 労使委員会で**決議**を行う

(3) **就業規則**に制度を採用することを定める

(4) 就業規則、決議を**労基署**へ届け出る

(5) 対象労働者の**同意を書面**で得る

(6) 対象労働者を対象業務に就かせる

(7) 労基署に実施状況を**定期報告**する

(8) 要件該当者に面接指導を実施する

手続の詳細：労使委員会での決議事項

①対象業務

②対象労働者の範囲

③対象労働者の健康管理時間を把握することおよびその把握方法

④対象労働者に年間104日以上、かつ、4週4日以上の休日を与えること

⑤対象労働者の健康確保措置：次のいずれかを選択

　a）インターバル時間確保（11時間以上）プラス深夜業制限（1ヵ月あたり4回まで）

　b）1ヵ月（100時間）または3ヵ月（240時間）の健康管理時間の上限措置

　c）2週間連続の休日（本人が希望した場合は1週間連続×2回以上）

　d）臨時の健康診断

⑥対象労働者の健康管理時間の状況に応じた健康確保措置：厚生

労働省令で定めるものから選択

a）インターバル時間確保（11時間以上）プラス深夜業制限
（1ヵ月あたり4回まで）

b）1ヵ月（100時間）または3ヵ月（240時間）の健康管理時
間の上限措置

c）2週間連続の休日（本人が希望した場合は1週間連続×2
回以上）

d）臨時の健康診断

e）代償休日または特別な休暇の付与

f）心とからだの相談窓口の設置

g）配置転換

h）産業医の助言指導に基づく保健指導

i）医師による面接指導

※aからdについては、⑤aからdで選択したもの以外から選
択する。

⑦対象労働者の同意の撤回に関する手続

⑧対象労働者の苦情処理措置を実施することおよびその具体的内
容

⑨同意をしなかった労働者に不利益な取り扱いをしてはならない
こと

⑩その他厚生労働省令で定める事項：決議の有効期間等

※健康管理時間とは、高度プロフェッショナル制度創設に伴い新しく
できた考え方で、「在社時間」と「社外での労働時間」の合計時間
をいいます。

なお、健康管理時間から労働時間以外の時間を除くことを決議する
場合は、その時間の内容や性質を具体的に明らかにして、客観的な方

法で把握する必要があります。また、除くこととする時間に手待ち時間を含めることや一定時間を一律に除くことは認められません。

対象労働者の同意書面例 DL↓

> 株式会社○○
>
> 代表取締役　●●　殿
>
> 高度プロフェッショナル制度の適用を受けることに関する同意書
> ○○　○○（労働者氏名）は、下記の事項および高度プロフェッショナル制度に関し使用者から書面で明示された事項を理解した上で、同制度の適用を受けることに同意します。
>
> 記
>
> 1　この同意をした上で、株式会社○○　△△事業場労使委員会が決議で定めた○○業務に就いたときは、労働基準法第4章で定める労働時間、休憩、休日および深夜の割増賃金に関する規定が適用されないこと。
>
> 2　同意の対象となる期間　20○●年4月1日から20○○年3月31日まで
>
> 3　2の期間中に確実に支払われると見込まれる賃金の額 1,200万円
>
> 以上
> 20○●年3月21日
> ○○部　　○○ ○○　（労働者署名）

就業規則規定例 DL↓

> 第○条（高度プロフェッショナル制度）
>
> 　高度プロフェッショナル制度は、○○株式会社△△事業場労使

委員会の決議（以下「決議」という。）で定める対象労働者で
あって、決議で定める同意を得た者（以下「高プロ従事者」とい
う。）に適用する。

2　前項の同意は、決議の有効期間ごとに個々の労働者から高度
　プロフェッショナル制度の適用を受けることに関する同意書に
　署名を得る方法によるものとする。

3　始業・終業時刻および休憩時間は、第○条の所定就業時刻、
　所定休憩時間の規定にかかわらず、高プロ従事者の裁量により
　勤務時間帯、時間配分を決定するものとする。なお、会社が、
　高プロ従事者の健康管理を行うため、高プロ従事者が事業場内
　にいた時間と事業場外において労働した時間との合計の時間
　（以下「健康管理時間」という。）を把握する措置を講ずること
　から、高プロ従事者は当該健康管理時間把握に協力しなければ
　ならない。

4　休日は、第○条の規定に関わらず、年間104日以上、かつ４
　週を通じ４日以上与えるものとする。

5　前項の休日の起算日は、高度プロフェッショナル制度の適用
　開始日とする。

6　第４項の休日の指定は、高プロ従事者が自ら行うものとし、
　あらかじめ年間の休日の取得予定を決定し、会社に通知するも
　のとする。その際、会社は、高プロ従事者に対し、疲労の蓄積
　を防止する観点から、長期間の連続勤務とならないよう休日を
　適切に取得することが重要であることについて、あらかじめ周
　知するものとする。

7　会社は、高プロ従事者に対し、労使委員会が対象業務ごとに
　決議した措置に応じて、次のいずれかの措置を実施することと
　する。高プロ従事者は、当該措置の実施に関し、協力しなけれ

ばならない。

①始業から24時間を経過するまでに11時間以上の休息時間の確
保及び深夜時間帯に労働させる回数を1か月4回以内にする
こと。

②高プロ従事者の1週間当たりの健康管理時間が40時間を超え
た場合におけるその超えた時間の上限として、1か月につい
て100時間以内または3か月について240時間以内にするこ
と。

③1年間に1回以上の連続2週間の休暇を付与すること。ただ
し、対象労働者が請求した場合は、1年間で2回以上の連続
1週間の休暇を付与することに代えることができる。

④高プロ従事者について1週間当たり40時間を超えた健康管理
時間が1か月当たり80時間を超えた場合または高プロ従事者
からの申出により臨時の健康診断を実施すること。

8　高プロ従事者が時間外、休日および深夜に業務を行った場合
の割増賃金については、第○条の規定を適用しないこととす
る。

9　高プロ従事者が同意の撤回を申出た場合には、撤回後の配
置、処遇等の労働条件について、撤回前の部署において、同職
種の労働者に適用される人事規定○条および賃金規定○条によ
り決定するものとする。なお、会社は、高プロ従事者が同意を
撤回したことを理由として、撤回後の配置、処遇等の労働条件
について不利益な取り扱いをしてはならない。

10　会社は、前項までの事項の他に労使委員会の決議について、
必要な措置を講ずることとする。

3-1 時間外労働、休日労働、深夜労働（労基法第36条、第37条）

1　時間外労働、休日労働、深夜労働の定義とは

（1）時間外労働

　　労基法上は、「１日８時間、１週40時間」の「法定労働時間」を超えた労働時間をいいます。

　　たとえば、１日の所定労働時間が９時から17時で７時間の会社であれば、７時間を超えて８時間までの１時間の労働時間は、労基法では時間外労働とはなりません。会社によって法定内残業、所定内残業といった呼び方をするのが一般的です。

　　（※）商業、映画・演劇業、保健衛生業、接客娯楽業で常時10人未満の事業場においては、１週40時間ではなく１週44時間が法定労働時間となります。

　　この法定労働時間を超えて時間外労働をさせるには、36協定の締結および所轄の労基署への届出が必要になります。

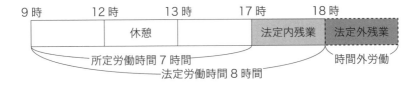

　　上記の図において、17時から18時までの法定内残業について労基法上の割増率は不要です。ただし、雇用契約上の時間を超過した労働であるため時間外手当自体の支払いは必要になります。

　　なお、法律上の割増率とは別に就業規則においてこれを上回る割増率を定めていた場合には就業規則の定めが優先されます。（事務の簡便性等のために、所定労働時間超はすべて25％の割増率を設定

している会社も多くあります。）

（2）休日労働

　　休日労働とは、労基法では法定休日に労働させた場合を指します。単に会社の休日に労働させた場合が、必ずしも休日労働に該当するとは限りません。

　　労基法第35条では、「使用者は労働者に対して、毎週少なくとも１回の休日をあたえなければならない」と定められています。就業規則にて、法定休日を特定することは必須ではありませんが、厚生労働省では、法定休日を特定することを推奨しています。

　　なお、１週間については、特に就業規則で定めがない場合には、日曜日から土曜日であるとされています（昭和63年１月１日基発第１号）。

就業規則規定例 DL↓

> 第●条（休日）
>
> 　会社の定める休日は次のとおりとする。
>
> 　（1）土曜日、日曜日
>
> 　（2）国民の祝日に関する法律に定める祝日および休日
>
> 　（3）年末年始（12月29日より１月３日まで）
>
> 　（4）その他特に会社において定める日
>
> 　2　法定休日は日曜日とする。
>
> 　3　１週間の起算日は土曜日とする。

　　法定休日労働の場合、法定の割増率は35％、法定休日以外の所定休日労働は原則時間外労働と同じく25％の割増率となります（１週40時間未満の場合には割増不要）。

（3）深夜労働

　深夜労働は、労基法第37条第 4 項で午後10時から翌午前 5 時まで
と定義されています。

　例外として、厚生労働大臣が必要であると認める場合には、一定
の地域または期間では午後11時から翌午前 6 時までとなります。

2　時間外労働、休日労働、深夜労働の法定割増率

　時間外労働、休日労働、深夜労働の法定割増率は、次のとおりで
す。なお、就業規則等で、これを上回る定めをした場合には、就業規
則の定めが優先されます。

割増率

時間外労働等の種類	割増率
時間外労働（法定内）	0 %
法定時間外労働・法定外（所定）休日労働 60時間まで	25%
法定時間外労働・法定外（所定）休日労働 60時間超（中小企業は令和 5 年 4 月から）**ポイント❶**	50%
法定休日労働	35%
深夜労働 **ポイント❷**	25%

押さえておきたい判断のポイント①

中小企業の割増率変更

　労基法の改正により、令和 5 年 4 月から時間外労働時間が60時
間を超えた場合、割増率は50％以上にしなければなりません。
　中小企業に該当するかどうかは、
　①「資本金の額または出資総額」
　②「常時使用する労働者数」
のどちらかに該当するかどうかで決まります。
　（①②の両方に該当した場合は大企業となります）

◆労働者数は、事業場単位ではなく企業単位で判断されます。

業種　※	資本金の額または出資総額	または	常時使用する労働者数
小売業	5,000万円以下	または	50人以下
サービス業	5,000万円以下	または	100人以下
卸売業	1億円以下	または	100人以下
その他	3億円以下	または	300人以下

※業種は、日本標準産業分類（第13回改定）によります。

押さえておきたい判断のポイント②

深夜労働

　深夜労働が他の時間外労働と重なった場合、割増率を上乗せで支払う必要があります。
　例えば、
　・法定時間外労働が深夜に及んだ場合→25％ +25％＝50％
　・法定休日労働が深夜に及んだ場合　→35％ +25％＝60％
　これに対して、法定休日労働時に時間外労働があっても割増率は35％のままですので、間違いの無いように注意が必要です（法定休日労働に時間外という概念はありません）。

3　時間外労働の上限規制

　従来は、時間外労働についての法規制は、「労基法第32条の1日8時間、1週40時間を超えて労働させてはならない」ということのみで、時間外労働の上限規制は「限度時間告示」によって行われていました。特別条項を締結すれば年間6ヵ月までは際限なく時間外労働を行わせることも可能でした。

　これが、平成31年（中小企業は令和2年）4月から法律化され、罰則が適用されることになりました。

【法改正前】

・時間外労働は限度時間告示による指導

・特別条項を締結すれば実質的に上限なし

【現在】

36協定の締結・届出により、1ヵ月45時間以内、1年間360時間以内という法律上の上限。

臨時の場合は、特別条項締結・届出により、1ヵ月100時間「未満」、複数月平均80時間以内、1年間720時間以内にする必要があります。

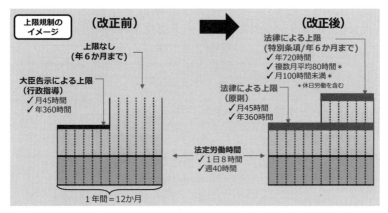

出典：厚生労働省「時間外労働の上限規制わかりやすい解説」(https://www.mhlw.go.jp/content/000463185.pdf) より

時間外労働の上限

	1ヵ月	1年間
原則	45時間以内 （1日平均約2時間の残業時間）	360時間以内 （月平均30時間）
臨時の場合	①100時間未満（単月） ②80時間以内（複数月平均） （1日平均約4時間の残業時間）	720時間以内 （月平均60時間）

4　時間外労働の上限規制（適用除外業種）

　一部の事業・業務については、令和6年3月31日まで上限規制の適用が猶予されています。

事業・業務	令和6年4月1日から
自動車運転業務	①特別条項付き36協定締結時 　　年間の時間外労働上限　960時間 ②「時間外労働＋休日労働」 　・1ヵ月100時間未満 　・2から6ヵ月平均80時間以内 　の規制の適用なし ③時間外労働が1ヵ月45時間超が年間6か月 　までの規制の適用なし
建設事業（下記を除く）	上限規制　すべて適用
建設事業のうち災害の復旧・復興の事業	「時間外労働＋休日労働」 　・1ヵ月100時間未満 　・2から6ヵ月平均80時間以内 　の規制の適用なし
医師	(1) 一般的な医業に従事する医師（A水準） 　①特別条項付き36協定締結時「時間外労働 　　＋休日労働」上限 　・1ヵ月100時間未満　かつ 　・1年間960時間以内 　②「時間外労働＋休日労働」が1ヵ月100 　　時間以上となることが見込まれる者につ 　　いては、36協定に面接指導を行うこと等 　　を定めた場合に1年について960時間と 　　する。 　③一般労働者について一定の時間を超えて

労働させる場合に求められている健康福祉確保措置に加えて、厚生労働大臣が定める要件に該当する面接指導を行うこと等を36協定に定める。

④「時間外労働＋休日労働」が 2 から 6 ヵ月平均80時間以内の規制の適用なし

⑤時間外労働が 1 ヵ月45時間超が年間 6 か月までの規制の適用なし

(2) 地域医療確保暫定特例水準（B 水準・連携 B 水準）

①特別条項付き36協定締結時「時間外労働＋休日労働」上限

・1 ヵ月100時間未満　かつ

・1 年間1860時間以内

（連携型特定地域医療提供機関から派遣される医師は、1 年間960時間以内）

②「時間外労働＋休日労働」が 1 ヵ月100時間以上となることが見込まれる者については、36協定に面接指導を行うこと等を定めた場合に 1 年について1860時間とする。

③特定地域医療提供機関、連携型特定地域医療提供機関、技能向上集中研修機関及び特定高度技能研修機関で指定に係る業務に従事する医師については、一般労働者について一定の時間を超えて労働させる場合に求められている健康福祉確保措置に加えて、面接指導を行うことや勤務間インターバルを確保すること等を36協定に定める。

④「時間外労働＋休日労働」が 2 から 6 ヵ月平均80時間以内の規制の適用なし

	⑤時間外労働が1ヵ月45時間超が年間6か月までの規制の適用なし			
鹿児島県・沖縄県の砂糖製造業	上限規制　すべて適用			
新技術・新商品等の研究開発業務	引き続き上限規制の適用なし			

医師の上限規制表（医道審議会医師分科会医師臨床研修部会資料20210924より）

医療機関適用水準		年間上限時間	面接指導	休息時間の確保
A	一般的な医師	960時間	義務	努力義務
連携B	医師を派遣する病院	1860時間（令和17年度末を目標に終了）		義務
B	救急医療等			
C-1	臨床・専門研修	1860時間		
C-2	高度技能の修得研修			

※休息時間の確保
　連続勤務時間制限と勤務間インターバル規制（または代償休息）

5　時間外労働・休日労働時間数の上限の把握

　時間外労働・休日労働の時間数について、段階的に法違反がないかどうかを把握しておく必要があります。

（1）1ヵ月45時間の時間外労働

　完全週休2日制で、祝日、年末年始が休みの会社の場合、1ヵ月20日程度が所定労働日数となります。45時間÷20日で、おおむね1日2時間強の残業時間が目安となります。9時始業の会社であれば

　時間外労働となるのは18時以降となりますので、20時に終業する程
度の残業時間が1ヵ月の上限時間を超えるか超えないかの目安とな
ります。

(2)　1年360時間の時間外労働

　　月平均にすると360時間÷12ヵ月＝30時間となります。所定労働
日数が20日の会社の場合、おおむね1.5時間の残業時間（(1)の例で
いえば19時半に終業）が目安となります。

(3)　1ヵ月100時間未満の時間外労働「プラス法定休日労働」

　　所定労働日数が20日の会社の場合、おおむね1日5時間の残業時
間が目安となります。

　　休日労働も含まれますので、休日労働があった場合には、1日当
たりの可能な時間も減少することとなります。

(4)　複数月平均（2-6ヵ月）80時間以内の時間外労働「プラス法定
休日労働」

　　所定労働日数が20日の会社の場合、おおむね1日4時間の残業時
間が目安となります。

　　休日労働も含まれますので、休日労働があった場合には、1日当
たりの可能な時間も減少することとなります。

(5)　1年720時間以内の時間外労働

　　月平均にすると60時間となります。所定労働日数が20日の会社の
場合、おおむね3時間の残業時間が目安となります。

　　特別条項を締結したとしても、毎月45時間の時間外労働がある
と、45時間×12ヵ月＝540時間となり、これを上回ることができる
時間が1年間で180時間しかないことになります。

　　特別条項の発動回数は6回までとなっていますので、平均すると
30時間を上乗せした75時間までが目安となります。

時間外休日労働の上限時間表まとめ

	限度時間	ポイント
1日	8時間	超えるには36協定の締結・労基署への届出
1ヵ月	45時間	36協定を締結・届出した場合の限度時間
1年	360時間	
1ヵ月 (特別条項★)	100時間 「未満」 (休日含む)	時間外労働＋法定休日労働の合計が100時間未満でなければならない
複数月平均 (2から6ヵ月)	80時間 (休日含む)	直近の2ヵ月、3ヵ月、4ヵ月、5ヵ月、6ヵ月のどの平均を取っても80時間を超えてはならない
1年(特別条項)	720時間	毎月45時間の時間外労働があると特別条項締結が必要になる

※「時間外労働＋休日労働」が1ヵ月100時間についての定めのみが「未満」となっています。100時間ちょうどは法違反となります。通常は、特別条項締結時にこちらの規制の対象となりますが、時間外労働が月45時間以内で特別条項締結が不要であっても、法定休日労働が55時間以上で法違反となる可能性があります。

時間外労働が45時間、法定休日労働が14時間×4回

時間外労働	休日労働	休日労働	休日労働	休日労働
45時間	14時間	14時間	14時間	14時間
101時間　法違反！！				

6　賃金請求権

　民法改正に伴う労基法改正で賃金請求権の時効が2年から5年(当面の間3年)に変更になりました。

3-2 36協定（時間外労働・休日労働に関する協定届）（労基法第36条）

1　36協定（時間外労働・休日労働に関する協定届）とは

（1）36協定とは

　　時間外労働・休日労働に関する協定届は、労基法第36条の定めによる協定であるため、36協定と呼ばれています。

　　36協定を締結・労基署に届出すると、1ヵ月45時間、1年間360時間まで働かせることができます。労基法で定められた罰則を免れる効果が生じることから免罰的効果があるといわれています。

　　さらに、特別条項付きの協定を締結した場合には、1ヵ月100時間未満（休日労働含む）、複数月平均80時間以内（休日労働含む）、1年間720時間まで働かせることができますが、月45時間を超えることができるのは年6回までとなっています。

　　このように3段階で規制があります。

【時間外労働の法規制の段階的な考え方】

①（原則）　1日8時間　1週40時間まで

 36協定締結・届出

②1ヵ月45時間、1年間360時間まで

 特別条項締結・届出

③1ヵ月100時間未満（休日労働含む） 　複数月平均80時間以内（休日労働含む） 　1年間720時間以内 　月45時間を超えていいのは年6回まで

導入要件

導入の要件は、次のとおりです。

(1)　36協定を締結する

(2)　就業規則に時間外・休日労働を命ずる旨の根拠文を定める

(3)　(1)(2)を労基署へ届け出る

2　手続の詳細

(1) 36協定届（限度時間を超えない場合）の具体的な記載の仕方

　　厚生労働省の様式見本をもとに記載の仕方のポイントを解説します。

①事業の名称

　　事業場（支店や営業所等）ごとに協定を締結し、届出が必要となります。支店等の届出が忘れがちになりやすいので注意が必要です。

②時間外労働をさせる必要のある具体的事由

　　事由は具体的に定める必要があります。「業務繁忙のため」「業務上やむを得ない場合」「業務の都合上必要な場合」等は不可となります。1年単位の変形労働時間制を導入している場合には、欄を分けて記載する必要があります。

③業務の種類

　　具体的に細分化し、業務範囲を明確にする必要があります。

④労働者数

　　時間外労働をする可能性のある労働者数を記載します。

⑤労働保険番号・法人番号（任意）

　　労働保険番号（枝番号・被一括番号も）、法人番号を記載します。

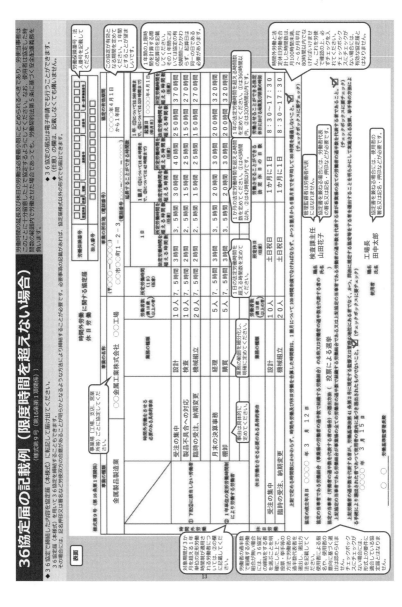

出典：厚生労働省「時間外労働の上限規制 わかりやすい解説」（https://www.mhlw.go.jp/content/000463185.pdf）より

⑥事業の所在地・電話番号

　　郵便番号、所在地、電話番号を記載します。直近１年で「所在地変更」があった際は注意します。

⑦協定の有効期間

　　１年間です。（事業完了・業務完了が１年未満であっても）

　　会社の勤怠の締め日と揃えておくことが望ましいです。

⑧所定労働時間（任意）

　　１日の所定労働時間を記載します。

⑨１日　法定労働時間を超える時間数、所定労働時間を超える時間数（任意）

⑩１箇月　法定労働時間を超える時間数、所定労働時間を超える時間数（任意）

⑪１年　法定労働時間を超える時間数、所定労働時間を超える時間数（任意）

　　法定労働時間を超える時間数を記載します。任意の所定労働時間超の時間数も記載可能です。なお、法定の時間は１ヵ月45時間、１年360時間を超えることは出来ません。（１年単位の変形労働時間制の場合は１ヵ月42時間、１年間320時間）

　　１日の超過時間数の検討がおろそかになりがちです。注意しましょう。

⑫起算日

　　１年間の上限期間を計算する際の起算日を記載します。通常は⑦の開始日と同一です。

⑬休日労働をさせる具体的事由、業務の種類、労働者数

　　時間外労働と同様の考え方です。

⑭所定休日（任意）

　　所定休日を記載します。

⑮労働させることができる法定休日の日数

　　労働させようとする法定休日の日数を記載します。（所定休日数ではありません）

⑯労働させることができる法定休日における始業及び終業の時刻

　　原則、具体的な始業・終業時刻を記載します。想定される労働時間数を記載しても構いません。（平成31年4月　改正労働基準法に関するＱ＆Ａ　2 -30）

⑰チェックボックス

　　3箇所のチェックボックスにチェックがないと受理されません。

⑱協定の成立年月日

　　実際に労使協定を締結した日を記載します。

⑲協定の当事者である労働組合（事業場の労働者の過半数で組織する労働組合）の名称又は労働者の過半数を代表する者の職名および氏名

　　正しく選出された労働者代表の職名および氏名を記載します。なお、労使協定書とともに届出をしない場合には職名・氏名の後に署名または記名押印が必要です。

⑳協定の当事者（労働者の過半数を代表する者の場合）の選出方法

　　「挙手による信任」、「投票による信任」等、民主的な選出方法を記載します。労働者が一人しかいない場合には「労働者は一人」と記載します。また、管理監督者は、労働者代表にはなれません。

㉑届出年月日

　　所轄の労基署へ届出する日を記載します。

㉒労働基準監督署名称

　　新設の事業場や事業場の移転があった場合、会社で使用してい

る36協定の前年のファイルを使用した際に名称が変更されている
かを確認しておきます。

㉓使用者の職名・氏名

　　使用者の職名・氏名を記載します。なお、労使協定書とともに
届出をしない場合には署名または記名押印が必要です。

★届出は2部用意します。1部は労基署へ提出し、1部を会社控と
して保管します。3部用意して、1部を労基署用、残りを会社
用、労働者代表用とすることも可能です。

(2) 36協定届（特別条項）の具体的な記載の仕方

①臨時的に限度時間を超えて労働させることができる場合

　　事由は「一時的」または「突発的」なものに限り、具体的に定
める必要があります。「業務繁忙のため」「業務上やむを得ない場
合」「業務の都合上必要な場合」等恒常的なものは不可となりま
す。

②業務の種類・労働者数　原則と同様のため省略

③限度時間を超えて労働させる場合における手続

　　「労使で協議」、「メール等で通告」「労働者代表に事前申し入
れ」等、労使が取る手続を具体的に定める必要があります。な
お、届出は不要ですが、実際に特別条項を発動させたときの労使
の手続を書面で残しておく必要があります。

④1日　法定労働時間を超える時間数、所定労働時間を超える時間
　　　　数（任意）

　　　1枚目と同じ、または長い時間数にする必要があります。

⑤1箇月　限度時間を超えて労働させることができる回数、法定労
　　　　　働時間を超える時間数、所定労働時間を超える時間数
　　　　　（任意）、限度時間超過時の割増率

　　　超えることができる回数は年6回が上限です。1ヵ月の「時間

限度時間を超える場合の36協定届の記載例 （特別条項）

（様式第 9 号の 2 （第16条第 1 項関係））

2枚目 表面

◆臨時的に限度時間を超えて労働させる場合には様式第 9 号の 2 の記載要件を届出が必要です。
◆様式第 9 号の 2 は、✓ 限度時間内の時間外労働についての届出書（ 1 枚目）と、✓ 限度時間を超える時間外労働についての届出書（ 2 枚目）の 2 枚の記載が必要です。
◆ 1 枚目の記載については、前ページの記載例を参照してください。

様式第 9 号の 2 （第16条第 1 項関係）

時間外労働
休 日 労 働 ﾆ関ｽﾙ協定届（特別条項）

14

出典：厚生労働省「時間外労働の上限規制 わかりやすい解説」（https://www.mhlw.go.jp/content/000463185.pdf） より

外労働＋休日労働」の時間数は月100時間未満に、2から6ヵ月平均でも月80時間を超えることはできません。割増率は25％超へするよう努めて下さい。（努力義務）

⑥1年　法定労働時間を超える時間数、所定労働時間を超える時間数（任意）、限度時間超過時の割増率

時間外労働時間数（休日労働を除く）の上限は720時間以内にする必要があります。割増率は25％超へするよう努めて下さい。（努力義務）

⑦限度時間を超えて労働させる労働者に対する健康及び福祉を確保するための措置【新規】

次の1から10の中から選択する必要があります。

1　労働時間が一定時間を超えた労働者に医師による面接指導を実施すること

2　労基法第37条第4項に規定する時刻の間（深夜時間帯）において労働させる回数を1ヵ月について一定回数以内とすること

3　終業から始業までに一定時間以上の継続した休息時間（勤務間インターバル）を確保すること

4　労働者の勤務状況及びその健康状態に応じて、代償休日又は特別な休暇を付与すること

5　労働者の勤務状況及びその健康状態に応じて、健康診断を実施すること

6　年次有給休暇についてまとまった日数連続して取得することを含めてその取得を促進すること

7　心とからだの健康問題についての相談窓口を設置すること

8　労働者の勤務状況およびその健康状態に配慮し、必要な場合には適切な部署に配置転換をすること

9　必要に応じて、産業医等による助言・指導を受け、又は労働

者に産業医等による保健指導を受けさせること

10　その他

⑧チェックボックス

　　限度時間を超えない場合の協定と同様です。3 箇所のチェックボックスにチェックがないと受理されません。

⑨協定の成立年月日

　　実際に労使協定を締結した日を記載します。

⑩協定の当事者である労働組合（事業場の労働者の過半数で組織する労働組合）の名称又は労働者の過半数を代表する者の職名および氏名

　　正しく選出された労働者代表の職名および氏名を記載します。なお、労使協定書とともに届出をしない場合には職名・氏名の後に署名または記名押印が必要です。

⑪協定の当事者（労働者の過半数を代表する者の場合）の選出方法

　　「挙手による信任」、「投票による信任」等、民主的な選出方法を記載します。労働者が一人しかいない場合には「労働者は一人」と記載します。また、管理監督者は、労働者代表にはなれません。

⑫届出年月日

　　所轄の労基署へ届出する日を記載します。

⑬労働基準監督署名称

　　新設の事業場や事業場の移転があった場合、会社で使用している36協定の前年のファイルを使用した際に名称が変更されているかを確認しておきます。

⑭使用者の職名・氏名

　　使用者の職名・氏名を記載します。なお、なお、労使協定書とともに届出をしない場合には職名・氏名の後に署名または記名押

印が必要です。

(3) 就業規則規定例

就業規則の規定例は次のとおりです。

就業規則の内容は、労働契約の一部となりますので、時間外・休日労働を命ずる旨の根拠文を定める必要があります（雇用契約書や労働条件通知書にも「時間外・休日労働あり」の記載が必要です）。

就業規則規定例 DL↓

第●条（時間外労働・休日労働）

会社は、業務の都合により時間外労働・休日労働を命ずる場合がある。

2　前項の時間外労働・休日労働は、従業員の過半数代表者と締結した「時間外・休日労働に関する協定届」の範囲内で行うものとする。

3　従業員が、時間外・休日労働を行う場合は、事前に所属長の許可を得なければならない。事前に所属長の許可を得られない場合には、事後速やかに所属長の承認を得なければならない。

4　従業員は、正当な理由なく、時間外・休日労働を拒んではならない。

(4) チェックリスト

時間外労働・休日労働に関する協定届に関しては、作成・届出に関して注意すべき点が多数あります。次のチェックリストを活用いただくとよいでしょう。

（限度時間を超えない場合）

	チェック項目	ポイント	
1	事業場ごとに届出しているか	全社で起算日を統一していると新設の事業所が漏れがちになるので注意	☐
2	時間外・休日労働をさせる具体的事由	業務繁忙のためといった抽象的なものは不可	☐
3	業務の種類	具体的に細分化されているか	☐
4	労働者数	協定後に人数増減があっても問題ない	☐
5	労働保険番号、法人番号	任意であるが記載もれに注意	☐
6	延長時間　1日	盲点になりやすいので注意。延長の可能性がある時間数を記載	☐
7	延長時間　1ヵ月、1年	法定の限度時間を超えていないか（任意で短い時間としたのであればその時間）	☐
8	協定の有効期間、1年の起算日	同じ日になっているか	☐
9	チェックボックス	ここにチェックがないと受理されないので要注意	☐
10	協定の成立年月日	実際の労使協定締結日を記載。記載もれがあると受理されないので要注意	☐
11	労働者代表　職名・氏名	管理監督者がなっていないか、協定書を兼ねる場合、署名または記名押印があるか	☐
12	労働者代表選出方法	民主的な方法で選出したか	☐
13	使用者　職名・氏名	署名または記名押印があるか	☐

（特別条項有りの場合）

	チェック項目	ポイント	
1	臨時的に限度時間を超えて労働させることができる場合	一時的・突発的な事由に限定されているか	☐
2	限度時間を超えて労働させる場合における手続	実施しているか、書面は残っているか	☐
3	限度時間を超えて労働させることができる回数	6回を超えていないか	☐
4	法定労働時間を超える時間数	1ヵ月100時間未満、1年間720時間以内としているか	☐
5	限度時間を超えた労働に関する割増率	25％以上の率が記載されているか	☐
6	限度時間を超えて労働させる労働者に対する健康及び福祉を確保するための措置	該当する番号と具体的内容が記載されているか	☐

3　月の上限時間と年の上限時間

　36協定を締結した場合、1ヵ月の上限時間は45時間ですが、45時間が毎月あると8ヵ月で上限の360時間に到達します。下記の図のように年間の上限時間である360時間に達してしまいますので注意が必要です。

時間外労働	45時間	45時間	45時間	45時間	45時間	45時間	45時間	45時間	360時間
	1月	2月	3月	4月	5月	6月	7月	8月	計

　平均すると、360時間÷12ヵ月＝30時間となりますので、月平均で

30時間超の残業がある従業員については、注意を怠らないようにしたいものです。

4　特別条項適用時の複数月平均

一度でも80時間を超過した場合には、その後 6 ヵ月間の平均で超過しないよう確認作業が必要になってきます。

複数月平均は、 2 ヵ月平均、 3 ヵ月平均、 4 ヵ月平均、 5 ヵ月平均、 6 ヵ月平均のいずれも80時間を超過してはならないことになります。

例）95時間の残業があった場合

→翌月、80時間平均にするためには、65時間までに抑えなければなりません。

その後も、 6 ヵ月目までは、平均時間が超えていないかの確認作業が必要になりますので、実務上は、一度でも超えてしまうと管理が非常に大変になります。

★ 1 年720時間以内の時間外労働

月平均にすると60時間となります。所定労働日数が20日の会社の場合、おおむね 3 時間の残業時間が目安となります。

特別条項を締結したとしても、毎月45時間の時間外労働があると、45時間×12ヵ月＝540時間となり、これを上回ることができる時間が 1 年間で180時間しかないことになります。特別条項の発動回数は 6 回までとなっていますので、平均すると30時間を上乗せした75時間までが目安となります。

特別条項	30時間		30時間		30時間		30時間		30時間		30時間		180時間
時間外労働	45時間	45時間	45時間	45時間	45時間	45時間	45時間	45時間	45時間	45時間	45時間	45時間	540時間
	1月	2月	3月	4月	5月	6月	7月	8月	9月	10月	11月	12月	計

4-1　就業規則、労働協約、労使協定

1　就業規則とは

(1) 就業規則とは

就業規則は、労働者の労働時間・休日・賃金等の労働条件や職場内の規律等について定めた職場における規則を集めたものです。職場でのルールを定め、労使双方がそれを守ることで労働者が安心して働くことができ、労使間の無用のトラブルを防ぐことができるので、就業規則の役割はとても重要です。

就業規則に記載する事項は、「絶対的必要記載事項」（必ず記載しなければならない事項）と「相対的必要記載事項」（定めをした場合には記載しなければならない事項）に分類されます。このほか、使用者において任意に記載し得る事項もあります。

「絶対的必要記載事項」と「相対的必要記載事項」（労基法第89条）

絶対的必要記載事項	必ず記載しなければならない	労働時間・休憩・休日・休暇に関すること（労働時間：始業・終業時刻、休憩時間、交替制の就業時転換に関すること）
		賃金に関すること
		退職に関すること（解雇含む）
相対的必要記載事項	定めをした場合には記載しなければならない事項	退職手当に関すること
		臨時の賃金（賞与）、最低賃金額に関すること
		食費、作業用品等の負担に関すること
		安全衛生に関すること
		職業訓練に関すること

		災害補償、業務外の傷病扶助に関すること
		表彰、制裁に関すること
		その他全労働者に適用されるものに関すること

(2) 届出義務

　　常時10人以上 **ポイント❶** の労働者を使用する使用者は、就業規則を所轄の労基署へ届出 **ポイント❷** しなければなりません。過半数労働者代表者の意見を記した書面を添付する必要があります。

押さえておきたい判断のポイント①

常時10人以上とは（Q&A）

Q	A
「常時10人以上」が出勤しているということか？	雇用形態に関係なく、雇用（所属）している労働者が常態として10名以上いることであり、出勤している人数ではありません。
「常時10人以上」は、どのように判断するのか？	ひとつの事業場に常態として10人以上の労働者が雇用（所属）されているかどうかで判断します。
「常時10人以上」の中には、パート、アルバイトも含むのか？	含まれます。
常時雇用している労働者が全員1・2時間程度の勤務時間であっても、「常時10人以上」であれば就業規則の作成・届出は必要か？	必要です。労働者の「雇用形態」、「勤務時間等」に関係なく、「常時10人以上」の労働者を使用する場合は就業規則の作成・届出義務が生じます。

複数の営業所があり、各営業所はそれぞれ常時10人未満であるが、会社全体としては「常時10人以上」になる場合、就業規則の作成・届出は必要か。	就業規則の作成・届出義務は「事業場」単位で判断します。 事業場は場所的観念によって判断される概念であって、いわゆる経営上一体をなす工場、支店等を総合した全事業を指すのではありません。
	したがって、場所的に独立した営業所は原則として事業場とみなされることから、営業所で常時10人未満の労働者を使用している場合は、営業所単位では就業規則の作成・届出の義務はありません。
	しかし、就業規則を作成することが望ましいです。

(3) 周知義務

　　労基法第108条の定めにより、使用者は、「労基法」「就業規則」「労使協定」を労働者に周知させなければなりません **ポイント②** 。

　　周知方法は次のとおりです。

1	常時各作業場の見やすい場所へ掲示する、又は備え付ける。	キャビネットや金庫にしまい、申出しなければ見れない場合等は不可
2	書面で労働者に交付する。	
3	磁気テープ、磁気ディスクその他これらに準ずる物に記録し、かつ、各作業場に労働者が当該記録の内容を常時確認できる機器を設置する。	社内イントラネット等

> ## 押さえておきたい判断のポイント②
>
> **就業規則の届出と周知**
>
> 　36協定は、労基署へ届出することが有効要件でしたが、就業規則は、周知することが有効要件です。労働契約法の定めにより、周知されていない場合には有効となりませんので注意が必要です。
>
> > （労働契約法第7条）
> > 労働者及び使用者が労働契約を締結する場合において、使用者が合理的な労働条件が定められている就業規則を労働者に「周知」させていた場合には、労働契約の内容は、その就業規則で定める労働条件によるものとする。

2　労働協約とは

(1)　労働協約とは

　労働協約は、使用者と労働組合が労働条件について話し合いを行い、合意した部分について締結する書面のことをいいます。双方が署名または記名押印をします。

　労働協約で定められた労働条件に反する労働契約や就業規則はその部分が無効となります（労働協約が優先されます）。とはいえ、法律に反する事項は労使合意があったとしても認められません。

(2)　労働組合とは

　労働組合は、「労働者が主体となって自主的に労働条件の維持・改善や経済的地位の向上を目的として組織する団体」、すなわち、労働者が団結して、賃金や労働時間等の労働条件の改善を図るためにつくる団体です。

　日本国憲法で、次の労働三権を保障しています。

①労働者が労働組合を結成する権利（団結権）

②労働者が使用者と団体交渉する権利（団体交渉権）

③労働者が要求実現のために団体で行動する権利（団体行動権）

　この労働三権を具体的に保障するため、「労働組合法」等が定められています。

　労働組合法で、労働組合に対し使用者との間で「労働協約」を締結する権利が認められています。

3　労使協定とは

(1)　労使協定書と労使協定届とは

　労使協定「書」とは、「労」働者代表（※）と「使」用者との間で、労基法で定められた事項に関して「協」議して、「定」めた事項を「書」面にまとめたもので、労使双方が署名または記名押印を行うものです。

　決められた様式はなく、必要な事項が網羅されていればよいものとなっています（フォーマットが厚生労働省から提供されている場合もあります）。

　（※　労働者代表：労働者の過半数からなる労働組合、または、民主的な方法で選出された労働者の過半数を代表する者）

　これに対して、労使協定「届」とは、労使協定「書」の内容を労基署へ「届」出るための届出様式のことをいいます。

労使協定書の締結と労使協定届の届出

労基法の定めにより、労使で協定し、労使協定「書」を作成

　↓

労使で各1通保管　→労働者へ周知

　↓

労基法の定めにより、労使協定「届」を労基署へ届出

　　↓

届出した労使協定届も労働者へ周知

(2) 36協定届の例外

　　36協定届についても（1）で記載したように労使協定書を締結
し、その内容を労使協定届（36協定届）に落とし込んで労基署に届
け出るのが原則です。

　　ただし、例外として、36協定届の様式に労使双方が署名または記
名押印をすることで労使協定書を兼ねることができます。

　　労基署への各種届出様式から押印欄が省略されていますが、これ
は、労使協定書の締結を前提にしているものであるためです。労使
協定書を締結せずに、36協定届の締結のみである場合には、労使双
方の署名または記名押印を忘れないようにしましょう。

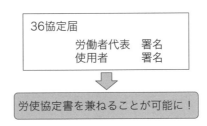

(3) 労基法の定める労使協定

　　労基法で定められている労使協定は次のとおりです。労基署への
「届出が必要」なものと労基署への「届出が不要」なものに分かれ
ています。

届出が「必要」な労使協定

	労使協定の種類	労基法根拠条文
1	労働者の貯蓄金を委託を受けて管理しようとする場合	第18条
2	1ヵ月単位の変形労働時間制（★就業規則等で定めない場合)	第32条の2
3	フレックスタイム制（★清算期間が1ヵ月を超える場合)	第32条の3第2項
4	1年単位の変形労働時間制	第32条の4
5	1週間単位の非定型的労働時間制	第32条の5
6	時間外・休日労働に関する協定	第36条
7	事業場外労働に関するみなし労働時間制	第38条の2
8	専門業務型裁量労働制	第38条の3

届出が「不要」な労使協定

	労使協定の種類	労基法根拠条文
1	賃金控除の協定	第24条
2	フレックスタイム制（★清算期間が1ヵ月以内の場合)	第32条の3第1項
3	一斉休憩の適用除外に関する労使協定	第34条第2項
4	代替休暇（60時間超割増賃金)	第37条第3項
5	年次有給休暇の時間単位付与	第39条第4項
6	年次有給休暇の計画的付与	第39条第6項
7	年次有給休暇取得時の賃金を標準報酬日額で支払う場合	第39条第9項

(4) 労使協定の周知義務

　労基法第108条の定めにより、使用者は、「労基法」「就業規則」「労使協定」を労働者に周知させなければなりません。

　実務において、労使協定を周知することは忘れがちですので注意しましょう。

4　それぞれの関係性

　法令、労働協約、就業規則、労働契約の関係性をまとめると次の優先順位になります。

法令　＞　労働協約　＞　就業規則　＞　労働契約

労働協約、就業規則、労働契約、労使協定それぞれについてのまとめ

労働協約	使用者と労働組合が労働者の労働条件について合意したもの
就業規則	使用者が労働者の労働条件について定めたもの
労働契約	使用者と労働者が個別に労働条件について合意したもの
労使協定	労基法の定めを適用させるために労使で合意したもの

4-2 在宅勤務（テレワーク・リモートワーク）のガイドライン

1 在宅勤務（テレワーク・リモートワーク）とは

　テレワークとは、パソコン・スマートフォン等のICT技術（情報通信技術）を活用した、働く場所や時間にとらわれない柔軟な働き方の総称をいいます。「テレ（tele）」は、遠くや離れたことを意味する単語です。そこから、会社から離れて仕事をすることを意味する造語としてテレワークと呼ぶようになったようです。リモートワークと呼ばれることもありますが、テレワークと同じ意味合いで使用されています。「リモート（remote）」は、遠隔や距離が遠いということを意味する単語です。

　テレワークには雇用型（企業に勤務）と自営型（個人事業者）がありますが、雇用型テレワークには、自宅を就業場所とする「在宅勤務」、施設に依存せずにいつでもどこでも仕事が可能な「モバイル勤務」、会社とは違う場所でサテライトオフィス等を活用する「施設利用型勤務」等があります。

テレワークの形態	働く場所
在宅勤務	自宅
モバイル勤務	自由に働く場所を選択可能 例）喫茶店、移動中の電車やバス等
施設利用型勤務	サテライトオフィス シェアオフィス コワーキングスペース等

　近年は、「ワーケーション」（「仕事（ワーク）」と「休暇（バケーション）」を組み合わせた造語）という余暇を楽しみつつ仕事を行う

新しい働き方も出てきていますが、これはモバイル勤務や施設利用型勤務の一形態として分類されています。

　※テレワークでは、各種労働関係法令が適用されます。

　　　・労基法

　　　・最低賃金法

　　　・安衛法

　　　・労働者災害補償保険法

　※テレワークは、働く場所についての制度であるため、前の章で解説済みの変形労働時間制度やみなし労働時間制度との併用が可能です。

2　テレワークガイドライン

　厚生労働省では、使用者が適切に労務管理を行い、労働者が安心して働くことができる良質なテレワークを推進するため、テレワークの導入及び実施に当たり、労務管理を中心に、労使双方にとって留意すべき点、望ましい取組等を明らかにしたガイドラインを制定しています。

(1)　在宅勤務ガイドラインの推移

平成16年「情報通信機器を活用した在宅勤務の適切な導入及び実施のためのガイドライン」が策定

↓

平成20年改定

↓

平成30年「情報通信技術を利用した事業場外勤務（テレワーク）の適切な導入及び実施のためのガイドライン」が策定

↓

> 令和3年「テレワークの適切な導入及び実施の推進のためのガイドライン」へ名称と内容を改定

(2) テレワーク導入に際しての留意点

①テレワーク導入にあたってのチェックリスト

　　テレワークの推進は、労使双方にとってプラスなものとなるよう、働き方改革の推進の観点にも配慮して行うことが有益です。

　　企業は、適切に労務管理を行い、労働者が安心して働くことのできる良質なテレワークとすることが求められます。

　　テレワーク導入にあたり、事前準備として、従来の業務遂行の方法や労務管理の在り方等について改めて見直しをすることもメリットのあるものです。

　　次のチェックリストを活用して、テレワークを推進しましょう。

テレワーク（在宅勤務）導入にあたってのチェックリスト

		留意点	
1	導入目的	従来の業務遂行方法や労務管理の在り方等について改めて見直しを行うことも有益	□
2	対象業務	実施が難しい職種でも可能な業務がないかを検討	□
3	対象労働者	・労働者本人の合意	□
		・正規・非正規の違い等で不合理な待遇差を設けていないか？	□
		・新卒等への導入にあたり、コミュニケーションの円滑化に配慮	□
4	実施場所	在宅勤務のみとするか、それ以外も可とするか？セキュリティ等との兼ね合い	□

5	テレワーク可能日	労働者の希望、当番制、頻度等	☐
6	申請手続	希望者全員とするのか、許可制とするのか	☐
7	費用負担	・ルールを定め、就業規則へ規定 ・課税非課税の取り扱い	☐
8	労働時間管理方法	・使用者は労働時間把握義務あり ・客観的記録（勤怠システム）を活用するのか、自己申告制とするのか	☐
9	中抜け時間	・認めるかどうか ・認める場合、中抜け時間を把握するのかしないのか ・ルールを定め、就業規則へ規定	☐
10	連絡方法	メール、電話、チャットツール等、自社に適した方法で実施	☐
11	評価方法	テレワークをしたことを理由とした不利益取り扱いをしていないか？	☐

②テレワークのメリット・デメリット

　　テレワーク導入は、メリットばかりではなく、デメリットもあります。総合的に判断して、導入可否を決定して下さい。なお、導入するか、しないかだけでなく、例えば週や月に1・2日といった一部の日のみで導入するということも想定していただくとよいでしょう。

	労働者側	使用者側
メリット	通勤時間の短縮	オフィスコストの削減
	通勤による精神的・肉体的負担の軽減	遠隔地の優秀な人材の確保

	業務効率化による時間外労働の削減・生産性の向上	
	育児・介護と仕事の両立	
	仕事と生活の調和	
デメリット	仕事と仕事以外の切り分けが難しい	労働時間の管理が難しい
	長時間労働になりやすい	評価が難しい
	水道光熱費等の増加	
	運動不足になりやすい	

③対象業務の選定

　テレワークに向かない業種・職種もありますが、個別の業務については、実施できる場合があります。従来の業務の在り方を前提にテレワークの対象業務を選定するのではなく、仕事内容を見直ししたうえで検討していただくとよいでしょう。

　テレワークに向かないと安易に結論付けるのではなく、「経営者・管理職の意識を変える」「業務遂行方法の見直し」をすることが望ましいです。

④対象者の選定

　テレワークの契機は様々ですが、会社側の指示もあれば従業員が希望する場合もあります。いずれにしても、本人の納得のうえで行う必要があります。

　正規雇用と非正規雇用労働者との間で不合理な待遇差を設けてはなりません。

⑤労基法上の注意点

　i　就業規則の定め

　　テレワークの円滑な実施のため、労使で協議したテレワークのルールを文書化して就業規則に定めて周知することが望まし

いです。

ii　労働条件の明示

　　労基法の定めにより、就業の場所を書面で明示する必要があります（自宅、サテライトオフィス等）。なお、モバイル勤務等で柔軟に働く場所を従業員が決める場合には就業場所についての許可基準を示したうえで、「会社が許可する場所」といった形で明示することも可能です。

iii　労働時間の適正な把握

　　テレワークであっても労働時間を適正に把握する義務があります。労働時間ガイドラインに沿って把握を実施してください。

iv　各種労働時間制度との関係

　　変形労働時間制やみなし労働時間制との併用が可能です。

v　休憩時間

　　テレワークにおいても休憩時間の取り扱いは同様です。なお、労使協定により、一斉付与の原則を適用除外にすることが可能です。

vi　中抜け時間

　　テレワークでは、一定程度業務から離れる時間が生じやすくなっています。このようないわゆる中抜け時間については、使用者が業務指示をしないこととし、労働者が労働から離れて、自由に利用することができる時間であれば、休憩時間として取り扱うことが可能です。（または時間単位の年次有給休暇）

　　使用者は中抜け時間を把握してもよいですし、把握せず労働時間扱いとしても差し支えありません。

vii　通勤時間や出張時間等の移動時間

　　テレワークの性質上、このような移動時間中にも情報通信機

器を活用して業務を行うことが可能です。使用者の明示または黙示の指示の指揮命令下で行われるものについては労働時間に該当します。

ⅷ　勤務時間の一部でテレワークを行う際の移動時間

　使用者の指揮命令下に置かれているかにより、個別に判断します。

「休憩時間の扱い」

・使用者が移動を労働者に命ずることなく、単に労働者自らの都合により、就業場所間を移動し、その自由利用が保障されている時間

「労働時間の扱い」

・上記で移動中に使用者の指示でモバイル勤務をした時間

・使用者が労働者に対し業務に従事するために必要な就業場所間の異動を命じ、その間の自由利用が保障されていない場合の移動時間（例えば、テレワーク中の労働者に対して、使用者が具体的な業務のために急遽オフィスへの出勤を求めた場合等）

(3) テレワークの規程例（厚生労働省モデル在宅勤務規程）

　在宅勤務を実施することが一番多いと想定されるため、規程名称や内容は在宅勤務をベースにしています。

在宅勤務（テレワーク）規程例 DL↓

在宅勤務（テレワーク）規程

第1条（在宅勤務（テレワーク）制度の目的）

この規程は、従業員が在宅勤務（サテライトオフィス勤務・モ

バイル勤務等）を実施する場合の必要な事項について定めたものである。

第 2 条（在宅勤務の定義）

在宅勤務とは、以下の 3 つの定義による。

(1) 在宅勤務

在宅勤務とは、従業員の自宅、その他自宅に準じる場所（会社指定の場所に限る。）において情報通信機器を利用した業務をいう。

(2) サテライトオフィス勤務

サテライトオフィス勤務とは、会社所有の所属事業場以外の会社専用施設（以下「専用型オフィス」という。）、又は、会社が契約（指定）している他会社所有の共用施設（以下「共用型オフィス」という。）において情報通信機器を利用した業務をいう。

(3) モバイル勤務

モバイル勤務とは、在宅勤務及びサテライトオフィス勤務以外で、かつ、社外で情報通信機器を利用した業務をいう。

※（2）（3）を実施しない場合は削除してください。

第 3 条（在宅勤務の対象者）

在宅勤務の対象者は、就業規則第●条に規定する従業員で次の各号の条件をすべて満たした者とする。

(1) 在宅勤務を希望する者

(2) 自宅の執務環境、セキュリティ環境、家族の理解のいずれも適正と認められる者

(3) 自律的な業務の実施、遂行ができると会社が認める者

2　在宅勤務を希望する者は、所属長から許可を受けなければならない。

3　会社は、業務上その他の事由により、在宅勤務の許可を取り
消すことがある。

4　在宅勤務の許可を受けた者が在宅勤務を行う場合、前日まで
に所属長へ利用を届出なければならない。

5　会社は、次の事由に該当したときは特別に在宅勤務を認める
ことがある。

(1) 自然災害等により、交通機関の混乱が認められ出勤が困難
な場合

(2) 感染症の流行等により、通勤、出勤の回避が必要な場合

(3) その他、社会的要請があった場合

第4条（在宅勤務時の服務規律）

在宅勤務者は、就業規則及びセキュリティガイドラインに定め
るもののほか、次に定める事項を遵守しなければならない。

(1) 在宅勤務の際に所定の手続に従って持ち出した会社の情報
及び作成した成果物を第三者が閲覧、コピー等しないよう最
大の注意を払うこと。

(2) 在宅勤務中は業務に専念すること。

(3) 第1号に定める情報及び成果物は紛失、毀損しないように
丁寧に取り扱い、セキュリティガイドラインに準じた確実な
方法で保管・管理しなければならないこと。

(4) 在宅勤務中は自宅以外の場所で業務を行ってはならないこ
と。

(5) 在宅勤務の実施に当たっては、会社情報の取り扱いに関
し、セキュリティガイドライン及び関連規程類を遵守するこ
と。

第5条（在宅勤務時の労働時間・休憩・休日）

在宅勤務時の労働時間・休憩・休日は、就業規則の定めによる。

2　前項にかかわらず、会社の承認を受けて始業時刻、終業時刻及び休憩時間の変更をすることができる。

3　前項の規定により所定労働時間が短くなる者の給与は、給与規程の定めによる。

第 6 条（時間外・休日労働等）

　在宅勤務者が時間外労働、休日労働及び深夜労働をする場合は就業規則の定めに従い所属長の許可を受けなければならない。

2　時間外、休日及び深夜労働については、給与規程に基づき、時間外勤務手当、休日勤務手当及び深夜勤務手当を支給する。

第 7 条（欠勤等）

　在宅勤務者が、欠勤または勤務時間中に私用のために勤務を一部中断する場合は、事前に申出て所属長の許可を得なければならない。ただし、やむを得ない事情で事前に申出ることができなかった場合は、事後速やかに届出なければならない。

2　前項の欠勤、中断時の給与については給与規程の定めによる。

第 8 条（業務の開始及び終了の報告）

　在宅勤務者は就業規則の規定にかかわらず、勤務の開始及び終了について次のいずれかの方法により報告しなければならない。

　(1) 電話

　(2) 電子メール

　(3) 勤怠管理ツール

　(4) その他会社が定めたテレワークツール

第 9 条（業務報告）

　在宅勤務者は、定期的または必要に応じて、所属長に対し、所要の業務報告をしなくてはならない。

第10条（在宅勤務時の連絡体制）

在宅勤務時における連絡体制は次のとおりとする。

(1) 事故・トラブル発生時には所属長に連絡すること。なお、所属長が不在時の場合は所属長が指名した代理の者に連絡すること。

(2) 所属長又は代理の者に連絡がとれない場合は、〇〇課担当まで連絡すること。

(3) 緊急連絡事項が生じた場合、在宅勤務者へは所属長が連絡をすること。なお、在宅勤務者は不測の事態が生じた場合に確実に連絡がとれる方法をあらかじめ所属長に連絡しておくこと。

(4) 情報通信機器に不具合が生じ、緊急を要する場合は〇〇課へ連絡をとり指示を受けること。なお、〇〇課へ連絡する暇がないときは会社と契約しているサポート会社へ連絡すること。いずれの場合においても事後速やかに所属長に報告すること。

(5) 前各号以外の緊急連絡の必要が生じた場合は、前各号に準じて判断し対応すること。

2　社内報、部署内回覧物であらかじめランク付けされた重要度に応じ至急でないものは在宅勤務者の個人メール箱に入れ、重要と思われるものは電子メール等で在宅勤務者へ連絡すること。なお、情報連絡の担当者はあらかじめ部署内で決めておくこと。

第11条（給与）

在宅勤務者の給与は、給与規程の定めによる。

2　前項の規定にかかわらず、在宅勤務（在宅勤務を終日行った場合に限る。）が週に4日以上の場合の通勤手当については、毎月定額の通勤手当は支給せず実際に通勤に要する往復運賃の

実費を給与支給日に支給するものとする。

第12条（費用の負担）

　会社が貸与する情報通信機器を利用する場合の通信費は、会社負担とする。

2　在宅勤務に伴って発生する水道光熱費等は、在宅勤務者の負担とする。

3　業務に必要な郵送費、事務用品費、消耗品費その他会社が認めた費用は会社負担とする。

4　その他前各項に記載のない費用については、原則として在宅勤務者の負担とする。ただし、労使協議のうえで会社負担とする場合がある。

第13条（情報通信機器・ソフトウェア等の貸与等）

　会社は、在宅勤務者が業務に必要とするパソコン、プリンタ等の情報通信機器、ソフトウェア及びこれらに類する物を貸与する。

2　当該パソコン等の情報通信機器に会社の許可を受けずにソフトウェアをインストールしてはならない。

3　会社は、在宅勤務者が所有する情報通信機器等を利用させることがある。この場合、セキュリティガイドラインを満たした場合に限るものとし、費用については労使協議のうえで決定する。

第14条（教育訓練）

　会社は、在宅勤務者に対して、業務に必要な知識、技能を高め、資質の向上を図るため、必要な教育訓練を行う。

2　在宅勤務者は、会社から教育訓練を受講するよう指示された場合には、正当な理由がない限り指示された教育訓練を受けなければならない。

第15条（災害補償）

　在宅勤務者が自宅での業務中に災害に遭ったときは、就業規則第○条の定めるところによる。

第16条（安全衛生）

　会社は、在宅勤務者の安全衛生の確保及び改善を図るため、必要な措置を講ずる。

２　在宅勤務者は、安全衛生に関する法令等を守り、会社と協力して労働災害の防止に努めなければならない。

第17条（付則）

　本規程は、20○●年４月１日より施行する。

3　テレワークに伴う安全衛生管理体制

　テレワークの導入により遠隔地での勤務が可能になり、従来であれば転勤が必要な場合であっても、転勤せずに勤務をすることが可能になっています。

　そのため、「転勤の廃止」→「営業所や支店の廃止」→「本社からの一括管理」というケースが増えてきています。

この場合、今まで営業所や支店に所属していた従業員は、本社所属に切り替わることになります。住んでいる場所が遠隔地であっても同様です。

　そうすると、本社所属の人員が増えることになります。

　実態として、本社に出勤する従業員が増える訳ではありませんが、安衛法においては、出社しているかどうかではなく、所属で安全衛生管理体制上の人数を判断します。今後は、このような状況が益々増えてくることが想定されます **通達❶**。

通達❶ 情報機器作業における労働衛生管理のためのガイドラインについて（令和元年 7 月12日　基発0712第 3 号）

　在宅勤務等に限った話ではありませんが、多くの方がパソコンやタブレットを用いた情報機器作業に携わることが増えています。このガイドラインに従って、労働衛生管理を進めましょう。

4　チェックリストの活用

　厚生労働省では、テレワークを行う事業者・労働者向けに、安全衛生上で留意すべき事項をまとめたチェックリストを作成しています。労使ともに確認用にご使用ください。

（1）テレワークを行う労働者の安全衛生を確保するためのチェックリスト【事業者用】

テレワークを行う労働者の安全衛生を確保するためのチェックリスト【事業者用】

1 このチェックリストは、労働者にテレワークを実施させる事業者が安全衛生上、留意すべき事項を確認する際に活用いただくことを目的としています。
2 労働者が安全かつ健康にテレワークを実施する上で重要な事項ですので、全ての項目に☑が付くように努めてください。
3 「法定事項」の欄に「◎」が付されている項目については、労働安全衛生関係法令上、事業者に実施が義務付けられている事項ですので、不十分な点があれば改善を図ってください。
4 適切な取組が継続的に実施されるよう、このチェックリストを用いた確認を定期的（半年に1回程度）に実施し、その結果を衛生委員会等に報告してください。

すべての項目について確認し、当てはまるものに☑を付けてください。

項目	法定事項
1 安全衛生管理体制について	
（1）衛生管理者等の選任、安全・衛生委員会等の開催	
□ 業種や事業場規模に応じ、必要な管理者等の選任、安全・衛生委員会等が開催されているか。	◎
□ 常時使用する労働者数に基づく事業場規模の判断は、テレワーク中の労働者も含めて行っているか。	◎
□ 衛生管理者等による管理や、安全・衛生委員会等における調査審議は、テレワークが通常の勤務とは異なる点に留意の上、行っているか。	
□ 自宅等における安全衛生上の問題（作業環境の大きな変化や労働者の心身の健康に生じた問題など）を衛生管理者等が把握するための方法をあらかじめ定めているか。	
（2）健康相談体制の整備	
□ 健康相談を行うことができる体制を整備し、相談窓口や担当者の連絡先を労働者に周知しているか。	
□ 健康相談の体制整備については、オンラインなどテレワーク中の労働者が相談しやすい方法で行うことができるよう配慮しているか。	
□ 上司等が労働者の心身の状況やその変化を的確に把握できるような取組を行っているか（定期的なオンライン面談、会話を伴う方法による日常的な業務指示等）	
2 安全衛生教育について	
（1）雇入れ時の安全衛生教育	
□ 雇入れ時にテレワークを行わせることが想定されている場合には、雇入れ時の安全衛生教育にテレワーク作業時の安全衛生や健康確保に関する事項を含めているか。	◎
（2）作業内容変更時教育	
□ テレワークを初めて行わせる労働者に対し、作業内容変更時の安全衛生教育を実施し、テレワーク作業時の安全衛生や健康確保に関する事項を教育しているか。※作業内容に大幅な変更が生じる場合には、必ず実施してください。	
（3）テレワーク中の労働者に対する安全衛生教育	
□ テレワーク中の労働者に対してオンラインで安全衛生教育を実施する場合には、令和3年1月25日付け基安安発0125第2号、基安労発0125第1号、基安化発0125第1号「インターネット等を介したeラーニング等により行われる労働安全衛生法に基づく安全衛生教育等の実施について」に準じた内容としているか。	
3 作業環境	
（1）サテライトオフィス型	
□ 労働安全衛生規則や事務所衛生基準規則の衛生基準と同等の作業環境となっていることを確認した上でサテライトオフィス等のテレワーク用の作業場を選定しているか。	◎
（2）自宅	
□ 別添2のチェックリスト（労働者用）を参考に労働者に自宅の作業環境を確認させ、問題がある場合には労使が協力して改善に取り組んでいるか。また、改善が困難な場合には適切な作業環境や作業姿勢等が確保できる場所で作業を行うことができるよう配慮しているか。	
（3）その他（モバイル勤務等）	
□ 別添2のチェックリスト（労働者用）を参考に適切な作業環境や作業姿勢等が確保できる場所を選定するよう労働者に周知しているか。	

項　　　目	法定事項
4　健康確保対策について	
（1）　健康診断	
□　定期健康診断、特定業務従事者の健診等必要な健康診断を実施しているか。	◎
□　健康診断の結果、必要な事後措置は実施しているか。	◎
□　常時、自宅や遠隔地でテレワークを行っている者の健康診断受診に当たっての負担軽減に配慮しているか。（労働者が健診機関を選択できるようにする等）	
（2）　長時間労働者に対する医師の面接指導	
□　関係通達に基づき、労働時間の状況を把握し、週40時間を超えて労働させた時間が80時間超の労働者に対して状況を通知しているか。	◎
□　週40時間を超えて労働させた時間が80時間超の労働者から申出があった場合には医師による面接指導を実施しているか。	◎
□　面接指導の結果、必要な事後措置を実施しているか。	◎
□　テレワーク中の労働者に対し、医師による面接指導をオンラインで実施することも可能であるが、その場合、医師に事業場や労働者に関する情報を提供し、円滑に映像等が送受信可能な情報通信機器を用いて実施しているか。なお、面接指導を実施する医師は産業医に限られない。※詳細は平成27年9月15日付け基発0915第5号「情報通信機器を用いた労働安全衛生法第66条の8第1項、第66条の8の2第1項、法第66条の8の4第1項及び第66条の10第3項の規定に基づく医師による面接指導の実施について」（令和2年11月19日最終改正）を参照。	◎
（3）　その他（健康保持増進）	
□　健康診断の結果、特に健康の保持に努める必要があると認める労働者に対して、医師または保健師による保健指導を実施しているか。	
□　THP（トータル・ヘルスプロモーション・プラン）指針に基づく計画は、テレワークが通常の勤務とは異なることに留意した上で策定され、当該計画に基づき計画的な取組を実施しているか。	
5　メンタルヘルス対策　※ 項目 1(2) 及び 6(1) もメンタルヘルス対策の一環として取り組んでください。	
（1）　ストレスチェック	
□　ストレスチェックを定期的に実施し、結果を労働者に通知しているか。また、希望者の申し出があった場合に面接指導を実施しているか。（労働者数50人未満の場合は努力義務）※面接指導をオンラインで実施する場合には、4（2）4ポツ目についても確認。	◎
□　テレワーク中の労働者が時期を逸することなく、ストレスチェックや面接指導を受けることができるよう、配慮しているか。（メールやオンラインによる実施等）	
□　ストレスチェック結果の集団分析は、テレワークが通常の勤務と異なることに留意した上で行っているか。	
（2）　心の健康づくり	
□　メンタルヘルス指針に基づく計画は、テレワークが通常の勤務とは異なることに留意した上で策定され、当該計画に基づき計画的な取組を実施しているか。	
6　その他	
（1）　コミュニケーションの活性化	
□　同僚とのコミュニケーション、日常的な業務相談や業務指導等を円滑に行うための取組がなされているか。（定期的・日常的なオンラインミーティングの実施等）	
（2）　緊急連絡体制	
□　災害発生時や業務上の緊急事態が発生した場合の連絡体制を構築し、テレワークを行う労働者に周知しているか。	

※　ご不明な点がございましたら、お近くの労働局又は労働基準監督署の安全衛生主務課にお問い合わせください。

記　入　日：令和　　　年　　　月　　　日

記入者職氏名：

R3.3.25版

2 / 2 ページ

出典：厚生労働省「テレワークを行う労働者の安全衛生を確保するためのチェックリスト【事業者用】」（https://www.mhlw.go.jp/content/000755113.pdf）より

（2）自宅等においてテレワークを行う際の作業環境を確認するためのチェックリスト【労働者用】

自宅等においてテレワークを行う際の作業環境を確認するためのチェックリスト【労働者用】

1　このチェックリストは、自宅等においてテレワークを行う際の作業環境について、テレワークを行う労働者本人が確認する際に活用いただくことを目的としています。
2　確認した結果、すべての項目に☑が付くように、不十分な点があれば事業者と話し合って改善を図るなどにより、適切な環境下でテレワークを行うようにしましょう。

すべての項目について【観点】を参考にしながら作業環境を確認し、当てはまるものに ☑ を付けてください。

1　作業場所やその周辺の状況について

☐　（1）　作業等を行うのに十分な空間が確保されているか。

【観点】
・作業の際に手足を伸ばせる空間があるか。
・静的筋緊張や長時間の拘束姿勢、上肢の反復作業などに伴う疲労やストレスの解消のために、体操やストレッチを適切に行うことができる空間があるか。
・物が密集している等、窮屈に感じないか。

☐　（2）　無理のない姿勢で作業ができるように、机、椅子や、ディスプレイ、キーボード、マウス等について適切に配置しているか。

【観点】
・眼、肩、腕、腰に負担がかからないような無理のない姿勢で作業を行うことができるか。

☐　（3）　作業中に転倒することがないよう整理整頓されているか。

【観点】
・つまづく恐れのある障害物、畳やカーペットの継ぎ目、電源コード等はないか。
・床に書類が散らばっていないか。
・作業場所やその周辺について、すべり等の危険のない、安全な状態としているか。

☐　（4）　その他事故を防止するための措置は講じられているか。

【観点】
・電気コード、プラグ、コンセント、配電盤は良好な状態にあるか。配線が損傷している箇所はないか。
・地震の際などに物の落下や家具の転倒が起こらないよう、必要な措置を講じているか。

2　作業環境の明るさや温度等について

☐　（1）　作業を行うのに支障ない十分な明るさがあるか。

【観点】
・室の照明で不十分な場合は、卓上照明等を用いて適切な明るさにしているか。
・作業に使用する書類を支障なく読むことができるか。
・光源から受けるギラギラしたまぶしさ（グレア）を防止するためにディスプレイの設置位置などを工夫しているか。

☐　（2）　作業の際に、窓の開閉や換気設備の活用により、空気の入れ換えを行っているか。

☐　（3）　作業に適した温湿度への調整のために、冷房、暖房、通風等の適当な措置を講ずることができるか。

【観点】
・エアコンは故障していないか。
・窓は開放することができるか。

☐　（4）　石油ストーブなどの燃焼器具を使用する時は、適切に換気・点検を行っているか。

☐　（5）　作業に支障を及ぼすような騒音等がない状況となっているか。

【観点】
・テレビ会議等の音声が聞き取れるか。
・騒音等により著しく集中力を欠くようなことがないか。

3　休憩等について

☐　（1）　作業中に、水分補給、休憩（トイレ含む）を行う事ができる環境となっているか。

4　その他

☐　（1）　自宅の作業環境に大きな変化が生じた場合や心身の健康に問題を感じた場合に相談する窓口や担当者の連絡先は把握しているか。

※　ご不明な点がございましたら、お近くの労働局又は労働基準監督署の安全衛生主務課にお問い合わせください。

記　入　日：令和　　　年　　　月　　　日
記入者職氏名：

R3.3.25版

1/1 ページ

出典：厚生労働省「自宅等においてテレワークを行う際の作業環境を確認するためのチェックリスト【労働者用】」（https://www.mhlw.go.jp/content/000755113.pdf）より

4-3 管理監督者：労働時間等に関する規定の適用除外（労基法第41条第 2 項）

1　労働時間等に関する規定の適用除外

　労基法第41条では、労働時間に関する規定の適用除外の対象として、次の(1)～(3)の労働者が定められています。

(1)　労基法別表第一第 6 号（林業を除く）、第 7 号に定める業務に従事する者

(2)　事業の種類にかかわらず監督もしくは管理の地位にある者または機密の事務を取り扱う者

(3)　監視又は断続的労働に従事する者

　なお、適用除外となるのは、「労働時間」、「休憩」、「休日」に関する規定になります。「深夜」については適用除外にはなりませんので注意が必要です。

　それぞれの対象者について詳しく解説します。

(1)　労基法別表の抜粋

> （別表第一第 6 号：土地の耕作もしくは開墾又は植物の栽植、栽培、採取もしくは伐採の事業その他農林の事業）
>
> （別表第一第 7 号：動物の飼育または水産動植物の採捕もしくは養殖の事業その他の畜産、養蚕または水産の事業）

(2)　監督もしくは管理の地位にある者、機密の事務を取り扱う者

　①監督もしくは管理の地位にある者

　　　いわゆる管理監督者と呼ばれます。詳細は後述します。

　②機密の事務を取り扱う者

秘書その他職務が経営者または監督もしくは管理の地位にある者の活動と一体不可分であって厳格な労働時間管理になじまない者をいいます。（昭和22年 9 月13日発基17号）

(3)　監視又は断続的労働に従事する者

事前に労基署の許可を受けることが必要です。

①監視労働に従事する者（昭和22年 9 月13日発基17号、昭和63年 3 月14日基発150号）

原則として、一定部署にあって監視することを本来の業務とし、常態として身体または精神的緊張の少ない業務が許可の対象となります。

したがって、次のような業務は許可の対象になりません。

> ⅰ　交通関係の監視、車両誘導を行う駐車場の監視等の精神的緊張の高い業務
> ⅱ　プラント等における計器類を常態として監視する業務
> ⅲ　危険又は有害な場所における業務

②断続的労働に従事する者（昭和22年 9 月13日発基17号、昭和23年 4 月 5 日基発535号、昭和63年 3 月14日基発150号）

断続的労働とは休憩は少ないが手待時間が多い業務であり、修繕係等、通常は業務閑散であるが事故に備えて待機するものや、寄宿舎の賄人等で手待時間が実作業時間を上回るものが許可の対象となります。

ただし、次のような場合には許可を受けることができません。

> ⅰ　特に危険な業務、相当の精神的緊張を要する業務
> ⅱ　断続的労働と通常の労働とが 1 日の中において混在し、又は日によって反復する業務（本来の業務外において付随

> 的に宿直・日直業務を行う場合は、「断続的な宿直・日直
> 勤務」に従事する者の労働時間等に関する規定の適用除外
> 許可申請の対象となります。)

③手続の詳細

　　労基署へ次の書類を 2 部届け出ます。

ⅰ　監視・断続的労働に従事する者に対する適用除外許可申請書
　　（様式第14号）

ⅱ　対象労働者の労働の態様が分かる資料

・所定労働時間内におけるタイムスケジュール

・対象業務の業務マニュアル、作業規定、業務日報等

・巡回の業務がある場合は、巡回経路を示す図面

・その他事案に応じて追加書類の提出が必要な場合があります。

ⅲ　対象労働者の労働条件が分かる資料

・労働条件通知書、雇用契約書の写し

2　管理監督者の考え方

(1)　どのような労働者が管理監督者に該当するか

　　どのような労働者が労基法第41条第 2 項に規定する管理監督者に
該当するのかは、法律の中では示されておらず、通達でその考え方
が示されています　通達❶　。

> **通達❶** 監督又は管理の地位にある者の範囲（昭和22年 9 月13日発基17号、昭和63年 3 月14日基発150号）
>
> 　一般的には、部長、工場長等労働条件の決定その他労務管理について「経営者と一体的な立場」にあるものの意であり、「名称にとらわれず」、「実態に即して」判断すべきものである。具体的な判断については、下記の考え方によられたい。
>
> (1) 原則
>
> 　労働時間、休憩、休日等の労働条件は最低基準を定めたもの
>
> 　→　この規制の枠を超えて労働させる　→　割増賃金を支払うことが基本原則
>
> > ★役付者であれば、管理監督者として、例外扱いが認められる訳ではないこと。
> > 　誤解が多くありますが、管理職イコール管理監督者ではありません。
> > 　管理職　≠　管理監督者
>
> (2) 適用除外の趣旨
>
> 　労働時間、休憩、休日等に関する規制の枠を超えて活動することが要請される「重要な職務と権限」を有し、現実の「勤務態様」も労働時間等の規制になじまないような立場にある者に限られる。
>
> (3) 実態に基づく判断
>
> 　管理監督者の範囲を決めるに際して、企業における職位や格付資格等の「名称にかかわらず」、「職務内容」「責任と権限」「勤務態様」等の実態に着目する必要がある。
>
> (4) 待遇に関する留意
>
> 　賃金等の待遇面について無視できない重要な要素であること。「定期給与額」「賞与の支給率」「一般労働者と比較して優遇されているか」等を総合的に判断して決定される。

(2) 企業の傾向

　「管理監督者に該当するかどうか」の判定は、単純ではありません。ただ、傾向として、企業側では、管理監督者の範囲を広く捉えていることが多いように感じます。管理職がすべて管理監督者に該当するわけではないので **ポイント❶**、各企業で自社の管理職が管

理監督者に該当するかどうかを様々な要素から分析して、説明ができるようにしておく必要があるでしょう。次のチェックリストもご活用ください。

押さえておきたい判断のポイント①

管理監督者の基準

　「名ばかり管理職」として、十分な権限や責任がない管理職に対して、残業代を支払わずに長時間労働に従事させることが多く行われています。このようなことがないように、各企業では、自社の管理監督者の範囲をどこまでとするのかを明確にしておく必要があるでしょう。

管理監督者の判断ポイント　チェックリスト1　基本的な判断基準

判断要素	項目	チェック
職務内容	労働時間、休憩、休日等に関する規制の枠を超えて活動せざるを得ない重要な職務内容を有していること	□
責任と権限	労働時間、休憩、休日等に関する規制の枠を超えて活動せざるを得ない重要な責任と権限を有していること	□
勤務態様	現実の勤務態様も、労働時間等の規制になじまないようなものであること	□
賃金等の待遇	賃金等について、その地位にふさわしい待遇がなされていることがなされていること	□

　厚生労働省が発出している「多店舗展開する小売業、飲食業等の店舗における管理監督者の範囲の適正化について」（平成20年9月9日基発0909001号）、「多店舗展開する小売業、飲食業等の店舗における管理監督者の範囲の適正化を図るための周知等に当たって留

意すべき事項について」（平成20年10月3日基監発1003001号）の考え方をチェックリスト形式にまとめました。一般企業においても、考え方を参考としてみてください。

管理監督者の判断ポイント　チェックリスト2　多店舗展開版

判断要素	項目	着眼点	要素	チェック
職務内容 責任と権限	採用	採用に関する責任と権限があるか？ （人選のみを行う場合も含む）	重要	☐
	解雇	解雇に関する事項が職務内容に含まれているか？実質的に関与しているか？	重要	☐
	人事考課	人事考課に関する事項が職務内容に含まれているか？実質的に関与しているか？	重要	☐
	労働時間管理	勤務割表の作成、時間外労働命令を行う責任と権限があるか？	重要	☐
勤務態様	遅刻早退	遅刻早退時の減給の制裁、人事考課でのマイナス評価等があるか？	重要	☐
	労働時間	店舗常駐、欠員時の代替に自ら従事等、労働時間に関する裁量があるか？	補強	☐
	部下との相違	部下と同様の勤務態様が労働時間の大半をしめているか？	補強	☐

賃金等の待遇	基本給、役職手当等の優遇	基本給、役職手当等の優遇措置が実労働時間数を勘案して割増賃金の適用除外となることとのバランスで労働者保護に欠けるか？	補強	☐
	支払賃金総額	年間支払賃金総額が一般労働者と比較して優遇されているか？	補強	☐
	時間単価	時間単価で比較して優遇されているか？	重要	☐

　多店舗展開版のチェックリストで否定する要素にひとつでも該当する場合には、管理監督者に該当しない可能性が大きいといえます。逆に否定する要素にひとつも該当しない場合であっても、基本的な判断基準の方で管理監督者性が否定される可能性は当然ありえます。

3　管理監督者の裁判例

　管理監督者の裁判例は次のとおりです 判例❶～❸ 。管理監督者に該当するかどうかは、最終的には司法判断を仰ぐことになります。

　役職だけで判断することはできませんが、筆者の見解としては、係長・主任クラスを管理監督者にするのは無理があると考えます。課長クラスはかなりグレー、部長クラスであれば概ね OK と考えますが、前述のとおり、様々な指標を総合的に考慮して判断することが重要です。全従業員のほとんどが部長という会社をお見受けしたこともありますが、やはりそのようなケースでは部長であっても管理監督者性が否定される可能性が高いといえるでしょう。

　かなり以前は、労基署の調査の現場で管理監督者性の判断で年収指標を具体的な数字で示されることもありましたが、上記チェックリストの「管理監督者の判断ポイント」でご紹介した平成20年の通達が出た以降は、年収指標については触れられることが無くなりました。

判例❶　レストランビュッフェ事件（大阪地裁判決 昭和61年7月30日）

結論	管理監督者性を否定
争点	時間外労働に対する割増賃金支払義務の存否
地位	ファミリーレストランの店長
事案の詳細	店長としてコック、ウェイター等の従業員を統括し、採用にも一部関与し、店長手当の支給を受けていたが、従業員の労働条件は経営者が決定していた。
	店舗の営業時間に拘束され、出退勤の自由はなかった。
	店長の職務の他にコック、ウェイター、レジ、掃除等全般に及んでいた。

判例❷　株式会社ほるぷ事件（東京地裁判決 平成9年8月1日）

結論	管理監督者性を否定
争点	時間外労働、休日労働に対する割増賃金支払義務の存否
地位	書籍等の訪問販売を行う支店の販売主任
事案の詳細	支店営業方針を決定する権限や具体的な支店の販売計画等に関して独自に同支店の各課長に対して指揮命令を行う権限をもっていなかった。
	タイムカードにより厳格な勤怠管理を受けており、自己の勤務時間について自由裁量を有していなかった。

判例❸ 育英舎事件（札幌地裁判決　平成14年4月18日）

結論	管理監督者性を否定
争点	時間外労働に対する割増賃金支払義務の存否
地位	学習塾の営業課長
事案の詳細	人事管理を含めた運営に関する管理業務全般の事務を担当していたが、裁量的な権限が認められていなかった。
	出退勤について、タイムカードへの記録が求められ、他の従業員と同様に勤怠管理が行われていた。
	給与等の待遇も一般従業員と比較してそれほど高いとはいえなかった。

4-4 未成年者の労働時間（労基法第60条、第61条）

1　児童の就労制限

　労基法では、児童の健康確保の観点から、原則として満15歳に達した日以後の最初の3月31日が終了するまでの児童を労働者として使用することを禁止しています。また、満18歳未満の年少者（未成年者）についても同様に労働時間に関して規制しています。

　2022年3月までは未成年者は満20歳未満でしたが、民法改正により、満18歳未満に変更になりました。整理すると次のとおりです。

名称	年少者（未成年者）	児童
年齢定義	未成年者：満18歳未満 （2022年3月までは満20歳未満） 年少者：満18歳未満	満15歳に達した日以後の最初の3月31日が終了するまで
就労制限	原則、変形労働時間制（1年、1ヵ月、1週間）、フレックスタイム制、みなし労働時間制 通達❶、高度プロフェッショナル制は適用できない （例外） 児童に該当しない年少者は、1週48時間、1日8時間を超えない範囲内で、1年変形と1ヵ月変形は適用可能	原則禁止 （例外） 満13歳以上　許可を得て一定の業種で可能。 満13歳未満　許可を得て、更に業種が映画や演劇に限定で可能
時間外労働	禁止	
深夜労働	原則禁止（例外） ①交替制による満16歳以上の男性 ②厚生労働大臣が必要であると認めた場合、深夜時間帯	

	を午後11時から午前 6 時に変更 ③交替制で、行政官庁の許可を得て午後10時30分まで、 ②の場合に午前 5 時30分から ④非常災害の場合 ⑤農林業、畜産業、養蚕業、水産業、保健衛生の事業、 　電話交換の業務

※「児童」は、いわゆる中学生までとなります。

（児童の就労制限）

(1) 満13歳「以上」の児童

　　非工業的業種に限り、

　　①健康および福祉に有害でないこと

　　②労働が軽易であること

　　③修学時間外に使用すること

　　④所轄労働基準監督署長の許可を得ること

　　等により使用することができます。

(2) 満13歳「未満」の児童

　　映画の製作または演劇の事業に限り、上記の①～④の条件を満たした上で使用することができます。

> **通達❶** **未成年者のみなし労働時間制の就労制限（昭和63年 1 月 1 日基発 1 号、昭和63年 3 月14日基発150号、平成12年 1 月 1 日基発 1 号）**
>
> 　変形労働時間制、フレックスタイム制、高度プロフェッショナル制は、労基法第60条で規定されていますが、みなし労働時間制については、通達で次のように規定されています。
>
> 「労働時間のみなしに関する規定は、法第 4 章の労働時間に関する規定の適用に係る労働時間の算定について適用されるものであり、第 6 章の年少者および第 6 章の 2 の女性の労働時間に関する規定に係る労働時間の算定について適用されないものであること」

年少者は、労働時間に関する規制以外にも、次の規制があります。

年齢証明書等の備え付け	住民票記載事項証明書等	労基法第57条
未成年者の労働契約	親権者等は、未成年者に代わって労働契約を締結してはならない	労基法第58条
未成年者の賃金	親権者等は、未成年者に代わって賃金を受け取ってはならない	労基法第59条
危険有害業務の就業制限	年少者労働基準規則に定める危険有害業務に従事させてはならない	労基法第62条
坑内労働の禁止	満18歳に満たない年少者を坑内で労働させてはならない。	労基法第63条
帰郷旅費	解雇の日から14日以内に帰郷する場合、必要な旅費を負担しなければならない	労基法第64条

5　副業・兼業ガイドライン

1　副業・兼業とは

(1)　副業・兼業とは

　　副業・兼業は、二つ以上の仕事を掛け持つことだと一般的には定義されます。形態としては次のようなものがあげられます。

①企業に雇用される形で行うもの（正社員、パート・アルバイト等）

②自ら起業して事業主として行うもの

③コンサルタントとして請負や委任といった形で行うもの

(2)　副業・兼業のメリット・留意点

　　副業・兼業には、メリットと留意すべき点があります。労使双方の主なものは次のとおりです。

	労働者	企業
メリット	離職せずに別の仕事に就くことができる	労働者の自律性・自主性を促すことができる
	スキルや経験を得ることで主体的にキャリアを形成できる	労働者が社内では得られない知識・スキルを獲得することができる
	本業の所得を活かして、自分がやりたいことに挑戦でき、自己実現を追求することができる	優秀な人材の獲得・流出防止ができ、競争力が向上する
	本業を続けながら、リスクの小さい形で将来の起業・転職に向けた準備・試行ができる	労働者が社外から新たな知識・情報や人脈を入れることで、事業機会の拡大につながる

		所得が増える	
留意点	就業時間が長くなる可能性があるため、自身で就業時間や健康の管理も一定程度必要	就業時間の把握・管理が必要 健康管理への対応が必要
	職務専念義務、秘密保持義務、競業避止義務を意識することが必要	職務専念義務、秘密保持義務、競業避止義務への対応が必要
	１週間の所定労働時間が短い業務を複数行う場合、雇用保険等の適用がない場合があることに留意が必要	割増賃金の支払いが必要になる場合がある

2　副業・兼業のガイドラインとは

　政府は、副業・兼業の希望者が年々増加していることを踏まえ、平成29年に働き方改革実行計画の中で、副業・兼業を原則として認める方向としました。そして、平成30年に厚生労働省が「副業・兼業の促進に関するガイドライン」（以下「ガイドライン」）を策定し、厚生労働省のモデル就業規則でも副業・兼業を認める方向で改定が行われました。さらに、令和2、令和4年にガイドラインの改定が行われました。

3　ガイドラインの基本的な考え方

　ガイドラインの中では、裁判例や学説の議論を参考に、労働者が「労働時間以外の時間」をどのように利用するかは、「基本的には労働者の自由」であるとされています。そして企業がそれを制限できるのは、次のような場合としています。

①労務提供上の支障がある場合

②業務上の秘密が漏洩する場合

③競業により自社の利益が害される場合

④自社の名誉や信用を損なう行為や信頼関係を破壊する行為がある場合

また、長時間労働を招かないよう、労働者が自ら確認するためのツールの雛形や、企業が副業・兼業者の労働時間や健康をどのように管理すべきかをガイドラインの中に盛り込みました。

令和4年のガイドラインの改定で、企業は自社のホームページ等で次の事項を公表することが望ましいこととされました。

①副業・兼業を許容しているか否か

②条件付で許容する場合はその条件（※1）について

※1 「その条件」とは、副業・兼業が許容される条件（自社の業務に支障が無い範囲で副業・兼業を認めるべきなど）を想定。

4　就業規則の整備

副業・兼業を「認める」、「禁止する」、「許可制」等、いずれを選択するにしても就業規則内に定めをしておくことが必要です。政府の方針としては、極力認める方向で見直しをすることが望ましいとされています。社内で一度検討してみてはいかがでしょうか。

厚生労働省のモデル就業規則での規定例は次のとおりです。

就業規則規定例 DL↓

（副業・兼業）

第●●条　労働者は、勤務時間外において、他の会社等の業務に従事することができる。

2　会社は、労働者からの前項の業務に従事する旨の届出に基づき、当該労働者が当該業務に従事することにより、次の各号のいずれかに該当する場合には、これを禁止又は制限することができる。

①労務提供上の支障がある場合

②企業秘密が漏洩する場合

③会社の名誉や信用を損なう行為や、信頼関係を破壊する行為がある場合

④競業により、企業の利益を害する場合

5　自社への届出

　基本的に副業・兼業を認める方向性を取るにせよ、副業・兼業の内容を把握するため、また労働時間の把握を行うために、自社への届出は必要となります。届出書類に記載が必要な内容は次のようなものが考えられます。

副業・兼業先での基本的な確認事項

(1)　事業内容

(2)　従事する業務内容

(3)　労働時間通算の対象となるかどうかの確認

　該当する場合には、次の①から⑤

　　①労働契約の締結日、期間

　　②所定労働日、所定労働時間、始業・終業時刻

　　③所定外労働の有無、見込み時間数、最大時間数

　　④実労働時間等の報告の手続

　　⑤これらの事項について確認を行う頻度

6　労働時間の通算

(1) 労働時間の通算管理の考え方

　　労基法の定めでは、「労働時間は、事業場を異にする場合（事業主を異にする場合をも含む）においても、労働時間に関する規定の適用については通算する。」となっています。副業・兼業の形態によっては、労働時間の通算管理が必要です。

副業・兼業の形態ごとの労働時間の通算管理

副業・兼業の形態	労働時間の通算管理
①企業に雇用される形で行うもの（正社員、パート・アルバイト等）	必要
①‐2企業に雇用される形で行うもの（管理監督者等や高度プロフェッショナル制度対象者）	不要
②自ら起業して事業主として行うもの	不要
③コンサルタントとして請負や委任といった形で行うもの	不要

※上記で不要としたものについて、労働時間の通算管理自体は不要ですが、働きすぎ防止等の観点から長時間労働にならないように配慮することが望ましいといえます。

　　労働時間の通算管理の方法として、原則的な方法と簡便な方法（管理モデル）の二通りの管理方法があります。(2)(3)で解説します。

(2) 労働時間の通算管理の方法（原則的な労働時間管理の方法）

　①所定労働時間の通算

　　　原則的な労働時間の管理方法は、「5　自社への届出」で確認した事項の内容に基づき、自社の所定労働時間と副業・兼業先の

所定労働時間を通算し、時間外労働となる部分があるかを確認します。

　所定労働時間を通算した結果、自社の労働時間制度における法定労働時間を超える部分がある場合は、その超えた部分が時間外労働となり、時間的に「後から」労働契約を締結した企業が自社の36協定で定めるところによって、その時間外労働を行わせることになります。

例1）自社：所定5時間労働／他社（後から契約締結）：所定4時間労働

　合計すると9時間となるため、「後から」契約した他社が、法定時間外労働1時間となります。

★業務開始時間がどちらが先かは関係ありません。

```
        ┌───────合計9時間───────┐
        │  自社5時間   │  他社4時間  │
        │  他社4時間  │   自社5時間   │
        └─────────────┴─────────────┘
```

②所定「外」労働時間の通算

　副業・兼業の開始後は、自社の所定「外」労働時間と副業・兼業先における所定「外」労働時間とを所定「外」労働が行われる順に通算します。

　所定労働時間の通算は、労働契約締結の「先後」の順となっており、所定労働時間と所定外労働時間で通算の順序に関する考え方が異なる点に注意してください。

所定労働時間	契約が先か後かで判断 「後」の方が法定時間外扱い
所定「外」労働時間	時間的に「後」の方が法定時間外扱い

　自社と副業・兼業先のいずれかで所定外労働が発生しない場合の取り扱いは、次のとおりです。

- ・自社で所定外労働がない場合は、所定外労働時間の通算は不要
- ・自社で所定外労働があるが、副業・兼業先で所定外労働がない場合は、自社の所定外労働時間のみ通算する

　通算した結果、自社の労働時間制度における法定労働時間を超える部分がある場合は、その超えた部分が時間外労働となり、そのうち自ら労働させた時間について、自社の36協定の延長時間の範囲内とする必要があるとともに、割増賃金を支払う必要があります。

例2）自社　所定3時間労働・所定外労働2時間

　　　他社　所定3時間労働・所定外労働1時間（後から契約締結）

①自社3時間	②自社2時間 所定外	③他社3時間	④他社1時間 所定外

→①＋②＋③で法定労働時間の8時間に達するため、他社の④の1時間の所定外労働が法定時間外扱いとなります。

①他社3時間	②他社1時間 所定外	③自社3時間	④自社2時間 所定外

→①＋②＋③＋（④の一部）で法定労働時間の8時間に達するため、自社の④うちの1時間の所定外労働が法定時間外扱いとなります。

(3) 管理モデルの導入（簡便な労働時間管理の方法）　ポイント❶

　副業・兼業を行う労働者に管理モデルにより副業・兼業を行うことを求め、労働者と労働者を通じて副業・兼業先がそれに応じることによって導入されることが想定されます。自社と副業・兼業先の労働時間を通算して、法定労働時間を超えた時間数が時間外労働の

上限規制である単月100時間未満、複数月平均80時間以内となる範囲内において、各々の事業場における労働時間の上限を設定します。

押さえておきたい判断のポイント①

管理モデルとは？

　副業・兼業の考え方では、労働時間の申告や労働時間の通算管理等において、労使双方（副業兼業先含む）の手続上の負担が高くなります。

　管理モデルは、手続上の負担を軽くしながら、労基法に定める最低労働条件が遵守されやすくなる方法で、具体的な取り扱いは次のとおりです。

①副業・兼業の開始前に、
　(A) 副業・兼業を行う労働者と時間的に先に労働契約を締結していた使用者（以下「使用者A」といいます。）の事業場における法定外労働時間
　(B) 時間的に後から労働契約を締結した使用者（以下「使用者B」といいます。）の事業場における労働時間（所定労働時間及び所定外労働時間）を合計した時間数が時間外労働の上限規制である単月100時間未満、複数月平均80時間以内となる範囲内において、各々の使用者の事業場における労働時間の上限をそれぞれ設定する。

②副業・兼業の開始後は、各々の使用者が①で設定した労働時間の上限の範囲内で労働させる。

③使用者Aは自らの事業場における法定外労働時間の労働について、使用者Bは自らの事業場における労働時間の労働について、それぞれ自らの事業場における36協定の延長時間の範囲内とし、割増賃金を支払う。

要約すると、次のようになります。

①それぞれの会社が予想される時間外労働の時間を設定する。
（合計して、時間外労働の上限規制の法規制の範囲内とする。）

> ↓　②①で決めた範囲内で労働させる。
>
> ③割増賃金を支払う（他社の状況は考慮不要）。

管理モデル導入（通知）様式例 DL↓

20○●年○月×日

◆◆　◆◆（労働者氏名）　殿

　　副業・兼業に関する労働時間の取り扱いについて（通知）

　貴殿から届出のあった副業・兼業について、以下の点を遵守して行われることを条件に認めますので、通知します。また、貴殿の副業・兼業先の事業所（以下「他社」という。）に対し、本通知をもってこの条件を十分伝達するようお願いします。

1　貴殿の当社における1ヵ月間の時間外・休日労働（注1）の上限は○○時間（A）です。

2　当社では、労働基準法第38条第1項の規定（注2）に基づき、貴殿について、他社が次の①及び②を遵守することを条件に、副業・兼業を認めます。

　①　当社における1か月間の時間外・休日労働の上限（A）に、他社における1か月間の労働時間（所定労働時間及び所定外労働時間）の上限（B）を通算して、時間外・休日労働の上限規制（注3）の範囲内とするとともに、上限（B）の範囲内で労働させること

　②　①の上限（B）の範囲内の労働時間について、他社から割増賃金が支払われること（注4）

3　当社では、当社における時間外・休日労働の実績に基づき貴殿に割増賃金を支払います。

4　当社における1か月間の時間外・休日労働の上限（A）に変更がある場合は、事前に貴殿に書面で通知しますので、その際は速やかに他社にその書面をもって伝達するようお願いします。

5　この通知に基づく取り扱いについては、〇年〇月〇日までの1年間とします。その期日を超えて他社において副業・兼業を行う場合は、期日の〇日前までに、改めて届出てください。

（注1）　労働基準法第32条の労働時間（週40時間、1日8時間）を超える時間及び同法第35条第1項の休日における労働時間の合計

（注2）　労働時間は、複数の会社に雇用される等の事業場を異にする場合においても、労働時間に関する規定の適用については通算する旨の規定

（注3）　時間外労働と休日労働の合計で単月100時間未満、複数月平均80時間以内とすること（労働基準法第36条第6項第2号及び第3号）。なお、月の労働時間の起算日が当社と他社とで異なる場合には、各々の起算日から起算した1か月における上限（A）と上限（B）をそれぞれ設定することとして差し支えない。

（注4）　2割5分以上の率で他社が定める率により割増賃金が支払われること。また、当社における上限（A）の時間に、他社における上限（B）の範囲内の労働時間（休日労働は除く。）を通算して、1か月について60時間を超えた場合、60時間を超える部分については、5割以上の率で他社が定める率により割増賃金が支払われること（労働基準法第37条第1項）。

担当：〇〇〇株式会社　人事課　〇〇　〇〇

TEL：00-0000-0000

7　健康管理

　企業は、安衛法に基づき、長時間労働対策として、健康診断、長時間労働者に対する面接指導、ストレスチェック等の実施が必要です。

　企業側の指示により、副業・兼業を開始した場合は、原則として副業・兼業先との「情報交換」により、難しい場合には「労働者からの申告」により、副業・兼業先の労働時間を把握し、自社の労働時間と通算した労働時間に基づき、健康確保措置を実施することが適当です。

　いずれにしても、副業・兼業を行う場合には労使ともに長時間労働にならないよう、また、健康管理に注意し、適切な措置を講ずることが求められます。

健康確保措置
　原則：情報交換により、労働時間を双方が把握する。
　難しい場合：労働者からの申告により、労働時間を双方が把握する。

8　その他

　その他の定めは、次のとおりです。

(1)　社会保険（健康保険、厚生年金保険）

　所定労働時間等がそれぞれの企業で適用要件を満たすかを確認します。両方で要件を満たす場合は、二以上勤務の届けを提出し、どちらかの企業の社会保険を選択します。この場合、保険料は按分されます。

(2)　雇用保険

　所定労働時間等がそれぞれの企業で適用要件を満たすかを確認します。両方で要件を満たす場合は、主たる生計を維持する賃金を受

ける雇用関係の方で加入します。なお、令和4年1月からは65歳以上の者に限り、二つの事業所での労働時間を合算して、労働時間要件を満たす場合に雇用保険に加入できるマルチジョブホルダー制度が試行的に開始になりました。

(3) 労災保険

労災保険給付の算定にあたり、

①複数事業所で働く者については、両事業場の賃金額を合算します。

②就業先の業務上の負荷は総合的に評価します。

③主たる勤務先と副業先への移動時に起こった災害は対象となります。

9　副業兼業に関する裁判例

判例❶ マンナ運輸事件（京都地裁判決　平成24年7月13日）	
結論	一部認容
争点	不法行為に基づく損害賠償請求
事案の詳細	運送会社が準社員からの副業アルバイト許可申請を4度にわたって不許可にしたことについて、後2回については不許可の理由はなく、不法行為に基づく損害賠償請求が一部認容（慰謝料のみ）された
判決の概要	労働者は、勤務時間以外の時間については、事業場の外で自由に利用することができる。
	使用者は、労働者が他の会社で就労（兼業）するために当該時間を利用することを、原則として許されなければならない。
	もっとも、労働者が兼業することによって、労働者の使用者に対する労務の提供が不能または不完全になるような事態が生じたり、使用者の企業秘密が漏洩する等経営秩序を乱す事態が生じることもあり得るから、このような場合においてのみ、例外的に就業規則をもって兼業を禁止することが許されるものと解するのが相当である。

判例❷ 東京都私立大学教授事件（東京地裁判決　平成20年12月5日）

結論	認容
争点	解雇無効
事案の詳細	教授が無許可で語学学校講師等の業務に従事し、講義を休講したことを理由として行われた懲戒解雇について、副業は夜間や休日に行われており、本業への支障は認められず、解雇無効とした事案。
判決の概要	兼職（二重就職）は、本来は使用者の労働契約上の権限の及び得ない労働者の私生活における行為である。
	兼職（二重就職）許可制に形式的には違反する場合であっても、職場秩序に影響せず、かつ、使用者に対する労務提供に格別の支障を生ぜしめない程度・態様の二重就職については、兼職（二重就職）を禁止した就業規則の条項には実質的には違反しないものと解するのが相当である。

判例❸ 小川建設事件（東京地裁判決　昭和57年11月19日）

結論	請求棄却
争点	解雇有効
事案の詳細	毎日6時間にわたるキャバレーでの無断就労を理由とする解雇について、兼業は深夜に及ぶものであって余暇利用のアルバイトの域を超えるものであり、社会通念上、会社への労務の誠実な提供に何らかの支障を来す蓋然性が高いことから、解雇有効とした事案。
判決の概要	労働者は労働契約を通じて一日のうち一定の限られた時間のみ、労務に服するのを原則とし、就業時間外は本来労働者の自由であることからして、就業規則で兼業を全面的に禁止することは、特別な場合を除き、合理性を欠く。
	しかしながら、・・・（中略）・・・兼業の内容によつては企業の経営秩序を害し、または企業の対外的信用、体面が傷つけられる場合もありうる。

従業員の兼業の許否について、労務提供上の支障や企業秩序への影響等を考慮したうえでの会社の承諾にかからしめる旨の規定を就業規則に定めることは不当とはいいがたく、したがって、同趣旨の就業規則の規定は合理性を有するものである。

判例❹　橋元運輸事件（名古屋地裁判決　昭和47年4月28日）

結論	請求棄却
争点	解雇有効
事案の詳細	会社の管理職にある従業員が、直接経営には関与していないものの競業他社の取締役に就任したことは、懲戒解雇事由に該当するため、解雇有効とした事案。
判決の概要	就業規則において二重就職が禁止されている趣旨は、従業員が二重就職することによって、会社の企業秩序をみだし、又はみだすおそれが大であり、あるいは従業員の会社に対する労務提供が不能若しくは困難になることを防止するにあると解される。
	従って就業規則にいう二重就職とは、実質を有するものをいい、会社の企業秩序に影響せず、会社に対する労務の提供に格別の支障を生ぜしめない程度のものは含まれないと解するのが相当である。

6　脳・心臓疾患の労災認定基準

1　脳・心臓疾患の労災認定基準とは

　脳・心臓疾患は、その発症の基礎となる動脈硬化、動脈瘤等の血管病変等が主に加齢、食生活、生活環境等の日常生活や遺伝等の要因で形成され、徐々に進行、悪化して突然発症するものです。

　しかし、仕事が特に過重であった等、仕事自体が発症原因となることもあります。これらは、いわゆる「過労死」と呼ばれ、認定基準を満たすことにより業務上の疾病として労災補償の対象になります。

2　対象疾病

　脳・心臓疾患の対象疾病は次のとおりです。

脳血管疾患	虚血性心疾患等
・脳内出血（脳出血） ・くも膜下出血 ・脳梗塞 ・高血圧性脳症	・心筋梗塞 ・狭心症 ・心停止（心臓性突然死を含む） ・重篤な心不全 ・大動脈解離

3　認定要件

　脳・心臓疾患の認定要件は、「業務による明らかな過重負荷」を受けたことによる、とされていて、次の3つのいずれかに該当するかで判断します。

		評価期間
(1)	長期間の過重業務	発症前おおむね6ヵ月間

(2)	短期間の過重業務	発症前おおむね 1 週間
(3)	異常な出来事	発症直前から前日

労働時間に関連した部分を抜粋します。

(1) 長期間の過重業務

「労働時間の評価」

①発症前 1 ヵ月間に100時間または 2 ～ 6 ヵ月間平均で月80時間を
超える時間外労働は、発症との関連性は強い

②時間外労働が月45時間を超えて長くなるほど、関連性は強まる

③発症前 1 ～ 6 ヵ月間平均で月45時間以内の時間外労働は、発症と
の関連性は弱い

④①の水準には至らないが、「労働時間」と「労働時間以外の負荷
要因」を総合評価して労災認定することを明確化

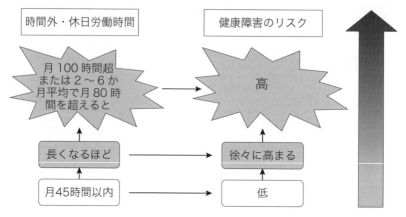

※厚生労働省パンフレット「過重労働による健康障害を防ぐために」(https://
www.mhlw.go.jp/content/11303000/000553560.pdf) を加工して作成

長期間の過重業務　労働時間の評価

期　間	時間外労働　※2	業務と発症の関連性
発症前1ヵ月ないし6ヵ月間　※1	1ヵ月45時間以内	弱い
	1ヵ月45時間超	徐々に強まる
1ヵ月間	1ヵ月100時間超	強い
発症前2ヵ月ないし6ヵ月間　※3	1ヵ月80時間超	

※1　「発症前1ヵ月ないし6ヵ月間」は、次の**すべての期間**をいいます。（発症前1ヵ月間、2ヵ月間、3ヵ月間、4ヵ月間、5ヵ月間、6ヵ月間）

※2　「時間外労働」は、1週間あたり40時間を超えて労働した時間をいいます。

※3　「発症前2ヵ月ないし6ヵ月間」は、次の**いずれかの期間**をいいます。（発症前2ヵ月間、3ヵ月間、4ヵ月間、5ヵ月間、6ヵ月間）

(2) 短期間の過重業務

「労働時間の評価」

①発症直前から前日までの間に特に過度の長時間労働が認められる場合

②発症前おおむね1週間継続して深夜時間帯におよぶ時間外労働を行う等、過度の長時間労働が認められる場合（手待ち時間が長い場合等を除く）

(3) 異常な出来事

4　法改正事項

　　脳・心臓疾患の労災認定基準は、前回の改正から約20年が経過しており、昨今の働き方の多様化や職場環境の変化、最新の医学的知見をふまえて、令和 3 年 9 月14日に改正が行われました。

　　労働時間にかかる改正事項は次のとおりです。

(1)　長期間の過重業務の評価にあたり、労働時間と労働時間以外の負荷要因を**総合評価**して労災認定することを明確化しました。

　　（従来）発症前に 1 か月に100時間または 2 〜 6 か月平均で月平均80時間超の時間外労働

　　　　　　　　　　　　　　↓

　　（改正）上記の水準には至らないが、「これに近い時間外労働」＋

　　　　　　「一定の労働時間以外の負荷要因」を合わせることにより、

　　　　　　業務と発症との関連性が強いと評価

(2)　長期間の過重業務、短期間の過重業務の労働時間以外の負荷要因を見直しました。

　　（改正）

　　・勤務時間の不規則性→「休日のない連続勤務」や「勤務間インターバルが短い勤務」が追加

　　・事業場外における移動を伴う業務→その他事業場外における移動を伴う業務が追加

　　・心理的負荷を伴う業務が追加（「精神的緊張を伴う業務」の内容を拡充）

　　・身体的負荷を伴う業務が追加

第2節 休憩、休日、休暇、休業

1 休憩（労基法第34条）

1 休憩時間の意義

　休憩時間とは単に作業に従事しない、いわゆる手待時間は含まず、労働者が権利として労働から離れることを保障されている時間をいいます（昭和22年9月13日発基17号）。

　例えば、昼休みの電話・来客当番等は、たとえ応対した以外の時間帯に業務に従事していなかったとしても、休憩時間に含まれず、手待時間として労働時間に含まれてしまいますので注意が必要です **判例①②**。どうしてもそのような業務が発生するようであれば、昼休みを一斉に取得するのではなく、交替で取得する等ルールを変更していただくことが必要でしょう。

手待時間と休憩時間の違い

手待時間	休憩時間
自由利用が可能であるが、何かあったら「対応が必要」	自由利用が可能

> **判例①** 大星ビル管理事件（最高裁判例　平成14年2月28日）
> 　ビル管理会社に勤務する従業員の作業に従事していない仮眠時間は労働時間か否かが争われた事案です。仮眠時間中は、ほとんどの時間中は実作業が無く休憩することができましたが、警報等が鳴った際に作業や対応が必要であったため、労働時間と認定されました。

> ●
> ● **判例❷** **すし処「杉」事件（大阪地裁判例　昭和56年 3 月24日）**
> ● 　店員が客を待っている時間や客が途切れた時に休憩をしてもよいと
> ● されている時間は手待時間であるとして労働時間として認定されまし
> ● た。

2　休憩時間の原則

(1)　休憩時間数

　使用者は労働時間が 6 時間を超える場合は少なくとも45分、 8 時間を超える場合は少なくとも 1 時間の休憩時間を労働時間の途中に与えなければなりません（労基法第34条第 1 項）。「少なくとも」という定めであるため、これよりも多い時間を与えることは何ら問題ありません。

労基法の定め

労働時間		休憩時間
6 時間以内	→	不要
6 時間超、 8 時間以内	→	45分
8 時間超	→	60分

(2)　休憩時間を付与する対象

　パート、アルバイトであっても、休憩時間を付与する必要があります。ただし、労働時間が短い場合には、この限りではありません。

　具体的には、労働時間が 5 時間の場合には、労基法上は休憩を与える必要がありません。ただし、所定労働時間が 5 時間の方が残業を余儀なくされ、 6 時間を超過した場合には、休憩45分を取らせる必要があります。パート、アルバイトの方は時間に制約があることが多いので、そのようなことにならないように注意しましょう

ポイント❶。

╭─────────────────────────────────╮
│　　　押さえておきたい判断のポイント①　　　│
╰─────────────────────────────────╯

勤務時間が 6 時間を超える可能性がある場合

　所定労働時間 5 時間の人が、残業により 6 時間を超過した場合に休憩45分を取らせる必要があるとはいえ、「6 時間を超過しそうだから、残業中に45分休憩を取得させる」という方法は非現実的ですので、「5 時間勤務であっても最初から45分の休憩を取得させる」ようにしておくということも対策になるでしょう。

(3)　一斉休憩

　休憩時間は、一斉に与えなければなりません（労基法第34条第 2 項）。ただし、「一定の業種に該当する場合」と「労使協定を締結した場合」は例外です。

例外 1　一定の業種（労基法施行規則第31条）

　労基法別表第一第 4 号、第 8 号、第 9 号、第10号、第11号、第13号、第14号および官公署の事業

　（別表第一第 4 号：道路、鉄道、軌道、索道、船舶又は航空機による旅客又は貨物の運送の事業）

　（別表第一第 8 号：物品の販売、配給、保管若しくは賃貸又は理容の事業）

　（別表第一第 9 号：金融、保険、媒介、周旋、集金、案内又は広告の事業）

　（別表第一第10号：映画の製作又は映写、演劇その他興行の事業）

　（別表第一第11号：郵便、信書便又は電気通信の事業）

　（別表第一第13号：病者又は虚弱者の治療、看護その他保健衛生の事業）

（別表第一第14号：旅館、料理店、飲食店、接客業又は娯楽場
の事業）

例外2　労使協定を締結した場合

　労使協定を事業場ごとに締結した場合は一斉に休憩を付与しな
くても良くなります。その際、労使協定には、「一斉に休憩を与
えない労働者の範囲」と「休憩の与え方」について定めなければ
なりません。（平成11年1月29日基発45号）。

　なお、この労使協定書の労基署への届出は不要です。

（4）自由利用

　使用者は休憩時間を自由に利用させなければなりません。

　ただし、事業場の規律保持上必要な制限を加えることは、休憩の
目的を害さない限り、差し支えありません（昭和22年9月13日発基
17号）。

　また、休憩時間中の外出許可制についても、事業場内において自
由に休息しうる場合には必ずしも違法になりません（昭和23年10月
30日基発1575号）。

2　勤務間インターバル制度（労働時間等設定改善法）

1　勤務間インターバル制度とは

（1）制度の概要

　終業時刻から翌日の始業時刻までに、一定時間以上の休息時間（インターバル）を設けることで、労働者の「生活時間」や「睡眠時間」を確保することが目的の制度です。平成31年に新しくできた制度で、事業主の努力義務として規定されました。労働者が日々働くにあたり、必ず一定の休息時間を取得できるようにするというこの考え方への関心が、労使ともに高まっています。

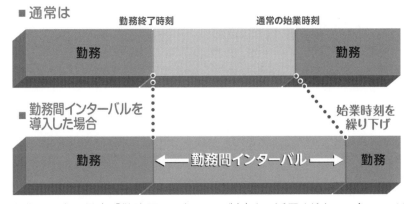

出典：厚生労働省「勤務間インターバル制度をご活用ください」（https://jsite.mhlw.go.jp/tokyo-roudoukyoku/hourei_seido_tetsuzuki/interval01.html）より

（2）健康確保措置等

　特別条項付き36協定締結時や高度プロフェッショナル制度導入時の選択的健康確保措置にも挙げられています。

　また、令和3年に改正された「脳・心臓疾患の労災認定基準」の

新たな認定基準のひとつとして、労働時間以外の負荷要因として勤務間インターバルが短い勤務が評価対象として加わりました。

　勤務間インターバル制度の参考資料や導入事例を紹介した厚生労働省のホームページもありますので参考にして下さい。

導入要件

導入の要件は、次のとおりです。

(1)　就業規則に勤務間インターバル制を採用することを定める

(2)　労基署へ届け出る

2　手続の詳細

(1) 就業規則への記載事項

　始業・終業時刻についての定めであるため、就業規則への記載が必要です。

　厚生労働省の規定例は次のとおりです。

（参考）
就業規則規定例

　勤務間インターバル制度を導入する場合には、以下のような就業規則規定例があります。

① 　休息時間と翌所定労働時間が重複する部分を労働とみなす場合

> （勤務間インターバル）
> 第〇条　いかなる場合も、労働者ごとに1日の勤務終了後、次の勤務の開始までに少なくとも、〇時間の継続した休息時間を与える。
> 　2　前項の休息時間の満了時刻が、次の勤務の所定始業時刻以降に及ぶ場合、当該始業時刻から満了時刻までの時間は労働したものとみなす。

② 　始業時刻を繰り下げる場合

> （勤務間インターバル）
> 第〇条　いかなる場合も、労働者ごとに1日の勤務終了後、次の勤務の開始までに少なくとも、〇時間の継続した休息時間を与える。
> 　2　前項の休息時間の満了時刻が、次の勤務の所定始業時刻以降に及ぶ場合、翌日の始業時間は、前項の休息時間の満了時刻まで繰り下げる。

③ 　災害その他避けることができない場合に対応するため例外を設ける場合
　①または②の第1項に次の規定を追加。

> ただし、災害その他避けることができない場合は、その限りではない。

　このほか、必要に応じて、勤務間インターバルに関する申請手続や勤務時間の取扱いなどについて、就業規則等の規定の整備を行ってください。

出典：厚生労働省「（参考）勤務間インターバル就業規則規定例」（https://jsite.mhlw.go.jp/tokyo-roudoukyoku/content/contents/000964568.pdf）より

　厚生労働省の規定例は詳細の定めがないので、各企業でのアレンジ

が必要になるでしょう。少し詳細に定めたものは次のとおりです。

就業規則規定例 DL↓

勤務間インターバル制度規程（サンプル）

（目的）

第1条　この規程は、就業規則第●条の定めに基づき、勤務間インターバル制度について定めたものである。会社は従業員の「過重労働対策」、「健康確保」、「睡眠時間確保」の実施のために本制度を導入する。

（適用対象）

第2条　勤務間インターバル制度を適用する対象者は、全従業員とする。

（インターバル時間）

第3条　会社は、従業員ごとに1日の勤務終了後、次の勤務の開始までに少なくとも、11時間の継続したインターバル時間を与える。

2　インターバル時間が、次の勤務の所定始業時刻に及ぶ場合、翌日の始業時刻を繰り下げる。この場合の始業時刻は、前日の終業時刻帯に応じて以下のとおりとする。

終業時刻帯	始業時刻
22時00分から22時59分	10時00分
23時00分から23時59分	11時00分
24時00分から24時59分	12時00分
25時00分から25時59分	13時00分
26時00分以降	原則として、出勤を禁ずる(特別休暇とする)

3　従業員は、終業時刻が22時以降となった場合には、勤怠シス

テムに翌日の始業予定時刻を入力するものとする。

（適用除外）

第4条　災害その他やむを得ない事情がある場合は、勤務間イン
　　　ターバル制度を適用しない場合がある。

2　年末年始（12月○日から1月▲日）および年度末（3月○日
　　から3月31日）については業務繁忙期のため、勤務間インター
　　バル制度を適用しない。

3　緊急でやむを得ない対応が必要で、所属長の承認を得た場
　　合、月1回を限度として勤務間インターバル制度の適用除外を
　　認める。

（健康確保措置）

第5条　業務の繁忙等の理由により、第3条に定めるインターバ
　　　ル時間が十分に取れなかった場合および第4条の適用除外措置
　　　を取った場合には、所属長と協議のうえ、できる限りその翌日
　　　は時間外労働を行わずに退社するように業務を調整するものと
　　　する。

（見直し）

第6条　会社は、定期的に本制度の運用状況を確認し、労使協議
　　　のうえで、制度の改善・見直しを検討するものとする。

付則

この規程は、20××年4月1日より制定施行する。

(2) 就業規則規定例のポイント

第2条 適用対象	対象とする部署ごと、役職ごと（管理監督者も含む か）、勤続年数等を考慮のうえ対象者を設定して下 さい。

第3条第1項 インターバル 時間	・インターバル時間は、法定化されているEUにあわせて11時間としていますが、自由に設定することが可能です。ただし、あまり短い時間だと導入する意義がありません。 ・義務として9時間、努力義務として11時間といった設定も可能ですが、運用面で可能かどうかを考慮のうえ決定下さい。
第3条第2項 インターバル 時間	・時刻帯で設定していますが、単純に11時間後の時刻としてもよいですし、前後30分程度のずれは許容するといった定め方でも差し支えありません。 ・昼の休憩時間帯に重なる場合には、一定の業種以外は一斉休憩適用除外の労使協定の締結が必要です。
第3条第3項 インターバル 時間	勤怠システムで自動的に設定可能であれば必要ありません。 なお、勤怠システムがない場合には、自分の机に「●月●日の出社時刻は11時」とメモを置いておく、ホワイトボードに記載しておく、所属長にメールしておく等、会社の実態にあわせて文言を変更して下さい。
第4条第2項 適用除外	適用除外措置を設けること自体は差し支えありませんが、あまり多くあると制度が形骸化してしまいますので、労使でよく検討下さい。
第4条第3項 適用除外	適用除外の回数について特に制限はありません。実態にあわせて決定して下さい。この部分は運用の結果、適宜変更になる可能性があります。
第5条 健康確保措置	健康確保の観点からインターバル時間が確保できなかった翌日にリカバリーができるようにすることが望ましいです。

(3) 労基署への届出

　　事業場ごとに届出する必要があります。本社のみ届出をして、支店では未届出ということが見受けられますので注意しましょう。

3　制度導入の検討

　制度導入や見直しにあたっては、(1)制度導入を検討、(2)制度設計、(3)制度の導入・運用、(4)制度内容・運用方法の見直しの順序で行います。

　厚生労働省では、労使で検討するための手順・チェックリストとして「勤務間インターバル制度導入・見直しワークシート　全業種版」としてを用意しています。詳細は次のとおりです。

制度導入の手順

項目	項目の詳細	チェック
(1) 制度導入を検討	①労働時間に関わる現状の把握と課題の抽出 ・就業規則の労働時間の規定の確認 ・実態の把握（現在の実労働時間、通勤時間、勤務間インターバルの時間）	☐
	②導入目的の明確化 ・従業員の健康確保 ・経営面のメリット、意義 ・導入目的の労使間の共有	☐
	③導入に対する経営層のコミットメント強化 ・従業員、管理職に制度の意義・内容を説明 ・従業員にメッセージを発信 ・経営層の積極的関与の姿勢	☐

(2) 制度設計	①適用対象の設定 ・全従業員が対象か？ ・限定する場合、理由の明確化と従業員の理解を得ているか？ ・非正規、出向者、取引先への取り扱いの検討	□
	②インターバル時間数の設定 ・労働時間、通勤時間、睡眠時間、生活時間の考慮 ・インターバル時間数は、全社一律か？ ・複数設定時、理由の明確化と従業員の理解を得ているか？	□
	③インターバル時間を確保時に翌日の所定勤務開始時刻を超えてしまう場合の取り扱いの設定 ・働いたものとみなすのか、翌日の勤務時間を繰り下げるのか？ ・働いたものとみなす場合、賃金控除を行うか？ ・フレックスタイム制や裁量労働制対象者の取り扱いの検討	□
	④インターバル時間を確保できないことが認められるケースの設定 ・適用除外の範囲、回数制限、判断者・判断手順、適用除外とした場合の健康確保措置（翌日の休暇取得推奨等）等を設定しているか？	□
	⑤インターバル時間の確保に関する手続きの検討 ・翌日の勤務開始時刻を繰り下げる場合や、適用除外を受ける際の申請手続きを設定しているか？	□
	⑥インターバル時間を確保できなかった場合の対応方法の検討 ・確保できなかった理由・経緯の把握、健	□

	康確保措置の実施、再発防止策の検討・実施等の対応方法を定めているか？	
	⑦労働時間管理方法の見直し ・インターバル時間を確保できているかを確認できる「見える化の仕組」はあるか？（例：勤怠管理システムの改修による自動チェック、人事担当部署や上長による従業員への注意喚起等）	☐
	⑧制度の根拠規定の整備（就業規則の改定、労働協約の締結等） ・インターバル制度について就業規則、労働協約、労使協定等で規定しているか？	☐
(3) 制度の導入・運用	①管理職や従業員へ制度導入の意義や制度内容等の周知 ・制度導入の意義や制度内容等を周知しているか？	☐
	②顧客や取引先に制度を導入したことや制度内容の説明 ・制度の趣旨・内容について説明しているか？	☐
	③インターバル時間を確保しやすい環境づくり ・労働時間削減、生産性向上のための取組を行っているか？	☐
(4) 制度内容・運用方法の見直し	①制度の効果検証、課題等の洗い出し	☐
	②制度内容・運用方法の見直し（課題が明らかになった場合） ・定期的に、インターバル時間の確保状況、制度導入の効果等を検証し、制度内容・運用方法の見直し・改善を検討・実施する仕組となっているか？	☐

3　休日（労基法第35条）

1　休日とは

(1) 休日の定義

　　休日とは、単純に土日祝日の休みの日のことではないの？と思われるかもしれませんが、労基法では次のように定義されています。

労基法第35条

　使用者は労働者に対して、毎週少なくとも1回の休日をあたえなければならない。

2　前項の規定は、4週間を通じ4日以上の休日を与える使用者については適用しない。

　　これを「法定休日」といいます。これに対して、週休2日制の会社であれば、週1日の法定休日以外の休日を「法定外休日」や「所定休日」といういい方で区別しています。

(2) 暦日休日

　　休日とは、単に連続24時間の休業なのか、暦日の午前零時から午後12時までの休業を指すのかという疑問が生じます。

　　原則としては、後者の暦日（午前零時から午後12時まで）を指します（昭和23年4月5日基発535号）。

(3) 暦日休日の例外

　　次のケースにおいては、例外的な取り扱いとなります。

　　①交替制の場合の休日　通達❶

　　②旅館業における休日　通達❷

通達❶ **交替制の場合の休日**（昭和63年 3 月14日基発150号）

　8 時間 3 交替連続作業のような場合、休日暦日制の原則通りとすると立法趣旨と合致しないことになるため、番方編成による交替制における「休日」については、下記のいずれにも該当するときに限り、継続24時間を与えれば差し支えないものとして取り扱われたい。

　ⅰ番方編成による交替制によることが就業規則等により定められており、制度として運用されていること

　ⅱ各番方の交替が規則的に定められているものであって、勤務割表等によりその都度設定されるものではないこと

通達❷ **旅館業における休日**（昭和57年 6 月30日基発446号、昭和63年 3 月14日基発150号、平成11年 3 月31日基発168号）

　旅館業特有の業態から、チェックインからチェックアウトまでの 2 暦日にまたがる時間帯を基準として勤務が編成されるという事情を考慮して、下記に該当する場合、法違反としない取り扱いとなる。

　ⅰ「対象労働者の範囲」

　　旅館業における労働者の内、フロント係、調理係、仲番および客室係の労働者に限って認められる。

　ⅱ「 2 暦日にまたがる休日の要件」

　　（ⅰ）正午から翌日の正午までの24時間を含む継続30時間（当分の間は27時間以上で差し支えない。）の休息時間が確保されていること

　　（ⅱ）休日を、 2 暦日にまたがる休日という形で与えることがある旨およびその時間帯があらかじめ労働者に明示されていること

　　また、関連する指導事項として、休日を 2 暦日にまたがる休日で与える事業場に対し、次の 3 点について指導することとなっています。

　　（ⅰ） 1 年間における法定休日数のうち、少なくとも 2 分の 1 は暦日によって休日を与えること

　　（ⅱ）休日は前月末までに具体的な勤務割表等により具体的な期日、 2 暦日にまたがる休日を与えるかどうか等を明らかにして労働者に通知し、これを変更する場合には遅くとも前日までに労働者に通知すること

　　（ⅲ） 1 年間に法定休日数を含め60日以上の休日を確保すること

2　就業規則の定め

　就業規則にて、法定休日を特定することは必須ではありませんが、厚生労働省では、法定休日を就業規則で特定することを推奨しています。また、10人未満の就業規則の作成義務がない企業においても具体的に定めることを推奨しています（昭和23年 5 月 5 日基発682号、昭和63年 3 月14日基発150号）。

就業規則規定例 DL↓

> 第●条（休日）
>
> 　会社の定める休日は次のとおりとする。
>
> 　(1) 土曜日、日曜日
>
> 　(2) 国民の祝日に関する法律に定める祝日および休日
>
> 　(3) 年末年始（12月29日より 1 月 3 日まで）
>
> 　(4) その他特に会社において定める日
>
> 2　法定休日は日曜日とする。
>
> 3　1 週間の起算日は土曜日とする。

　この就業規則規定例では、「法定休日」が日曜日、「それ以外の休日」が土曜日、国民の祝日、年末年始等になります。

　なお、1 週間については、特に就業規則で定めがない場合には、日曜日から土曜日であるとされています（昭和63年 1 月 1 日基発 1 号）。

※国民の祝日の場合

　国民の祝日に関する法律は、国民の祝日に休ませることを強制的に義務付けしたものではありません。労基法においては、毎週 1 日の休日（または 4 週 4 日以上の休日）を満たしていれば、国民の祝日に休ませなくても労基法違反になりません。ただし、国民の祝日の趣旨や

労働時間短縮の観点から労使間の話し合いにより、労働者を休ませ、賃金減収をさせないようにすることが望ましいとされています（昭和41年 7 月14日基発739号）。

3　休日の振替と代休

休日の振替と代休については、一般的にも誤解が多いところです。ポイントを整理しておくとよいでしょう。

(1) 休日の振替

「休日の振替」とは、**あらかじめ休日と定められていた日を労働日**とし、そのかわりに他の労働日を休日とすることをいいます。これにより、あらかじめ休日と定められた日が「労働日」となり、そのかわりとして振り替えられた日が「休日」となります。したがって、もともとの休日に労働させた日については「休日労働」とはならず、休日労働に対する割増賃金の支払義務も発生しません。

(2) 代休

一方、いわゆる「代休」とは、休日労働が行われた場合に、その代償として以後の特定の労働日を休みとするもので、前もって休日を振り替えたことにはなりません。したがって、休日労働分の割増賃金を支払う必要があります。

振替休日と代休の比較

	振替休日	代休
共通点	休日に働くこと	
定義	「**事前に**」労働日と休日を交換する	休日労働をした「**あと**」に労働日と休日を交換する
就業規則	定めが必要	
割増	休日割増は不要（ただし、週40時間を超過した場合の割増が必要になる場合がある）通達❸	休日割増が必要

> **通達❸** 休日の振替と時間外労働（昭和22年11月27日基発401号、昭和63年3月14日基発150号）
>
> 　就業規則に定める休日の振替規定により休日を振り替える場合、当該休日は労働日となるので休日労働とならないが、振り替えたことにより、当該週の労働時間が1週間の法定労働時間を超えるときは、その超えた時間については時間外労働となり、36協定の締結届出対象、割増賃金の支払いが必要になることに注意されたい。

ケース1　同一週で振替する場合：事前に振替日を指定

日	月	火	水	木	金	土
休み	出勤	出勤	出勤	出勤 ↓ 休み	出勤	休み ↓ 出勤

　土曜日に出勤することが分かっていたので、事前に木曜日と振替を実施。単純に労働日と休日を交換しており、週40時間も超過しないので休日割増は不要です。

ケース2　翌週で振替する場合：事前に振替日を指定

日	月	火	水	木	金	土
休み	出勤	出勤	出勤	出勤	出勤	休み ↓
						出勤

〈翌週〉

日	月	火	水	木	金	土
休み	出勤	出勤	出勤 ↓ 休み	出勤	出勤	休み

　土曜日に出勤することが分かっていたが、同一週は忙しく休めなかった。事前に翌週水曜日と振替を実施。単純に労働日と休日を交換しており、休日割増は不要ですが、週6日勤務となり、週40時間を超過する場合には超過部分に対して割増賃金の支払が必要です。

4　年次有給休暇（労基法第39条）

1　年次有給休暇とは

(1) 年次有給休暇の定義、要件

　　年次有給休暇は、雇入日から６ヵ月間「継続勤務」し、「全労働日」の８割以上「出勤」した労働者に対して10日付与されます **通達❶** **ポイント❶**。

年次有給休暇の発生要件	＝	雇入日から６ヵ月間「継続勤務」	＋	「全労働日」の８割以上「出勤」

通達❶ 全労働日

　　出勤率の基礎となる全労働日（昭和63年３月14日基発150号、平成25年７月10日基発0710第３号）

　　年次有給休暇の請求権の発生について、法第39条が全労働日の８割出勤を条件としているのは、労働者の勤怠の状況を勘案して、特に出勤率の低い者を除外する立法趣旨であることから、全労働日の取り扱いについては、次のとおりとする。

　1　年次有給休暇算定の基礎となる全労働日の日数は就業規則その他によって定められた所定休日を除いた日をいい、各労働者の職種が異なること等により異なることもあり得る。したがって、所定の休日に労働させた場合には、その日は、全労働日に含まれないものである。

　2　労働者の責に帰すべき事由によるとはいえない不就労日は、３に該当する場合を除き、出勤率の算定に当たっては、出勤日数に算入すべきものとして全労働日に含まれるものとする。

　　例えば、裁判所の判決により解雇が無効と確定した場合や、労働委員会による救済命令を受けて会社が解雇の取消しを行った場合の解雇日から復職日までの不就労日のように、労働者が使用者から正当な理由なく就労を拒まれたために就労することができなかった日が考えられる。

3　労働者の責に帰すべき事由によるとはいえない不就労日であっても、次に掲げる日のように、当事者間の衡平等の観点から出勤日数に算入するのが相当でないものは、全労働日に含まれないものとする。
(1)　不可抗力による休業日
(2)　使用者側に起因する経営、管理上の障害による休業日
(3)　正当な同盟罷業その他正当な争議行為により労務の提供が全くなされなかった日

押さえておきたい判断のポイント①

出勤に該当する期間

　実際に出勤した日だけでなく、次の期間の日数も出勤したものとみなします。

　1から4は労基法の定めによるもので、5は通達（昭和22年9月13日発基17号、平成6年3月31日基発181号）によるものです。

1	業務上の負傷または疾病で休業した期間
2	育児休業期間
3	介護休業期間
4	産前産後休業期間
5	年次有給休暇を取得した期間
6	労働者の責に帰すべき事由によるとはいえない不就労日（前頁の 通達❶ 「全労働日」の2に該当する日）

　上記以外の日については、労基法や通達に定めがないので、どのような取り扱いにするかは任意です。厚生労働省のモデル就業規則や育児介護休業規程例においては、出勤したものとして取り扱っても差し支えない、と記載があります。

　下記のような特別休暇等で有給扱いのものについては、出勤率に含めている企業が多いように感じます。生理休暇や子の看護休暇、介護休暇は、無給の企業が多いので、全労働日と出勤日の両方から除外する取り扱いが多いように感じます。
・特別休暇
・生理休暇

・子の看護休暇
・介護休暇
　なお、労基法では、基準日前の期間の出勤率が8割に満たなかった場合、新たに年次有給休暇を付与する必要がありません。とはいえ、0％か100％では、労働者にとって酷であろうとのことで、任意の取り扱いとして、本来付与すべき日数に出勤率を乗じた日数を付与する企業もあります。
例）本来の日数　20日、出勤率が60％だった場合
　　20日×60％＝12日を付与

(2) 年次有給休暇の付与日数

①通常の付与日数

　年次有給休暇の付与日数は、初年度は10日ですが、その後勤続年数が1年経過するごとに1日ずつ増えます。平成11年の法改正で勤続年数が2年6ヵ月までは1日ずつ、3年6ヵ月から2日ずつ増えることになりました。

年次有給休暇付与日数

継続勤務年数	6ヵ月	1年6ヵ月	2年6ヵ月	3年6ヵ月	4年6ヵ月	5年6ヵ月	6年6ヵ月以上
付与日数	10日	11日	12日	14日	16日	18日	20日

②比例付与日数 ポイント❷

　週の所定労働日数や所定労働時間数が少ないパート・アルバイト等にも年次有給休暇が通常の場合と比例して少ない日数ですが、付与されます。パート・アルバイトには年次有給休暇がないという誤解も多いところですが、間違いのないようにしたいものです。

週所定労働時間30時間未満であり、かつ、週所定労働日数が４日以下の付与日数

週所定労働日数	年間所定労働日数	継続勤務年数						
		６ヵ月	１年６ヵ月	２年６ヵ月	３年６ヵ月	４年６ヵ月	５年６ヵ月	６年６ヵ月以上
４日	169日〜216日	７日	８日	９日	10日	12日	13日	15日
３日	121日〜168日	５日	６日	６日	８日	９日	10日	11日
２日	73日〜120日	３日	４日	４日	５日	６日	６日	７日
１日	48日〜72日	１日	２日	２日	２日	３日	３日	３日

押さえておきたい判断のポイント②

比例付与の条件

　比例付与は、週所定労働時間が30時間未満＆週所定労働日数が４日以下という条件があります。

　例えば、１日８時間×週４日の場合は週32時間となるため、比例付与には該当せず、通常の付与日数となることに注意が必要です。

③斉一的付与・分割付与

　年次有給休暇の付与に関して、人数が多くなってきて付与日がバラバラだと管理がしにくくなるため、付与日を統一する取り扱いが認められています。これを「斉一的」付与といいます（一斉付与という場合もあります）。付与日を統一するには、前倒しで、法を上回る時期に付与する必要があります（後ろにずらすと法違反となります）。

　また、法定の付与すべき基準日よりも前に、分割した日数を付与する「分割付与」という取り扱いも条件を満たせば認められます **通達❷**。

> **通達❷** 斉一的付与・分割付与の要件（平成6年1月4日基発1号）
>
> 1　法定の基準日よりも前に斉一的付与・分割付与を行う場合、全労働日の8割以上出勤の要件は、短縮された期間は全期間出勤したものとみなすこと
> 2　次年度以降の年次有給休暇の付与日も、初年度の付与日を法定の基準日から繰り上げた期間と同じまたはそれ以上の期間、法定の基準日より繰り上げること
> 　例1）斉一的付与
> 　　令和4年4月1日に入社　入社時に前倒しで10日付与
> 　　→　翌年、令和5年4月1日に11日付与となる。
> 　例2）分割付与
> 　　令和4年4月1日に入社　入社時に前倒しで5日、令和4年10月1日に残りの5日付与
> 　　→　翌年、令和5年4月1日に11日付与となる。

(3) 年次有給休暇を取得する時季（時季変更権）

　年次有給休暇を取得する日は、労働者が指定することによって決まり、使用者は指定された日に年次有給休暇を与えなければなりません。ただし、労働者の指定した日に年次有給休暇を与えると、「事業」の「正常な運営が妨げられる場合」は、使用者に休暇日を変更する権利（時季変更権）が認められています。

　時季変更権の行使が認められるのは、例えば、同じ日に多くの労働者が同時に休暇指定した場合等が考えられます。単に「業務多忙だから」という理由では、時季変更権は認められません **ポイント❸**。

押さえておきたい判断のポイント③

時季変更権の考え方

「事業」……事業場と解される。個人や職場を単位とした業務ではない。
「正常な運営が妨げられる場合」……次の要素をもとに総合的に判断する。

> ・事業の規模
> ・労働者の職務内容・繁忙度
> ・代替要員確保の困難度
> ・代替による事業への影響の程度
> ・休暇期間の長短

(4) 計画的付与／時間単位付与

①計画的付与制度

　年次有給休暇は労働者の請求により取得するのが原則です。

　ただし、労使協定を締結することで、使用者側が計画的に年次有給休暇を取得させることが可能になります。これを計画的付与制度といいます。10人以上の事業場においては、就業規則の定めも必要です。

　5日までは本人が自由に使うことができるようにしたうえで、残りの日数について、会社側が計画的に付与する日を指定することができます。その代わり、時季変更権が行使できなくなります。

　会社全体で計画的に付与する「一斉付与方式」、所属部門ごとに付与する「グループ別付与方式」、個人別に計画表等を作成して付与する「個人別付与方式」があります。

　それぞれ、労使協定で定める事項は次のとおりです。「一斉付与方式」は、具体的な付与日、「グループ別付与方式」は、グループ別の具体的な付与日、「個人別付与方式」は、計画表を作成する時季、手続等が必要です。

労使協定で定める事項

付与方式	付与日
一斉付与方式	具体的な付与日
グループ別付与方式	グループ別の具体的な付与日
個人別付与方式	計画表を作成する時季、手続方法等

労使協定書例（一斉付与方式）　DL↓

年次有給休暇の計画的付与に関する協定書

株式会社○○（以下会社という）と従業員代表　△△　とは、年次有給休暇の計画的付与に関し、以下のとおり協定する。

第1条（適用対象者）

本協定の対象者は第5条に定める者を除く全従業員とする。

第2条（計画的付与の対象日数）

年次有給休暇の前年からの繰り越し日数と当年に付与した日数を合計した日数のうち、5日を除いた日数を本協定の計画的付与の対象日数とする。

第3条（計画的付与日）

計画的付与の対象日は以下のとおりとする。

○月×日、○月×日、○月×日、○月×日

第4条（特例措置）　ポイント❹

第2条の5日を除いた対象日数が第3条の日数に不足する場合は、会社は休業手当を支払う。

（※または「特別休暇として有給の取り扱いとする。」ということも考えられます。）

第5条（適用除外）

本協定の適用除外となる従業員は以下のとおりとする。

①産前産後休業中の者

②育児・介護休業中の者

③休職中の者

④対象期間中に退職予定の者

⑤その他対象外とすることが必要と認められる者

第 6 条（有効期間）

　本協定の有効期間は、20○●年 4 月 1 日から20○○年 3 月31日までの 1 年間とする。

以上のとおり協定し、会社および従業員代表は各々 1 通を所持する。

20○●年 3 月21日

　　　　　　　　　　株式会社○○　　代表取締役　　　●●　　　　印

　　　　　　　　　　従業員代表　　　△△　　　　　　　　　　　　印

押さえておきたい判断のポイント④

日数が足りない場合

　労使協定の第 4 条にあるように、日数が足りない場合には会社都合で休ませることになりますので、休業手当の支払いが最低限必要です。ただし、特別休暇として有給扱いとしている場合も多く見受けられます。

就業規則規定例 DL↓

第●条（年次有給休暇の計画的付与）

　会社は、会社と従業員の過半数を代表する者との間で労使協定を締結したうえで、従業員の有する年次有給休暇（前年からの繰

り越し日数含む）のうち、5日を超える日数について、労使協定
の定めるところにより計画的に付与することができる。

②時間単位付与

　　労使協定を締結することで、年次有給休暇を年5日まで時間単
　位で取得させることが可能になります。10人以上の事業場におい
　ては、就業規則の定めも必要です。

就業規則規定例 DL↓

第●条（年次有給休暇の時間単位付与）

　会社と従業員の過半数を代表する者との間で労使協定を締結し
たうえで、従業員は年次有給休暇（前年からの繰り越し日数含
む）のうち、年5日を限度として時間単位の年次有給休暇を取得
することができる。

労使協定書例 DL↓

　　　　年次有給休暇の時間単位付与に関する協定書

　株式会社○○（以下会社という）と従業員代表　△△　とは、
年次有給休暇の時間単位付与に関し、以下のとおり協定する。

第1条（適用対象者）

　本協定の対象者は第5条に定める者を除く全従業員とする。

第2条（時間単位付与の対象日数）

　年次有給休暇の前年からの繰り越し日数と当年に付与した日数
を合計した日数のうち、5日以内を時間単位付与の対象日数とす
る。

第3条（取得単位）

　　従業員は、年次有給休暇を 1 時間単位で取得することができる。

第 4 条（時間数）

　　1 日の年次有給休暇に相当する時間数は、以下のとおりとする。

　　① 所定労働時間が 5 時間を超え 6 時間以下の者・・・6 時間

　　② 所定労働時間が 6 時間を超え 7 時間以下の者・・・7 時間

　　③ 所定労働時間が 7 時間を超え 8 時間以下の者・・・8 時間

第 5 条（適用除外）

　　本協定の適用除外となる従業員は以下のとおりとする。

　　①産前産後休業中の者

　　②育児・介護休業中の者

　　③休職中の者

　　④その他対象外とすることが必要と認められる者

第 6 条（有効期間）

　　本協定の有効期間は、20○●年 4 月 1 日から20○○年 3 月31日までの 1 年間とする。有効期間満了の 1 ヵ月前までに労使のいずれか一方から申出のない限り、さらに 1 年間自動延長されたものとみなし、以後もまた同様とする。

以上のとおり協定し、会社および従業員代表は各々 1 通を所持する。

20○●年 3 月21日

　　　　　　　　　株式会社○○　　代表取締役　　●●　　　印

　　　　　　　　　従業員代表　　　△△　　　　　　　　　印

(5)　半休

　　法律上は、年次有給休暇を半日単位で付与することは定められて

いません。ただし、使用者が任意に付与することは認められています。通達（昭和24年7月7日基収1428号、昭和63年3月14日基発150号）で半休については、「本来の取得方法による休暇取得の阻害とならない範囲で適切に運用される限りにおいて、問題がないものとして取り扱うこととしていること」とされています。

時間単位の年次有給休暇とは内容が異なります。

半休と時間単位の年次有給休暇の違いと共通点

	半休	時間単位
法律の定め	無し	あり
導入	任意	
就業規則	導入する場合、記載が必要	
労使協定	不要	必要
日数	任意に決められる	5日が限度
5日消化義務	対象	対象外

(6)　5日消化義務化

平成31年4月の労基法改正で、10日以上の年次有給休暇が付与される労働者に対して、使用者が5日について時季を指定して消化させる義務ができました。

労働者が自主的に消化した日数は5日の義務から減らすことができます。

労働者が **1 日**取得　→　使用者は **4 日指定**して消化義務

労働者が **3 日**取得　→　使用者は **2 日指定**して消化義務

労働者が **5 日**取得　→　使用者の**指定消化義務なし**

(7)　賃金支払い

　　使用者は、年次有給休暇取得時に就業規則等の定めにより、次の
　いずれかの方法で賃金を支払う必要があります。

　　①通常の賃金

　　②平均賃金

　　③健康保険法の標準報酬日額（労使協定の締結が必要）

(8)　時効

　　年次有給休暇の時効は付与されてから 2 年間です。

　　令和 2 年の民法改正の際に、賃金請求権の消滅時効と連動して、
　年次有給休暇の消滅時効も変更してはどうかという話がありまし
　た。

　　令和元年 7 月に厚生労働省の「賃金等請求権の消滅時効の在り方
　に関する検討会」で、「年次有給休暇の繰越期間を長くした場合、
　年次有給休暇の取得率の向上という政策の方向性に逆行するおそれ
　があることから、必ずしも賃金請求権と同様の取扱いを行う必要性
　がない」との考え方でおおむね意見の一致がみられたことから、変
　更は行われませんでした。

(9)　年次有給休暇管理簿

　　平成31年の労基法改正により、使用者は年次有給休暇管理簿を作
　成し、3 年間保存しなければなりません。

　　年次有給休暇管理簿に記載すべき事項は、「時季（年次有給休暇

を取得した日付)」、「日数」、「基準日」です。

　「時季」は、年次有給休暇を取得した日付を記載します。「日数」は、自分で取得した日数や会社から指定された日数を記載します。半日単位や時間単位で取得したのであればその回数や時間数を記載します。

　「基準日」は、実際に年次有給休暇を付与した基準日を記載します。

　年次有給休暇管理簿は労働者名簿または賃金台帳とあわせて調製することができます（平成30年9月7日基発0907第1号）。また、必要なときにいつでも出力できる仕組みとした上で、システム上で管理することも可能です。特に書式に決まりはありません。

　年次有給休暇管理簿の保存期間は、当初は3年間でしたが、令和2年の民法改正にあわせて5年間となりました。ただし、経過措置として、当分の間は3年が適用されます（令和2年4月1日厚生労働省「改正労働基準法等に関するQ&A」）。

年次有給休暇管理簿例 DL↓

氏名	○○　　○○			
基準日（付与日）	2022年4月1日			
日数	当年　11日		繰越　5日	
年次有給休暇を取得した日	4/27	5/2	5/6	6/7
	6/9	7/19	8/12	10/11
	11/4	12/28	3/20	

(10) 不利益取り扱いの禁止

　使用者は、年次有給休暇を取得した労働者に対して、賃金の減額その他不利益な取り扱いをしてはなりません。(労基法第136条)

具体的には次のとおりです。（昭和63年1月1日基発1号）

　①精皆勤手当・・・欠勤または欠勤に準じた取扱い

　②賞与・・・・・・欠勤または欠勤に準じた取扱い

　③その他、労基法上労働者の権利として認められている年次有

　　給休暇の取得を抑制する取扱い

（11）年次有給休暇の意義 通達❸

　　年次有給休暇の権利は、請求によって生じるものでは無く、法定要件を満たした場合に当然に発生するものです。また、誤解の多いところですが、年次有給休暇の承認という考え方はありません。請求したことによって時季が指定され、使用者側は時季変更権を行使することでしか対応ができません。

通達❸ **年次有給休暇に関する最高裁判決（昭和48年3月6日基発110号）**

　昭和48年3月2日に労働基準法第39条の解釈について最高裁第二小法廷判決がなされ、今後における同条の解釈運用は次の事項によって行うこととされました。

　ポイントは次のとおりです。

(1) 「年次有給休暇の権利」は、法定要件を満たした場合、当然に労働者に発生する。労働者の「請求」を待ってはじめて生じるものではない。

(2) 「請求」とは休暇の時季を指定するという趣旨であって、労働者が時季の指定をしたときは、使用者が時季変更権を行使しない限り、その指定によって年次有給休暇が成立し、当該労働日における就労義務が消滅する。

(3) 年次有給休暇の成立要件として、労働者による「休暇の請求」や、これに対する使用者の「承認」というような観念を容れる余地はない。

(4) 年次有給休暇を労働者がどのように利用するかは労働者の自由である。

(5) しかし、労働者が所属事業場で一斉に休暇を提出して職場を放棄する場合は、年次有給休暇の名をかりた同盟罷業（ストライキ

のこと）にほかならないから、それは年次有給休暇権の行使ではない。

ただし、他の事業場における争議行為に休暇をとって参加するような場合は、それを年次有給休暇の行使でないとはいえない。

2　年次有給休暇の実務上の取り扱い

(1) 買い取り

年次有給休暇の買い取りは原則としてできません（昭和30年11月30日基収4718号）。

「年次有給休暇の買上げの予約をし、これに基づいて法第39条の規定により請求し得る年次有給休暇の日数を減じないし請求された日数を与えないことは、法第39条の違反である。」とあります。

ただし、労基法を上回って付与している部分や退職して未消化のままの年次有給休暇の買い上げはこの限りではありません。

(2) 管理監督者

管理監督者は、労働時間・休憩・休日の適用除外ですが、年次有給休暇は適用されます。

3　年次有給休暇以外の休暇　特別休暇等

(1) 裁判員休暇

平成21年からはじまった裁判員休暇制度は、労基法第7条に規定する公民権行使のための時間として、労働者が請求した場合には、使用者はこれを認めなければなりません。

賃金をどうするか（有給とするか無給とするか）は任意です。

(2) 特別休暇

婚姻や出産があった場合や親族に不幸があった場合等、特別休暇

（慶弔休暇）制度を設ける会社は多くあります。

　労基法上、特別休暇を定めなければならない旨の定めはありません。定めるか定めないかは自由ですし、賃金をどうするか（有給とするか無給とするか）も自由です。ただし、定めをした場合には、休暇に関する事項は、就業規則の絶対的記載事項に該当しますので就業規則に載せなければなりませんし、所定の手続きが必要になります。

　特別休暇には、慶弔休暇、病気療養のための病気休暇、一定の勤続年数を経た労働者のリフレッシュ休暇、夏休みに利用できる夏季休暇等があります。

　なお、特別休暇の消化は、「1（6）5日消化義務化」には該当しません（法定の年次有給休暇を上乗せするものを除く）。

5　産前産後休業その他の母性保護措置（労基法第65条〜第68条、男女雇用機会均等法）

1　産前産後休業とは

（1）産前産後休業の定義

　　産前産後休業とは、労基法では次のように定義されています。

労基法第65条

　使用者は、6週間（多胎妊娠の場合にあっては、14週間）以内に出産する予定の女性が休業を請求した場合においては、その者を就業させてはならない。

2　使用者は、産後8週間を経過しない女性を就業させてはならない。ただし、産後6週間を経過した女性が請求した場合において、その者について医師が支障がないと認めた業務に就かせることは、差し支えない。

3　使用者は、妊娠中の女性が請求した場合においては、他の軽易な業務に転換させなければならない。

※出産日当日は、「産前」に含まれます（昭和25年3月31日基収4057号）。

　　産前の6週間は、女性労働者からの「請求」があった場合には、働かせることができません。逆に「請求」がない場合、つまり本人がギリギリまで働きたいという場合には、極端にいえば出産日当日まで働いていても、労基法上は、問題ありません ポイント❶。

　　これに対し、産後は就業自体が「禁止」となる点が異なります。

押さえておきたい判断のポイント①

実際の対応

　労基法上は、出産日当日まで働くことは可能です。

　ただし、母体保護の観点からは、従業員に対して、無理をしないように伝えて、産前休業を取得してもらうように配慮しましょう。

(2) 産前休業と産後休業の違い

　　産前休業と産後休業の違いは次のとおりです。

	産前	産後
起算日	出産予定日を含めて	実出産日の翌日から
期間の原則	6週間	8週間
期間の例外	多胎の場合　14週間	医師が支障がないと認めた場合　6週間
開始時期	請求した日から	出産日翌日から
就業	産前休業の請求をする前であれば可能	不可

(3) 出産予定日と実出産日がずれた場合

　　早く産まれた場合、産前休業開始日も連動してずれることとなります。有給・無給を問わず休んでいる期間であれば産前休業扱いとなります。

　　遅く産まれた場合、産前休業期間は出産日当日までのため、当然後ろにずれます。例えば、2週間遅く産まれた場合は、当初の産前42日＋遅れた14日が産前休業となります。

(4) 出産とは

出産とは？　（昭和23年12月23日基発1885号）

> Q　出産の範囲は、正常分娩だけでなく、早産、流産、死産等は
> どのような取り扱いか？
> A　出産は、妊娠4ヵ月以上（※1）の分娩とし、生産のみなら
> ず死産も含むものとする。
> ※1　1ヵ月は28日として計算します。
> 　　　したがって、4ヵ月以上というのは、3ヵ月（28日×3＝84
> 　　日）を超えて、4ヵ月目に入った85日以上のことをいいます。

(5) 年次有給休暇との関係

　産前6週間であっても産前休業を請求する前であれば、年次有給休暇を取得することが可能です。つまり、出産日当日までは、年次有給休暇を取得できるということになります。ただし、産後休業中は、就業自体が禁止されているため、年次有給休暇を取得する余地がありません。

　実務上、出産予定日当日まで年次有給休暇を申請するケースがあります。予定日どおり、または予定日よりも後ろに出産日がずれた場合は問題ありませんが、出産日が前倒しになった場合には、出産日までしか年次有給休暇を取得する余地がないため、注意が必要です。給与計算等をする際には間違いのないように注意しましょう。

(6) 軽易業務転換の趣旨

　軽易業務転換の趣旨は、原則として女性が請求した業務に転換させる趣旨であるが、新たに軽易な業務を創設して与える義務まで課したものではないこと、とされています（昭和61年3月20日基発151号、婦発69号）。

2　妊産婦の時間外労働等とは

(1) 妊産婦の定義（母子健康法第 6 条）

　　妊産婦とは、妊娠中の女性および産後 1 年を経過しない女性をいいます。

(2) 変形労働時間制の適用制限（労基法第66条）

　　変形労働時間制がとられる場合でも、妊産婦が請求した場合には、1 日および 1 週間の法定時間を超えて労働させることはできません。

(3) 時間外労働、休日労働、深夜業の制限 通達❶

　　妊産婦が請求した場合には、時間外労働、休日労働、深夜業をさせることはできません（労基法第66条第 2 項、第 3 項）。

> **通達❶** **妊産婦の時間外労働等（昭和61年 3 月20日基発151号、婦発69号）**
> ①時間外労働、休日労働、深夜業制限の 3 つをまとめて請求することが可能。また、それぞれ部分的に請求することも可能。
> ②「時間外労働、休日労働、深夜業制限」と「軽易業務転換」は、両方を請求することが可能。
> ③労基法上の管理監督者は、時間外労働・休日労働の制限の請求は、請求の余地がないが、深夜業の請求は可能。

3　育児時間（労基法第67条）

　　生後満 1 年に達しない生児を育てる女性は、休憩時間のほか、1 日 2 回、各々30分をの生児を育てるための時間を請求することができます ポイント❶ 通達❷。使用者は、育児時間中は、その女性を使用してはなりません。

　　法律上有給とすることは求められておらず、有給とするか無給とするかは労使の定め（就業規則等の定め）によります。

押さえておきたい判断のポイント①

育児時間を取得できる時間帯

　育児時間の場合は、休憩時間とは異なり、労働時間の途中ではなく、勤務の始めや終わりであっても取得可能です（昭和33年6月25日基収4317号）。

通達❷　１日の所定労働時間が４時間以内の場合の育児時間（昭和36年１月９日基収8996号）

　育児時間は、１日の労働時間が８時間の場合に、１日２回30分の育児時間を義務付けるもので、１日４時間以内の場合は、１日１回30分で足りる法意と解する。

4　生理休暇（労基法第68条）

　使用者は、生理日の就業が著しく困難な女性が休暇を請求したときは、その者を生理日に就業させてはなりません。

　①生理休暇中の賃金

　　有給でも無給でもどちらでも差し支えありません。

　②休暇の日数制限

　　就業規則等で日数に制限を設けることは許されません。生理期間、苦痛の程度、就労の困難さは各人によって差があるからです。ただし、有給か無給かは、法定事項ではないので、有給の日数を定めておくことは差し支えありません。

　③確認書類の提出を求めることは可能か？

　　手続きを複雑にすると制度の趣旨が損なわれるので、原則として請求があれば与えることとし、特に証明を求める必要が認められる場合であっても、医師の診断書等を求めず、同僚の証言程度の簡単な証明によるように指導されたい。（昭和23年5

月 5 日基発682号、昭和63年 3 月14日基発150号、婦発47号）

5　均等法の措置（均等法第 9 条、第12条、第13条）

(1)　妊娠・出産等を理由とする不利益取り扱いの禁止（均等法第 9
条）

　　事業主は、女性労働者が妊娠・出産・産前産後休業の取得、妊娠
中の時差通勤等均等法による母性健康管理措置や深夜業免除等、労
基法による母性保護措置を受けたこと等を理由として、解雇その他
不利益取り扱いをしてはなりません。

(2)　保健指導又は健康診査を受けるための時間の確保（均等法第12
条）

　　事業主は、女性労働者が妊産婦のための保健指導または健康診査
を受診するために必要な時間を確保することができるようにしなけ
ればなりません。有給か無給かは、法定事項ではないので、どちら
でも差し支えありません。

健康診査等を受診するために確保しなければならない回数

	期間	回数
妊娠中	妊娠23週まで	4 週間に 1 回
	妊娠24週から35週まで	2 週間に 1 回
	妊娠36週以後出産まで	1 週間に 1 回
産後 1 年以内		医師の指示に従って必要な時間

(3)　指導事項を守ることができるようにするための措置（均等法第13
条）

　　妊娠中および出産後の女性労働者が、健康診査等を受け、医師等
から指導を受けた場合は、その女性労働者が受けた指導を守ること

ができるようにするために、事業主は勤務時間の変更、勤務の軽減等必要な措置を講じなければなりません。有給か無給かは、法定事項ではないので、どちらでも差し支えありません。

　指導事項を守ることができるようにするための措置として、次の事項が挙げられます。

　①妊娠中の通勤緩和（時差通勤、勤務時間の短縮等の措置）

　②妊娠中の休憩に関する措置（休憩時間の延長、休憩回数の増加等の措置）

　③妊娠中または出産後の症状等に対応する措置（作業の制限、休業等の措置）

(4)「母性健康管理指導事項連絡カード（母健連絡カード）」

　事業主が母性健康管理の措置を適切に講ずることができるように、女性労働者に対して出された医師等の指導事項を的確に事業主に伝えるための「母性健康管理指導事項連絡カード」を利用しましょう。

【母健連絡カードの使い方】

　(1) 妊娠中及び出産後の健康診査等の結果、通勤緩和や休憩に関する措置等が必要であると主治医等に指導を受けたとき、母健連絡カードに必要な事項を記入して発行してもらいます。

　(2) 女性労働者は、事業主に母健連絡カードを提出して措置を申し出ます。

　(3) 事業主は母健連絡カードの記入事項にしたがって時差通勤や休憩時間の延長等の措置を講じます。

母性健康管理指導事項連絡カード

事業主　殿

年　　月　　日

医療機関等名 ------------------------------

医師等氏名 ------------------------------

下記の1の者は、健康診査及び保健指導の結果、下記2～4の措置を講ずることが必要であると認めます。

記

1. 氏名　等

氏名		妊娠週数		週	分娩予定日	年　　月　　日

2. 指導事項

症状等（該当する症状等を○で囲んでください。）

指導事項（該当する指導事項欄に○を付けてください。）

措置が必要となる症状等
つわり、妊娠悪阻、貧血、めまい・立ちくらみ、腹部緊満感、子宮収縮、腹痛、性器出血、腰痛、痔、静脈瘤、浮腫、手や手首の痛み、頻尿、排尿時痛、残尿感、全身倦怠感、動悸、頭痛、血圧の上昇、蛋白尿、妊娠糖尿病、赤ちゃん（胎児）が週数に比べ小さい、多胎妊娠（　　　胎）、産後体調が悪い、妊娠中・産後の不安・不眠・落ち着かないなど、合併症等（　　　　　　　　　　　　）

	標準措置	指導事項
休業	入院加療	
	自宅療養	
勤務時間の短縮		
作業の制限	身体的負担の大きい作業（注）	
	長時間の立作業	
	同一姿勢を強制される作業	
	腰に負担のかかる作業	
	寒い場所での作業	
	長時間作業場を離れることのできない作業	
	ストレス・緊張を多く感じる作業	

（注）　「身体的負担の大きい作業」のうち、特定の作業について制限の必要がある場合には、指導事項欄に○を付けた上で、具体的な作業を○で囲んでください。

標準措置に関する具体的内容、標準措置以外の必要な措置等の特記事項

3. 上記2の措置が必要な期間
（当面の予定期間に○を付けてください。）

1週間（　　月　　日～　　月　　日）	
2週間（　　月　　日～　　月　　日）	
4週間（　　月　　日～　　月　　日）	
その他（　　月　　日～　　月　　日）	

4. その他の指導事項
（措置が必要である場合は○を付けてください。）

妊娠中の通勤緩和の措置（在宅勤務を含む。）	
妊娠中の休憩に関する措置	

指導事項を守るための措置申請書

年　　月　　日

上記のとおり、医師等の指導事項に基づく措置を申請します。

所属 ------------------------------

氏名 ------------------------------

事業主　殿

1

この様式の「母性健康管理指導事項連絡カード」の欄には医師等が、また、「指導事項を守るための措置申請書」の欄には女性労働者が記入してください。

（参考）症状等に対して考えられる措置の例

症状名等	措置の例
つわり、妊娠悪阻	休業（入院加療）、勤務時間の短縮、身体的負担の大きい作業（長時間作業場を離れることのできない作業）の制限、においがきつい・換気が悪い・高温多湿などのつわり症状を増悪させる環境における作業の制限、通勤緩和、休憩の配慮　など
貧血、めまい・立ちくらみ	勤務時間の短縮、身体的負担の大きい作業（高所や不安定な足場での作業）の制限、ストレス・緊張を多く感じる作業の制限、通勤緩和、休憩の配慮　など
腹部緊満感、子宮収縮	休業（入院加療・自宅療養）、勤務時間の短縮、身体的負担の大きい作業（長時間の立作業、同一姿勢を強制される作業、長時間作業場所を離れることのできない作業）の制限、通勤緩和、休憩の配慮　など
腹痛	休業（入院加療）、疾患名に応じた主治医等からの具体的な措置　など
性器出血	休業（入院加療）、疾患名に応じた主治医等からの具体的な措置　など
腰痛	休業（自宅療養）、身体的に負担の大きい作業（長時間の立作業、同一姿勢を強制される作業、腰に負担のかかる作業）の制限　など
痔	身体的負担の大きい作業（長時間の立作業、同一姿勢を強制される作業）の制限、休憩の配慮　など
静脈瘤	勤務時間の短縮、身体的負担の大きい作業（長時間の立作業、同一姿勢を強制される作業）の制限、休憩の配慮　など
浮腫	勤務時間の短縮、身体的負担の大きい作業（長時間の立作業、同一姿勢を強制される作業）の制限、休憩の配慮　など
手や手首の痛み	身体的負担の大きい作業（同一姿勢を強制される作業）の制限、休憩の配慮　など
頻尿、排尿時痛、残尿感	休業（入院加療・自宅療養）、身体的負担の大きい作業（寒い場所での作業、長時間作業場を離れることのできない作業）の制限、休憩の配慮　など
全身倦怠感	休業（入院加療・自宅療養）、勤務時間の短縮、身体的負担の大きい作業の制限、休憩の配慮、疾患名に応じた主治医等からの具体的な措置　など
動悸	休業（入院加療・自宅療養）、身体的負担の大きい作業の制限、疾患名に応じた主治医等からの具体的な措置　など
頭痛	休業（入院加療・自宅療養）、身体的負担の大きい作業の制限、疾患名に応じた主治医等からの具体的な措置　など
血圧の上昇	休業（入院加療・自宅療養）、勤務時間の短縮、身体的負担の大きい作業の制限、ストレス・緊張を多く感じる作業の制限、疾患名に応じた主治医等からの具体的な措置　など
蛋白尿	休業（入院加療・自宅療養）、勤務時間の短縮、身体的負担の大きい作業の制限、ストレス・緊張を多く感じる作業の制限　など
妊娠糖尿病	休業（入院加療・自宅療養）、疾患名に応じた主治医等からの具体的な措置（インスリン治療中等への配慮）　など
赤ちゃん（胎児）が週数に比べ小さい	休業（入院加療・自宅療養）、勤務時間の短縮、身体的負担の大きい作業の制限、ストレス・緊張を多く感じる作業の制限、通勤緩和、休憩の配慮　など
多胎妊娠 （　　　胎）	休業（入院加療・自宅療養）、勤務時間の短縮、身体的負担の大きい作業の制限、ストレス・緊張を多く感じる作業の制限、通勤緩和、休憩の配慮　など
産後体調が悪い	休業（自宅療養）、勤務時間の短縮、身体的負担の大きい作業の制限、ストレス・緊張を多く感じる作業の制限、通勤緩和、休憩の配慮　など
妊娠中・産後の不安・不眠・落ち着かないなど	休業（入院加療・自宅療養）、勤務時間の短縮、ストレス・緊張を多く感じる作業の制限、通勤緩和、休憩の配慮　など
合併症等 （自由記載）	疾患名に応じた主治医等からの具体的な措置、もしくは上記の症状名等から参照できる措置　など

出典：厚生労働省「母性健康管理指導事項連絡カードの活用方法について」（https://www.mhlw.go.jp/www2/topics/seido/josei/hourei/20000401-25-1.htm）より

6　育児休業・介護休業（育児・介護休業法）

1　育児休業とは／介護休業とは

(1) 育児・介護休業法

　育児・介護休業法は、平成 4 年に育児休業法が施行され、その後平成 7 年に介護休業法がこれに加わり、その後、数回の改正を経て現在に至っています。

　持続可能な安心できる社会の実現のため、子育てや家族の介護等の時間的制約のある労働者が仕事と家庭の両立ができるようにするための取組みを定めています。男性・女性ともに育児休業・介護休業を取得可能です。

(2) 育児休業

　文字通り、労働者（男性も取得可能）が原則 1 歳に満たない子を養育するためにする休業について定めています。条件を満たせば、1 歳 2 ヵ月、1 歳 6 ヵ月、2 歳まで取得可能です。

　育児休業以外にも、子の看護休暇、所定労働時間の短縮措置（短時間勤務）、所定外労働・時間外労働・深夜業の制限についても定められています。

(3) 介護休業

　文字通り、要介護状態にある対象家族を介護するための休業について定めています。

　介護休業以外にも、介護休暇、所定労働時間の短縮措置（短時間勤務）、所定外労働・時間外労働・深夜業の制限についても定められています。

　要介護状態とは、負傷、疾病又は身体上若しくは精神上の障害により、2 週間以上の期間にわたり常時介護を必要とする状態をいい

ます。

(4) 育児休業・介護休業制度の概要

育児休業・介護休業制度の主な概要は、次の表のとおりです。

育児・介護休業制度の概要

		育児	介護
制度共通		次の制度すべて、賃金支払いについては法律上定められていません。有給とするか無給とするかは自由です。 労使の定め（就業規則等の定め）によります。	
休業制度	休業の定義	○労働者が原則として１歳に満たない子を養育するためにする休業 ○条件を満たせば、１歳２ヵ月、１歳６ヵ月、２歳まで取得可能	○労働者が要介護状態にある対象家族を介護するためにする休業
	対象者	○労働者（日々雇用を除く） ○「有期雇用労働者」は、申出時点において次の要件を満たすことが必要 ・子が１歳６ヵ月（２歳までの休業の場合は２歳）を経過する日までに労働契約期間が満了し、更新されないことが明らかでないこと ○「労使協定で対象外」にできる労働者 ・雇用期間が１年未満の労働者 ・１年（１歳６ヵ月、２歳までの休業の場合は６ヵ月）以内に雇用関係が終了する労働者 ・週の所定労働日数が２日以下の労働者	○労働者（日々雇用を除く） ○「有期雇用労働者」は、申出時点において次の要件を満たすことが必要 ・介護休業開始予定日から93日経過日から６ヵ月を経過する日までに労働契約期間が満了し、更新されないことが明らかでないこと ○「労使協定で対象外」にできる労働者 ・雇用期間が１年未満の労働者 ・申出日から93日以内に雇用関係が終了することが明らかな労働者 ・週の所定労働日数が２日以下の労働者
	対象家族の範囲	○子（実子、養子、特別養子縁組の監護期間中の子、養子縁組里親に委託されている子、養育里親に委託されている子）	○配偶者（事実婚を含む）、父母、子、配偶者の父母、祖父母、兄弟姉妹、孫

回数	【令和４年10月から】 ○子１人につき、分割して２回取得可能 【令和４年９月まで】 ○子１人につき、原則として１回（ただし、子の出生日から８週間以内にした最初の育児休業を除く。） ○次の事情が生じた場合には、再度の育児休業取得が可能 ・新たな産前産後休業、育児休業、介護休業の開始により育児休業が終了した場合で休業に係る子または家族が死亡等した場合 ・配偶者が死亡した場合または負傷、疾病、障害により子の養育が困難となった場合 ・離婚等により配偶者が子と同居しないこととなった場合 ・子が負傷、疾病、障害により２週間以上にわたり世話を必要とする場合 ・保育所等に入所を希望しているが、入所できない場合	○対象家族１人につき３回まで
期間	○原則として子が１歳に達するまでの期間（最長２歳まで） ○配偶者が育児休業をしている等の場合は、子が１歳２ヵ月に達するまで、出生日以後の産前・産後休業期間と育児休業期間とを合計して１年間以内の休業が可能 【令和４年10月から】 ○産後パパ育休(出生時育児休業) 子の出生後８週間以内に４週間（28日まで）まで取得可能	○対象家族１人につき通算93日まで

255

	手続	○書面等（※1）で事業主に申出 ・事業主は、必要最小限度の証明書類の提出を求めることができる ・事業主は、育児休業開始予定日および終了予定日等を、書面等で労働者に通知 ○申出は1ヵ月前（1歳6ヵ月、2歳までの申出は2週間前）まで 【令和4年10月から】 ○産後パパ育休 申出は原則2週間前まで	○書面等で事業主に申出 ・事業主は、必要最小限度の証明書類の提出を求めることができる ・事業主は、介護休業開始予定日および終了予定日等を、書面等で労働者に通知 ○申出は2週間前まで
休暇制度	制度の内容	「子の看護休暇」 ○小学校就学の始期に達するまでの子を養育する労働者は、1年に5日まで（当該子が2人以上の場合は10日まで）、病気・けがをした子の看護又は子に予防接種・健康診断を受けさせるために、休暇が取得できる ○時間単位での取得も可能	「介護休暇」 ○要介護状態にある対象家族の介護その他の世話を行う労働者は、1年に5日まで（対象家族が2人以上の場合は10日まで）、介護その他の世話を行うために、休暇が取得できる ○時間単位での取得も可能
	対象者	○小学校就学の始期に達するまでの子を養育する労働者	○要介護状態にある対象家族の介護その他の世話を行う労働者
	対象者除外	○日々雇用される労働者 ○「労使協定で対象外」とした ・勤続6か月未満の労働者 ・週の所定労働日数が2日以下の労働者	
所定外労働制限（免除）制度	制度の内容	○3歳に満たない子を養育する労働者がその子を養育するために請求した場合においては、事業主は所定労働時間を超えて労働させてはならない	○要介護状態にある対象家族を介護する労働者が請求した場合においては、事業主は所定労働時間を超えて労働させてはならない
	対象者	○3歳に満たない子を養育する労働者	○要介護状態にある対象家族を介護する労働者

	対象者除外	○日々雇用される労働者 ○「労使協定で対象外」とした ・勤続 1 年未満の労働者 ・週の所定労働日数が 2 日以下の労働者	
	期間・回数	○ 1 回の請求につき、 1 ヵ月以上 1 年以内の期間 ○請求できる回数に制限なし	
	手続	○開始日の 1 ヵ月前までに書面等で請求	
	例外	○事業の正常な運営に支障がある場合事業主は請求を拒める	
時間外労働の制限制度	制度の内容	小学校就学の始期に達するまでの子を養育する労働者がその子を養育するために請求した場合においては、事業主は制限時間（ 1 月24時間、 1 年150時間）を超えて時間外労働をさせてはならない	○要介護状態にある対象家族を介護する労働者がその対象家族を介護するために請求した場合においては、事業主は制限時間（ 1 月24時間、 1 年150時間）を超えて時間外労働をさせてはならない
	対象者	○小学校就学の始期に達するまでの子を養育する労働者	○要介護状態にある対象家族を介護する労働者
	対象者除外	○日々雇用される労働者 ○勤続 1 年未満の労働者 ○週の所定労働日数が 2 日以下の労働者	
	期間・回数	○ 1 回の請求につき、 1 ヵ月以上 1 年以内の期間 ○請求できる回数に制限なし	
	手続	○開始日の 1 ヵ月前までに請求	
	例外	○事業の正常な運営に支障がある場合事業主は請求を拒める	
深夜業制限制度	制度の内容	○小学校就学の始期に達するまでの子を養育する労働者がその子を養育するために請求した場合においては、事業主は午後10時〜午前 5 時（「深夜」）において労働させてはならない	○要介護状態にある対象家族を介護する労働者がその対象家族を介護するために請求した場合においては、事業主は午後10時〜午前 5 時（「深夜」）において労働させてはならない
	対象者	○小学校就学の始期に達するまでの子を養育する労働者	○要介護状態にある対象家族を介護する労働者

	対象者除外	○日々雇用される労働者 ○勤続1年未満の労働者 ○週の所定労働日数が2日以下の労働者 ○所定労働時間の全部が深夜にある労働者 ○保育または介護ができる16歳以上の同居の家族が次のいずれにも該当する労働者 ・深夜において就業していない者（1ヵ月について深夜における就業が3日以下の者を含む） ・心身の状況が請求に係る子の保育または家族の介護をすることができる者 ・6週間（多胎妊娠の場合にあっては、14週間）以内に出産予定でなく、かつ産後8週間以内でない者	
	期間・回数	○1回の請求につき、1ヵ月以上6ヵ月以内の期間 ○請求できる回数に制限なし	
	手続	○開始日の1ヵ月前までに請求	
	例外	○事業の正常な運営に支障がある場合	
所定労働時間の短縮措置制度	制度の内容	○3歳に満たない子を養育する労働者であって育児休業をしていないもの（1日の所定労働時間が6時間以下である労働者を除く）に関して、1日の所定労働時間を原則として6時間とする措置を含む措置を講ずる義務	○要介護状態にある対象家族を介護する労働者に関して、次の所定労働時間短縮等のいずれかの措置を講ずる義務 ・所定労働時間を短縮する制度 ・フレックスタイム制度 ・始業・終業時刻の繰上げ、繰下げ ・労働者が利用する介護サービスの費用の助成その他これに準ずる制度
	対象者	○3歳に満たない子を養育する労働者	○要介護状態にある対象家族を介護する労働者
	対象者除外（※2）	○日々雇用される労働者 ○「労使協定で対象外」とした ・勤続1年未満の労働者 ・週の所定労働日数が2日以下の労働者	
	期間・回数	○子が3歳に達する日まで	○3年の期間以上の期間 ○2回以上可能

| 手続 | ○法の定め無し（育児介護休業手続を参考とすることが望ましい） |
| 例外 | ○事業の正常な運営に支障がある場合 |

※1　書面等とは？

　　申出や通知は、書面だけでなく、事業主が認める場合には、労働者の希望により、FAX や電子メール、SNS、イントラネットを経由した専用のブラウザ等でも可能です。ただし、別途印刷することが可能でなければなりません。

※2　育児の所定労働時間の短縮措置に関しては、労使協定で次の労働者も対象外とすることが可能です。

　　「業務の性質又は業務の実施体制に照らして、所定労働時間の短縮措置を講ずることが困難と認められる業務に従事する労働者」

　　ただし、その場合、次の措置のいずれかを講ずる義務があります。

　　・育児休業に関する制度に準ずる措置

　　・フレックスタイム制

　　・始業・終業時刻の繰上げ、繰下げ

　　・事業所内保育施設の設置運営その他これに準ずる便宜の供与

育児休業：制度と取得可能時期の図

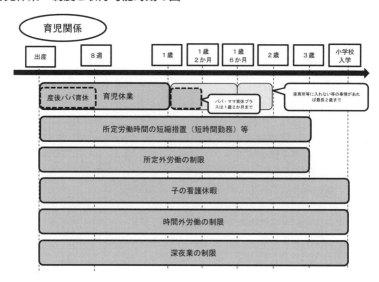

介護休業：制度と取得可能時期の図

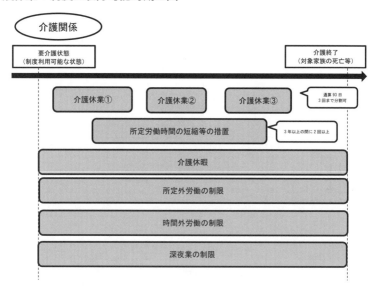

出典：厚生労働省「育児・介護休業法のあらまし」（https://www.mhlw.
go.jp/content/11909000/000355354.pdf）を加工して作成

(5) 就業規則への記載

　育児・介護休業、子の看護休暇、介護休暇、育児・介護のための所定外労働、時間外労働の制限、深夜業の制限、育児・介護のための所定労働時間の短縮措置等については、法律上の要件を満たす労働者が適正に申出ることにより休業等の法的効果が生ずるものですが、あらかじめ制度を導入し、就業規則に記載する必要があります。

　また、一定の労働者（入社 1 年未満の者等）を労使協定を締結することにより、制度の除外対象とすることができます。この労使協定は、労基署への届出が不要です。

①　労使協定を締結する（対象外とする場合等）

②　就業規則や付属規程である育児・介護休業規程に育児・介護休業制度のことを定める

③　②を労基署へ届出する

2　ハラスメントの禁止

　育児休業・介護休業等の申出・取得を理由に、事業主が労働者に対して解雇や退職強要、正社員からパートへの契約変更等の不利益な取り扱いを行うことは禁止されています。また、事業主には、上司や同僚からのハラスメントを防止する措置を講じることが義務付けられています。

3　不利益取り扱いの禁止

　事業主は、育児休業、介護休業、子の看護休暇、介護休暇、所定外労働の制限、所定労働時間の短縮措置等、時間外労働の制限及び深夜業の制限について、その申出・取得を理由として、労働者に対して解雇その他不利益な取り扱いをしてはなりません。

4　法改正の概要（令和 4 年 4 月、10月、令和 5 年）

　法改正があり、令和 4 年 4 月、10月、令和 5 年 4 月で段階的に施行されます。

(1)　令和 4 年 4 月の改正

　①雇用環境整備、個別の周知・意向確認の措置の義務化

　　i　育児休業を取得しやすい雇用環境の整備

　　ii　妊娠・出産（本人または配偶者）の申出をした労働者に対する個別の周知・意向確認の措置

　②有期雇用労働者の育児・介護休業取得要件の緩和

　　　有期雇用労働者のみ、「引き続き雇用された期間が 1 年以上」の場合には育児休業・介護休業の適用除外となっていましたが、この要件が無くなりました。ただし、通常社員にも適用されている労使協定による雇用期間 1 年未満の除外要件はそのまま残ります。

(2)　令和 4 年10月の改正

　　産後パパ育休制度、育児休業の分割取得が可能になります。

	産後パパ育休（出産時育児休業）令和 4 年10月から[※1]	育休制度令和 4 年10月から	育休制度令和 4 年 9 月まで
対象期間取得可能日数	子の出生後 8 週間以内に 4 週間まで取得可能	原則子が 1 歳（延長した場合、最長 2 歳）まで	
申出期限	原則、2 週間前まで[※2]	原則、1 ヵ月前まで	
分割取得	分割して 2 回取得可能（初めにまとめて申出ることが必要）	分割して 2 回取得可能（取得の際にそれぞれ申出）	原則分割不可

休業中の就業	労使協定締結時に限り、労働者が合意した範囲[3]で休業中に就業することが可能	原則就業不可	
1歳以降の延長	–	育休開始日を柔軟化	育休開始日は1歳、1歳半の時点に限定
1歳以降の再取得	–	特別な事情がある場合に限り再取得可能[4]	再取得不可

※1　通常の育休とは別に取得可能

※2　雇用環境の整備等について、法改正で義務付けられる内容を上回る取り組みの実施を労使協定で定めている場合は、1ヵ月前までとすることができます。

※3　具体的な手続きの流れは次の①～④のとおりです。

　　①労働者が就業してもよい場合は、事業主にその条件を申出

　　②事業主は、労働者が申出た条件の範囲内で候補日・時間を提示（候補日等がない場合はその旨）

　　③労働者が同意

　　④事業主が通知

　なお、就業可能日等には上限があります。

　・休業期間中の所定労働日・所定労働時間の半分

　・休業開始・終了予定日を就業日とする場合は当該日の所定労働時間数未満

※4　1歳以降の育児休業が、他の子についての産前・産後休業、産後パパ育休、介護休業または新たな育児休業の開始により育児休業が終了した場合で、産休等の対象だった子等が死亡等したときは、再度育児休業を取得できます。

(3) 令和5年4月の改正

　　従業員1,000人超の企業は、育児休業等の取得の状況を年1回公表することが義務付けられます。

　　公表内容は、男性の「育児休業等の取得率」または「育児休業等と育児目的休暇の取得率」です。取得率の算定期間は、公表を行う日の属する事業年度（会計年度）の直前の事業年度です。インター

　ネット等、一般の方が閲覧できる方法で公表することが必要です。

　自社のホームページ等のほか、厚生労働省が運営するウェブサイト「両立支援のひろば」で公表することが推奨されています。

第2章

労働時間、休日、休暇等
に関する場面別実務対応

第1節 | 通勤〜始業

1 労働時間

 従業員から「始業前に制服に着替えることが義務付けられているのに労働時間にならないのはおかしいのではないか」と聞かれました。どのように説明すればよいでしょうか？

当社は、接客業のため、始業前に全員同じ制服に着替えることが必要です。会社からは更衣室で着替えが終わってからタイムカードを押すように言われています。「仕事のために必要だから着替えをしているのにもかかわらず、労働時間にカウントされないのはおかしいのではないか」との主張がありました。どのように説明したらよいのか困っています。

A 「使用者の指揮命令下に置かれている時間」と考えられるので、労働時間として扱う必要があります。

1　着替えの時間は労働時間か

平成29年1月20日策定の「労働時間の適正な把握のために使用者が講ずべき措置に関するガイドライン」（以下「労働時間ガイドライン」）において、着替えなどの業務に必要な準備行為は労働時間として取り扱う旨が規定されています。

> 使用者の指示により、就業を命じられた業務に必要な準備行為（着用を義務付けられた所定の服装への着替え等）や業務終了後の業務に関連した後始末（清掃等）を事業場内において行った時間

この場合のポイントは、次の2点です。

①会社から着替えを義務付けられているか？（業務に必要な準備行為であるかどうか）

②社内で着替える必要があるか？（事業場内で行う必要があるかどうか）

質問の内容からは上記2点とも満たすと考えられますので、労働時間としての取扱いが必要です。

着替えが任意であったり、自宅から着用して来てもよい場合には労働時間に該当しない可能性が高くなります ポイント❶ 。

押さえておきたい判断のポイント①

着替えにかかる時間の把握

　着替えの時間自体は1日5分から10分程度と考えられますが、実際に社内で着替えにかかる時間の統計をとってみて、その平均的な時間を着替え時間とするのも一案です。労使で協議して決めていただくとよいでしょう。

2　着替えにかかる時間数と未払賃金のリスク

着替えにかかる時間数が、1回あたり5分が1日2回、労働日が月20日あると仮定すると、次のようになります。

5分×2回×20日×12ヵ月 ＝ 年間2400分、40時間分の未払い賃金

10分だと80時間分!!

積み重なると会社として軽視できないものとなりますので、着替えを従業員へ義務付けている会社は、その必要性や労働時間としての取扱いが正しいかを再検討していただく必要があります。

金額の計算例：基本給24万円、月平均所定労働時間160時間の場合

| 240,000円÷160時間 | ⇒ | 時間単価1,500円 | 残業単価1,875円 |

１日５分×２回⇒年間40時間分の残業代とすると……

| （年間40時間）×
（残業単価1,875円） | ＝ | １人年間75,000円の
未払い残業代 | 従業員100人
なら750万円!! |

　民法の時効改正に伴い、労基法の賃金請求権の消滅時効も、令和２年４月以降に支払日が到来するものから、２年から３年（本来は５年のところ当分の間は３年）に変更になっています。リスク管理の観点から適正な対応を取っておくべきでしょう。

Q 従業員から「始業前の朝礼に間に合うように出社することを義務付けられているのに労働時間にならないのはおかしいのではないか」と聞かれました。どのように説明すればよいでしょうか?

　当社は、社長の方針で月曜日の始業時刻15分前に全員集合して朝礼を行い、前週の業務報告や今週の連絡事項の伝達などを実施しております。始業時刻からは、顧客からの問い合わせも入るので始業前に実施するように社長からは言われています。従業員から「始業前の朝礼に間に合うように出社することを義務付けられているのに労働時間にならないのはおかしくないですか?」との主張がありました。どのように説明したらよいのか困っています。

A 「使用者の指揮命令下に置かれている時間」と考えられるので、労働時間として扱う必要があります。

1　朝礼は労働時間か

　労働時間ガイドラインにおいて、労働時間とは、使用者の指揮命令下に置かれている時間のことをいい、使用者の明示又は黙示の指示により労働者が業務に従事する時間は労働時間にあたります。

　また、次の業務に必要な準備行為の時間や業務終了後の業務に関連した後始末の時間は労働時間として取り扱う旨が規定されています。

①使用者の指示により、就業を命じられた業務に必要な準備行為（着用を義務付けられた所定の服装への着替え等）や業務終了後の業務に関連した後始末（清掃等）を事業場内において行った時間

②使用者の指示があった場合には即時に業務に従事することを求められており、労働から離れることが保障されていない状態で待機等している時間（いわゆる「手待時間」）

③参加することが業務上義務付けられている研修・教育訓練の受講や、使用者の指示により業務に必要な学習等を行っていた時間

　会社から義務付けられている始業前の清掃、準備体操の時間なども同様に労働時間に該当します **ポイント❶**。

押さえておきたい判断のポイント①

労働時間に該当するかの基準

　労働時間に該当するかどうかは、労働契約、就業規則、労働協約等で定められているかだけでなく、労働者の行為が「使用者の指揮命令下に置かれたもの」と評価することができるかどうかにより客観的に定まります。

　また、客観的に見て使用者の指揮命令下に置かれていると評価されるかどうかは、労働者の行為が使用者から義務付けられ、又はこれを余儀なくされていた等の状況の有無等から、個別具体的に判断されます。

2　ご質問の場合

　ご質問の場合、会社から出席が義務付けられているようなので労働時間に該当します。例えば、任意参加であれば、労働時間に該当しない可能性もありますが、実務的には任意参加で、参加の強制力がない朝礼というのは想定しにくいところです（通常は参加しなかった場合の不利益取扱いがあると考えられます）。

Q 同業他社で「時差出勤制度」を導入していると聞きました。当社でも導入したいのですが、どのようにしたらよいでしょうか?

当社では、特に時差出勤制度は導入していなかったのですが、導入した他社の事例を聞くと従業員からの評判がよいようです。どのようにしたらよいでしょうか?

A 制度化する場合には就業規則に記載し、労基署に届出をする必要があります（10人以上の労働者のいる事業場）。

1　時差出勤制度とは

時差出勤制度とは、「労使合意」のもと、始業時刻を変更することにより、終業時刻も連動して変更になる制度です。1日の所定労働時間は変わりません。

例えば、始業9時、終業18時の8時間労働（途中1時間休憩）の場合、8時間労働してもらうこと自体は変えずに、始業を8時30分、終業を17時30分のように変更する制度となります。もちろん、変更する時刻を1つに限定せずに複数設定することも可能です（8時から17時、10時から19時など）。

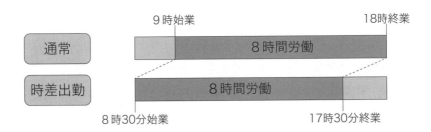

始業・終業時刻は就業規則の絶対的記載事項にあたりますので、就業規則に記載し労基署に届け出る必要があります **ポイント❶**。

押さえておきたい判断のポイント①

就業規則への記載にあたって

　一般的な就業規則の労働時間の条項においては、「会社は、業務の都合により、始業・終業時刻を繰り上げ、又は繰り下げる場合がある。」との定めがあります。

臨時的に時差出勤を実施する場合には、この条項をもとにすることも可能ですが、制度化する場合には就業規則にきちんと記載すべきです。

　就業規則の規定例は次のとおりです。

就業規則規定例① DL⬇

第●条　（労働時間）

　　所定労働時間は、1日8時間、1週40時間とする。

2　始業、終業時刻は以下のとおりとする。

　　　　始業時刻　　9時

　　　　終業時刻　　18時

　　　　休憩時間　　12時から13時

3　会社は、業務の都合により、前項の始業・終業時刻を繰り上げ、又は繰り下げる場合がある。

4　会社は、始業・終業時刻を変更しても業務に支障がない従業員からの申請に基づき時差出勤制度を認める場合がある。始業・終業時刻の選択パターンは以下のとおりとする。時差出勤制度が認められた従業員は、前月末日までに時差出勤時刻の1ヵ月間のシフトを会社に申請しなければならない。

(1) 始業時刻　　8時　　　　終業時刻　　17時

(2) 始業時刻　　8時30分　　終業時刻　　17時30分

　（3）始業時刻　 9 時30分　終業時刻　18時30分

　（4）始業時刻　10時　　　　終業時刻　19時

2　注意事項

　休憩時間も連動して変更する場合には、注意が必要です。労働基準法の定めにより、一定の業種以外は、休憩を一斉に与える必要があるためです。一定の業種に該当しない場合には、「一斉休憩の適用除外の労使協定書」の締結が必要です（労基署への届出不要）。

就業規則規定例② DL↓

　第●条　（休憩）

　　休憩時間は12時00分から13時00分とする。

　2　休憩時間は自由に利用することができる。

　3　業務の都合により、前項の休憩時間帯を繰り上げ、または繰り下げることがある。

　4　前項の措置は「一斉休憩の適用除外に関する労使協定書」を締結したうえで行うものとする。

3　時差出勤制度におけるメリット・デメリット

　時差出勤制度のメリットは、通勤時の混雑時間帯を避けることが可能になり、従業員の通勤ストレスの緩和につながることです。デメリットは、全体での打ち合わせなどの時間帯が限定されること、労働時間の把握が個人別に必要なため、管理が煩雑になることなどが挙げられます。

　今般の新型コロナウィルス感染症への対応においては、従業員の感

273

染リスクの軽減と安全確保のために、通勤時の電車、バス等の混雑を
避ける方法として有効と考えられています。

メリット	デメリット
通勤時の混雑を避けられる	全体打ち合わせが実施しにくい
通勤ストレスの緩和	労働時間把握が煩雑になる
感染リスクの軽減	

従業員から「出張の移動時間は労働時間にならないのか」と聞かれました。どのように説明すればよいでしょうか?

　営業社員から、「出張のため普段よりも相当早起きして始発で出張に出たので、これは早出残業として労働時間になるのではないか?」と聞かれました。また、別の営業社員からは、「月曜日の朝に遠方の出張先にいる必要があるため、休日の日曜日に移動を余儀なくされた。これは仕事のために必要な移動なのだから休日勤務手当が貰えるのではないか?」との主張がありました。どのように説明したらよいのか困っています。

　原則として、出張の際の移動時間は労働時間に該当しません。ただし、「使用者の指揮命令下に置かれている時間」と考えられる場合は労働時間に該当します。

1　出張の際の移動時間は労働時間に該当するか?

　出張の際の移動時間が労働時間に該当するかどうかについて、休日労働のものになりますが、通達が出ています **通達❶**。

> **通達❶** 休日の出張（昭和23年 3 月17日基発461号、昭33年 2 月13日基発90号）
>
> 問　日曜日の出張は、休日労働に該当するか。
>
> 答　出張中の休日はその日に旅行する等の場合であっても、旅行中における物品の監視等別段の指示がある場合の外は休日労働として取扱わなくても差支えない。

　上記通達から、想定される事項を例示してみると、次の表のようになります **ポイント❶**。

移動中の状況	労働時間に該当するか
移動中、通勤時間と同様に自由にできる	該当しない
移動中、物品の監視を命じられている	該当する
携帯電話などで業務指示を受けながら移動している	該当する
上司と同行して移動していて業務の打ち合わせをしている	該当する
移動中、パソコン等で業務を行っている	該当する

押さえておきたい判断のポイント①

使用者の指揮命令下に置かれている時間

　通勤時間と同様に、「使用者の指揮命令下に置かれている時間」なのかどうかが判断基準となります。そのため、業務を命じられている場合や、監視等の特段の指示がある場合は労働時間に該当します。そのような指示が無く、本を読んだり、音楽を聞いたり、電車内で睡眠をとったり、自由に過ごすことできる場合には労働時間に該当しないこととなります。

2　特殊なケース

　例えば、出張に社用車で移動する場合はどうなるでしょうか。社用車で出張へ移動したということだけでは判断ができませんが、「使用者の指揮命令下に置かれている時間」なのかどうか **ポイント②** を考慮して、次のようにお考えいただくとよいでしょう。自分で運転する場合と同乗する場合が想定されます。

移動中の状況	労働時間に該当するか
使用者から社用車を運転して移動するように指示があった場合	該当する
電車やバスで行くことが可能であるが、自由意志で社用車の運転を選択した場合	該当しない
同乗しての移動中、パソコン等で業務を行ったり、物品の監視を命じられている	該当する
上司と同行して移動していて業務の打ち合わせをしている	該当する

押さえておきたい判断のポイント②

企業の対応

　社員からすると、出張での長時間の移動は、精神的・肉体的にかなりの負担が伴います。そのため、実費弁償的な意味合いも含まれますが、出張日当などを設けることでその労に報いる会社も多くあります。また、休日の移動については、労働時間に該当しない場合でも、長時間の移動で休日がつぶれてしまうことも多いため、任意の特別休暇（有給）などを設定している会社も多くあります。

　出張が多い会社では、労使でこのあたりも検討してみるとよいでしょう。

従業員から「就業規則と雇用契約書の所定労働時間の記載が異なる」との指摘がありましたが問題ありませんか？

　「就業規則では１日７時間半労働と記載されているのに、雇用契約書では１日８時間労働と記載されていました。おかしくないですか？」という問い合わせがありました。イレギュラーなケースで雇用契約を締結したようですが、就業規則と雇用契約書の内容に齟齬がある場合、何か問題はありますか？

 労働者にとって有利なのか不利なのかで取扱いが変わってきます。常に労働者に有利な労働条件が適用されます（就業規則の記載内容と雇用契約書の記載内容）。

1　差異がある場合は是正を

　まず、大前提として、就業規則と労働契約（雇用契約書）の所定労働時間の記載に相違がある点を是正すべきでしょう。例えば、７時間半労働の部署と８時間労働の部署があるのであれば、それぞれを就業規則に規定しておく必要があります。

2　記載内容が異なる際の考え方

　次に、それぞれの記載が違う場合の判断の考え方は次のとおりです。常に労働者にとって有利な労働条件が適用されます　ポイント❶ 。

（1）　就業規則＞労働契約（雇用契約書）

　労働契約法第12条で、「就業規則で定める基準に達しない労働条件を定める労働契約は、その部分については、無効とする。この場合において、無効となった部分は、就業規則で定める基準による。」と定められています。

　就業規則＞労働契約であった場合、就業規則の基準に引き上げられます。Ｑのケースでは７時間半労働でよいことになります。

(2)　就業規則＜労働契約（雇用契約書）

　労働契約法第 7 条で「労働者及び使用者が労働契約を締結する場合において、使用者が合理的な労働条件が定められている就業規則を労働者に周知させていた場合には、労働契約の内容は、その就業規則で定める労働条件によるものとする。ただし、労働契約において、労働者及び使用者が就業規則の内容と異なる労働条件を合意していた部分については、第12条に該当する場合を除き、この限りでない。」と定められています。

　就業規則＜労働契約であった場合、特約が定められている労働契約（雇用契約書）の基準に引き上げられます。

　例えば、就業規則には載っていない特別な手当の支給が雇用契約書に記載されていれば、就業規則に記載されていなくても、雇用契約書の記載が優先されます。

押さえておきたい判断のポイント①

法令、労働協約、就業規則、労働契約の関係

　強制力が強い順に、法令＞労働協約＞就業規則＞労働契約　となります。

労働組合法第16条（労働協約＞労働契約）

　労働協約（労働組合と使用者が労働条件に関して合意した事項を書面で作成し、双方が署名または記名押印したもの。労働組合法第14条）に定める労働条件その他の労働者の待遇に関する基準に違反する労働契約の部分は、無効とする。この場合において無効となつた部分は、基準の定めるところによる。労働契約に定めがない部分についても、同様とする。

労基法第13条（法令＞労働契約）

　この法律で定める基準に達しない労働条件を定める労働契約は、その部分については無効とする。この場合において、無効となつた部分は、この法律で定める基準による。

労基法第92条第１項（法令＞労働協約＞就業規則）

就業規則は、法令又は当該事業場について適用される労働協約に反してはならない。

労基法第93条

労働契約と就業規則との関係については、労働契約法第12条の定めるところによる。

労働契約法第12条（就業規則＞労働契約）

就業規則で定める基準に達しない労働条件を定める労働契約は、その部分については、無効とする。この場合において、無効となった部分は、就業規則で定める基準による。

労働契約法第13条（法令＞労働協約＞就業規則）

就業規則が法令又は労働協約に反する場合には、当該反する部分については、第７条、第10条及び前条の規定は、当該法令又は労働協約の適用を受ける労働者との間の労働契約については、適用しない。

裁量労働制対象者やフレックスタイム制対象者に会議に出席するよう指示することは可能でしょうか？

当社では、通常の労働時間制と裁量労働制とフレックスタイム制を導入しています。このたび会議を開催しようとしたところ、裁量労働制とフレックスタイム制の対象者から「会議の出席をさせるのは、制度の趣旨からおかしいのではないか？」と聞かれました。どのようにしたらよいのでしょうか？

 法律や通達で明確に示したものはありませんが、要件を満たせば可能であると考えられます。ただし、場合によっては認められないこともあります。

1　裁量労働制

　裁量労働制は、業務遂行の手段や方法、時間配分等を大幅に労働者の裁量にゆだねる必要がある業務に従事する労働者が対象です。使用者が具体的な指示をしないことが要件となっています ポイント❶ 。

押さえておきたい判断のポイント①

会議を命ずることができる基準
　会議を命ずることができるかどうかは、使用者からの「具体的な指示」に該当するのかどうか、「業務遂行の手段」「業務遂行の方法」「時間配分等」を「大幅に労働者の裁量にゆだねる」ことに抵触するかどうかで判断されます。

　企画業務型裁量労働制の指針（労働基準法第38条の４第１項の規定により同項第１号の業務に従事する労働者の適正な労働条件の確保を図るための指針）からは、次の事項が可能であると考えられます。

・業務遂行の手段や方法、時間配分等「以外」の指示
・業務開始時に業務の目的、目標、期限等の基本的事項の指示
・中途に経過報告を受けること、基本的事項についての変更の指

> 示
> ・業務量が課題である場合、期限の設定が不適切な場合に時間配
> 分の裁量が失われることを留意したうえでの変更の指示

　上記の事項を確認するための会議を開催することは、裁量労働制の趣旨を損ねるものではないため、可能であると考えられます。

　ただし、例えば毎日決まった時間に定例会議を実施する、1日のほとんどの時間が会議という場合には、労働者の裁量を損ねる可能性が高いため、問題となると考えられます。

2　フレックスタイム制

　フレックスタイム制は、各労働日の労働時間や始業・終業時刻を自分で定めることができる制度です。

　コアタイム（必ず勤務しなければならない時間帯）、フレキシブルタイム（労働者が自由に出退勤を決められる時間帯）を定めて運用することが多いですが、定めをしないことも可能です。コアタイムの定めをしないことも認められています。

①コアタイムを設定している場合

　　コアタイムは、必ず勤務しなければならない時間帯であるため、その時間帯に会議を設定することは何ら問題ありません。

　　フレキシブルタイムは、自由に出退勤を決められる時間帯であるため、会議への参加を強制することは許されません。また、参加しないことによる不利益取扱いも許されません。

②コアタイムを設定していない場合

　　最近導入企業が増えていますが、コアタイム無しのフレックスタイム制で「フルフレックス制」や「スーパーフレックス制」などと呼ばれています。

　各労働日の労働時間や始業・終業時刻を労働者自らが決める制度であるため、会議の参加を強制することはできません。基本的には、本人の合意のもとに行う必要があり、参加しないことによる不利益取扱いも許されません。

　実務的には、労使協定などで、労働者が翌週の勤務予定時刻帯を提出する旨を定めたうえで、提出された勤務予定時刻帯の中で会議のスケジュールを組んで参加してもらうようにするというのがよさそうです。

労働時間制度をいくつか組み合わせていいとこ取りはできませんか？

　労働時間制度には、様々なものがあることを知りました。それぞれメリット・デメリットがあるようですが、複数の制度を組み合わせて利用することで、いいとこ取りはできないのでしょうか？例えば、1年単位の変形労働時間制とフレックスタイム制を組み合わせれば繁忙期にも対応しつつ、自由な働き方ができるのではないかと思うのですが……。

　社内で部門ごとに違う制度を入れるなどは可能ですが、一人の人に同時に複数制度を組み合わせることはできません。

1　社内で複数制度を導入することは可能か

　法的には、1社で複数制度を導入することについての制約はありません。例えば、営業部は外回りが多いので「事業場外労働に関するみなし労働時間制」、人事部は、企画業務に限定して「企画業務型裁量労働制」、IT部門は、「専門業務型裁量労働制」、経理部は、月末が忙しいので「1ヵ月単位の変形労働時間制」、その他の部門は効率的に働くために「フレックスタイム制」など、複数の部門ごとでそれぞれ違う労働時間制度を導入することは可能です。

　ただし、このように多くの制度を1社で導入している企業はほとんど見受けられません。理由としては、管理部門が労働時間を把握することが非常に煩雑だからということが挙げられるかと思います。多くても3つくらいまでが管理の限度では、というのが筆者の個人的な感想です。

2　1人に複数制度を組み合わせることは可能か

　法の条文や通達などで定められたものはありませんが、その立法趣旨から併用はできません。それぞれの労働時間制度は導入のための要

件が定められていて、同時に複数の要件を満たすことができないから
です。

　変形労働時間制同士やみなし労働時間制同士、変形労働時間制とみ
なし労働時間制とは併用ができないこととなります。

　ご質問の 1 年単位の変形労働時間制とフレックスタイム制について
も、併用はできません。 1 年単位の変形労働時間制は始業・終業時刻
を明確に定める制度、フレックスタイム制は始業・終業時刻を労働者
に委ねる制度だからです。

3　テレワーク（在宅勤務）制度との併用は？

　テレワーク（在宅勤務）制度は、「働く場所」についての定めなの
で、各種労働時間制度と組み合わせることが可能です。

　厚生労働省の「テレワークの適切な導入及び実施の推進のためのガ
イドライン」においても、フレックスタイム制はテレワークになじみ
やすい制度とされています。また、事業場外みなし労働時間制は、柔
軟にテレワークを行うことが可能となるとされています。

通勤時間

> 従業員から「通勤時間は、なぜ労働時間にならないのか」と聞かれました。どのように説明すればよいでしょうか？
>
> 従業員から、「毎日仕事の準備のために費やしている通勤の時間が、労働時間にカウントされないのはおかしいのではないか」との主張がありました。「労災では、通勤災害という形で保護されますよね」とも言われてどのように説明したらよいのか困っています。
>
> Ａ　通勤時間は、原則として労働時間にはなりません。ただし、別段の指示のもと、作業や物品の管理などの作業が伴う場合は、この限りではありません。

1　労働時間とは

　労働時間とは、「使用者の指揮命令下」に置かれている時間のことをいいます。通勤時間中に本を読んだり、音楽を聞いたり、電車内で睡眠をとったり等、基本的には自由に過ごすことが可能な時間です。

　また、民法の考え方では、労働の提供は会社（使用者）の所在地で行うため、そこへの移動は労働の提供の準備行為と考えられ、「使用者の指揮命令下」に置かれているとは考えられません。

　そのため、通勤時間は、労働時間には該当しません ポイント❶ 。

　ただし、会社から物品の運搬あるいは監視や書類の作成を行うなど別段の指示をした場合は、労働時間となる可能性があります。

　例えば、次のような場合がこれに該当します。

・貴重品を運ぶように命じられている場合

・移動中に電話で打ち合わせをすることを命じられている場合

・上司と一緒に移動していて打ち合わせをしている場合

・早朝の打ち合わせ前の出勤中に資料作成を命じられている場合

押さえておきたい判断のポイント①

通勤しながらの業務が可能な場合

　最近は、高速通勤バスの車内で作業ができるシェアオフィスバスなどがあるようです。自席にインターネット通信環境などが整っており、ノートPCなどの作業スペースもあって、快適に仕事ができるようです。そこでの作業が労働時間となるかどうかは、「使用者からの指揮命令下」にあるか等を総合的に勘案していただく必要があるでしょう。

2　通勤災害保護制度の創設の経緯

　なお、通勤災害が労災になる点について、昭和22年の労災保険の創設当初は通勤災害は保護対象ではありませんでしたが、交通事情等の変化により、通勤途中の災害が多くなり、通勤災害についても労災保険による保護を望む声が高まってきたことを踏まえ、昭和48年12月から通勤災害についても業務災害に準じて保護するようになっています。

Q 従業員から「社用車を自宅に持ち帰る場合、労働時間と通勤時間のどちらに該当するか」と聞かれました。どのように判断して説明したらよいでしょうか？

営業部長から、「営業社員は、今までは会社に一旦出社してから会社に置いてある社用車で外回りに出かけていたので効率が悪かった。そこで、営業部の方針で社用車を自宅に持ち帰ることを可能にし、自宅から直行で外回りをすることができるようにしようと考えている。その場合、自宅から客先への移動時間は労働時間なのか？それとも通勤時間なのか？どちらに該当するのか？」と聞かれました。どのように判断して、説明したらよいでしょうか？

A 場合により異なります。自宅から社用車で直行で取引先に行くことを指示されている場合は労働時間に該当し、通常通り一旦会社に出社するのであれば通勤時間に該当します。「使用者の指揮命令下に置かれている時間」かどうかで判断します。

1 使用者の指揮命令下に置かれている時間とは

労働時間とは、労働時間ガイドラインで、「使用者の指揮命令下に置かれている時間」のことをいい、「使用者の明示又は黙示の指示により労働者が業務に従事する時間は労働時間に当たる。」とされています。

労働時間に該当するか否かは、労働契約、就業規則、労働協約等の定めのいかんによらず、労働者の行為が使用者の指揮命令下に置かれたものと評価することができるか否かにより客観的に定まるものであること、また、客観的に見て使用者の指揮命令下に置かれていると評価されるかどうかは、労働者の行為が使用者から義務付けられ、又はこれを余儀なくされていた等の状況の有無等から、個別具体的に判断されるものであることと解されています。

2 直行直帰とは

直行とは、自宅を出発してから、会社に寄らずに直接目的地に向か

うことをいいます。直帰とは、出先で仕事を終えた後、会社に戻らず
に直接自宅に帰宅することをいいます。

3　通勤時間か労働時間かの判断

　1の使用者の指揮命令下に置かれている時間に該当するかどうか
で、通勤時間（移動時間）と判断するか、労働時間と判断するかを決
定します。

　社用車を利用して、直行で特定の客先に行くことを指示されている
場合には、使用者の指揮命令下にあると考えられ、労働時間に該当し
ます。これに対して、社用車を利用するけれども、自宅を出発してか
らどこに行くかは本人の自由であり、移動中に特に業務が指示されて
いなければ、単なる移動時間として、通勤時間と同様の取扱いが可能
です ポイント❶ 。

押さえておきたい判断のポイント①

長時間の移動の場合

　あまりにも長時間の移動時間になるようであれば、それは上記
の例のように本人の自由な意思によるものとは言えず、使用者か
らの指揮命令があると考えられる余地が生じますので、ご注意く
ださい。このあたりは、実態で判断することとなります。

　直帰の場合も同様に、最後の訪問先での業務終了後、直接帰宅する
のであれば、その移動時間は通勤時間にあたります（業務指示などが
ない場合）。

　ただし、最後の訪問先での業務終了後に会社に一旦戻って作業をし
た場合には会社までの移動時間は労働時間となります。会社から自宅
への移動時間は、通勤時間にあたります（業務指示などがない場合）。

従業員から「午前中は在宅勤務を行い、午後から出社したいが、この場合の通勤時間は労働時間になるのか」と聞かれました。どのように説明したらよいでしょうか？

　在宅勤務をしている従業員から、「仕事の都合で、どうしても午後から出社して対応しなければならない事項が発生したので、午前中は在宅勤務、午後から出社することになりましたが、この場合は、出社するための時間は通勤時間になるのですか？」と質問を受けました。どちらとも言えないような気がするのですが、どのように説明したらよいでしょうか？

　「使用者の指揮命令下に置かれている時間」かどうかで判断します。本人の自由意志でそのような勤務形態を選択した場合は単なる移動時間として休憩時間の取扱いとなります。使用者側から、急遽出勤を命じられた場合は労働時間に該当します。

1　勤務時間の一部で在宅勤務（テレワーク）を行う際の移動時間

　「使用者の指揮命令下に置かれている時間」かどうかにより、個別に判断します。

（1）「休憩時間」になる取扱い

　休憩時間は、使用者が移動を労働者に命ずることなく、単に労働者自らの都合により、就業場所間を移動し、その自由利用が保障されている時間です。

　例えば、ご質問のケースで、従業員が「自分の都合」で午前中は在宅勤務を選択し、午後から出社することとした場合には、自宅から会社への移動時間は、通常の通勤時間と同様に考えます。そのため、労働時間には該当しません。

勤務場所を自分で選択したため労働時間には該当しない！

在宅勤務（自分で選択）	昼休憩	移動	会社で勤務	
8:00	12:00	13:00	13:30	17:30

(2)「労働時間」になる取扱い

労働時間となるのは、次の①②の場合が挙げられます。

> ①(1)の移動中に使用者の指示でモバイル勤務をした時間
> ②使用者が労働者に対し業務に従事するために必要な就業場所間の異動を命じ、その間の自由利用が保障されていない場合の移動時間

①については、(1)の13：00から13：30の移動時間中に勤務を命じられて業務に従事した場合には、労働時間扱いとなります。例えば、移動中に午後の打ち合わせ資料をノートPCで作成したり、取引先と携帯電話で打ち合わせをしたり、メール等でやり取りをした場合などです。

②については、例えば、終日在宅勤務をする予定だった労働者に対して、使用者が具体的な業務のために急遽オフィスへの出勤を求めた場合などは、労働時間に該当します。

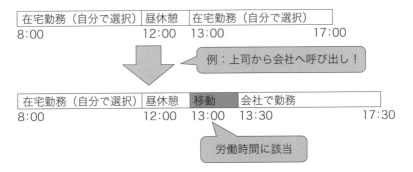

在宅勤務（自分で選択）	昼休憩	在宅勤務（自分で選択）	
8:00	12:00	13:00	17:00

例：上司から会社へ呼び出し！

在宅勤務（自分で選択）	昼休憩	移動	会社で勤務	
8:00	12:00	13:00	13:30	17:30

労働時間に該当

2　休憩時間の取扱い

テレワーク中は、休憩時間が通常の勤務の場合とは、違う時間帯になることが多く見受けられます。一定の業種以外の場合には、「一斉休憩の適用除外に関する労使協定書」の締結が必要です。

3 遅刻、早退

Q **従業員が1時間遅刻し、電車遅延の証明書を出してきました。この場合に会社は遅刻控除は可能なのですか？**

　従業員が、「通勤で利用している電車が事故で遅延してしまい、他に振替で来られるルートがなかったので、1時間ほど遅れてしまった」と遅延証明書を提出してきました。「遅刻控除の対象になるかもしれない」と伝えたところ、「自分には落ち度がないのだから、遅刻扱いにするのはおかしいのではないか？」との主張がありました。実際に働いていないのだから遅刻扱いで控除してよいような気もするのですが、従業員の主張も一理あるような気がします。どのように説明したらよいでしょうか？

A 　ノーワークノーペイの原則により、働いていない時間分を控除することは可能です。ただし、就業規則（給与規程や賃金規程）などで、このような「本人に責任のない正当な理由がある場合は控除しない」というような取扱いを定めている場合には、そちらの定めが優先され、控除しないことになります。

1 自宅から会社への移動

　電車が遅れる等の事項は、不可抗力であり、会社側にも労働者側にも基本的には責任がないように思われますが、民法の考え方では、労働の提供は会社（使用者）の所在地で行うため、就業場所である会社への移動は、労働の提供の準備行為と考えられ、労働者側の責任で行う必要があります。

2 具体的な取扱い

　賃金の支払いに関しては、会社側には責任はないため、ノーワークノーペイの原則により、実際に労働をしていない時間を遅刻控除として控除することは可能です。とはいえ、「遅延証明書を提出した場合

には、遅刻控除を行わない」という取扱いが行われている会社は多く
あるでしょう。自社の就業規則（給与規程や賃金規程）で、どのよう
に定められているかを確認しておきましょう。

　特に定めがなく、運用レベルで行われていることも多いかと思いま
すが、そのような場合、人によって取扱いが異なり、従業員からの不
満が出てくる可能性もあります。

　また、時差出勤のように、電車遅延により業務開始時刻が遅れた場
合に、終業時刻を連動して遅らせる取扱いも考えられます。こうすれ
ば、実際の所定労働時間に足りなくなることは発生しません。

　いずれにしても、ルールをきちんと定めて運用することが大事であ
るといえます。例えば、電車遅延でも控除しない場合は給与規程等で
次のように記載します。

給与規程例 DL↓

第●条（遅刻・早退等の取扱い）

　遅刻、早退等があったときは、基本給からその時間分の賃金を
控除する。ただし、正当な理由があると会社が認めたときはこの
限りではない。

　また、電車遅延の場合に繰り下げをする定めについては、次のよう
な例が考えられます。

就業規則規定例 DL↓

第●条　（労働時間）

　所定労働時間は、1日8時間、1週40時間とする。

　2　始業、終業時刻は以下のとおりとする。

　　　始業時刻　　9 時

　　　終業時刻　　18時

　　　休憩時間　　12時から13時

3　会社は、業務の都合により、前項の始業・終業時刻を繰り上
　げ、又は繰り下げる場合がある。電車遅延等で業務開始時刻が
　遅れた場合も同様とする。

遅刻した日に残業した場合、相殺することは可能でしょうか?

　当社には遅刻が多い従業員がいるのですが、遅刻した日に残業があり、遅刻時間と残業時間の両方が計上されています。このような日の就労に関して、遅刻時間と残業時間を相殺した方が勤怠管理上すっきりとしてよいように思うのですが、このような取扱いは可能なのでしょうか?

　場合によっては可能ですが、いくつか注意点があります。

1　労基法の原則

　労基法は実労働時間主義のため、時間外労働の割増賃金の支払いが義務付けられているのは、実労働時間が8時間を超える労働からです。したがって、遅刻した場合は、その日の業務開始以降の実労働時間で8時間を超えた部分についてのみ、割増賃金を支払うことになります。

　例えば、1日8時間労働の会社で、1時間遅刻して、1時間残業があった場合には、法定労働時間の1日8時間を超えていませんから割増賃金の支払いが不要となります。

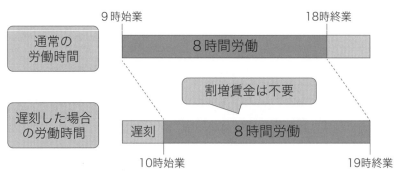

2　就業規則等の定め

　このような取扱いについては、就業規則で明確にしておく必要があります。相殺するということは、遅刻自体がなかったということになりますので、いわゆる時差出勤を認めたと同じことになります。そのため、遅刻したことに関してのペナルティを課すことは許されません。

　例えば、遅刻や欠勤がなかった場合の精勤手当・皆勤手当などを支給しなかったり、賞与の査定上で遅刻扱いとすることは許されないこととなります。

3　賃金（給与）規程の定め

　賃金（給与）規程の時間外勤務手当の支払の定めで、「所定終業時刻を超えて労働した場合に割増賃金を支払う」と定めている場合には注意が必要です。

　「1　労基法の原則」の例で、1日8時間労働の会社で、1時間遅刻して、1時間残業があった場合には、法定労働時間の1日8時間を超えていないため割増賃金の支払いが不要となる、と記載しましたが、所定終業時刻を超えた場合の割増率が125％だった場合、遅刻控除は100％単価となりますので、労働者の不利益になってしまうからです **ポイント❶**。

押さえておきたい判断のポイント①

勤務時間が大幅にずれこむ場合

　例えば、11時始業、20時終業の会社で3時間遅刻してしまった場合、前記の例で言えば、3時間残業すると終業が23時になりますので、22時から23時については深夜勤務の割増25％が必要になります。そのため、相殺することは賃金の未払いが発生することになりますので注意が必要です。

第2節 ┊ 休憩

1 ┊ 休憩時間

昼休憩を分割して午後に与えることは可能ですか？

　昼の休憩時間を分割して午後に取りたい、という要望が従業員から出てきました。そのような対応は可能なのでしょうか？また、可能な場合、法律上の問題や気を付けるべき点はありますか？

分割付与をすることは可能ですが、注意点があります。なお、分割付与自体を法的に規制するものはありません。

1　休憩時間の原則

　休憩時間とは、単に作業に従事しないいわゆる手待時間は含まず、労働者が権利として労働から離れることを保障されている時間をいいます（昭和22年９月13日発基17号）。使用者は労働時間が６時間を超える場合は少なくとも45分、８時間を超える場合は少なくとも１時間の休憩時間を労働時間の途中に与えなければなりません（労基法第34条第１項）。「少なくとも」という定めであるため、これよりも多い時間を与えることは何ら問題ありません。

　ちなみに、休憩時間数の統計として、東京都産業労働局が平成28年に行った労働時間管理に関する実態調査（都内の30人以上の約3,000事業所を対象に実施し838社から回答）によれば、１日の休憩時間は、１時間としているところが75.9％、45分から１時間未満としているところが11.0％でした。

労基法の定め

労働時間		休憩時間
6時間以内	→	なしでOK
6時間超　8時間以内	→	45分
8時間超	→	60分

2　労働時間と休憩時間

　例えば、始業時刻8時、終業時刻16時の場合、拘束される時間が8時間になります。

　休憩が45分だと労働時間は7時間15分となりますので問題ありません。ただし、残業があり、実労働時間が8時間を超えた場合には、これでは足りませんので、労働時間の途中に15分の休憩を取る必要があります。これも休憩時間の分割付与の一類型といえるでしょう。就業規則で休憩時間を45分としている場合、次のような残業がある場合の休憩の定めをしておくことが必要です（「就業規則例」参照）。

就業規則規定例 DL↓

第●条（労働時間）
　従業員の始業、終業時刻は以下のとおりとする。
　　　始業時刻　8時
　　　終業時刻　16時
　　　休憩時間　12時から12時45分
　ただし、所定終業時刻を超えて時間外労働が30分を超えることが見込まれる場合には、16時から15分の休憩を必ず取得するものとする。

3　分割の仕方

　法律上、分割付与に関して明確に禁止しているものはありません。また、何分以上とする定めもありません。

　ただし、分割された休憩時間がごく短い場合、休憩時間の自由利用が事実上制限されるため、労働者が労働から完全に解放されているとは評価されない場合があります。休憩時間の分割を行う場合には、その点に注意する必要があります。会社側の都合で一方的に決定するのではなく労使の話し合いのもとに進めることを推奨します **ポイント❶**。

押さえておきたい判断のポイント①

実務対応

　例えば、細切れに10分休憩を6回分割というのは問題となる可能性が高いです。休憩の本来の趣旨である心身のリフレッシュが難しいこと、休憩の自由利用が阻害される可能性が高いこと、労働から完全に開放されているとは言えないことがその理由です。

　良い例として、建設現場などでは、長時間の作業に危険が伴うため、一定時間の作業の合間に休憩を取ることが一般的です。昼休憩（45分から1時間）の他に10時ごろと15時ごろに10分から15分程度のリフレッシュのための休憩時間を取得することで、労働者の安全面・健康面にも配慮しています。

昼の休憩時間中も喫煙を禁じることはできますか？

　当社では、就業時間中の喫煙を禁止しているのですが、休憩時間中も禁止することは可能ですか？

 　休憩時間中は自由に利用することが可能な時間ですから、喫煙を禁止することは自由利用の原則に抵触する可能性があります。職場施設上の関係や職場秩序維持の観点から考慮する必要があるでしょう。

1　休憩時間は自由に利用が可能

　労働者は、休憩時間を自由に利用することができるため、一律に自由利用を阻害するような定めをすることは労基法上問題となります。

　ただし、企業秩序維持のために一定の制約を加えることも認められています　**通達❶**。

> **通達❶** 休憩時間の自由利用（昭和22年 9 月13日発基17号）
> 　使用者は休憩時間を自由に利用させなければなりません。
> 　ただし、事業場の規律保持上必要な制限を加えることは、休憩の目的を害わない限り、差し支えありません。

　例えば、接客業などで勤務中禁煙とする目的が、顧客に対して喫煙の煙や匂いを感じさせないことにあるのであれば、休憩時間中も禁煙とすることにも一定の合理性があるといえます。

2　改正健康増進法における受動喫煙の防止

　改正健康増進法が令和 2 年 4 月に施行され、望まない受動喫煙の防止を図るため、屋内では原則喫煙が禁止されています。ただし、喫煙専用室などを設置することも可能です。

　各施設の管理権原者は、従業員の受動喫煙を防止するための措置を講じることが努力義務とされています。

　また、安衛法の定めで、事業者は、屋内における労働者の受動喫煙を防止することが努力義務とされています ポイント❶ 。

┌─────────────────────────────────┐
│　　　　押さえておきたい判断のポイント①　　　　│
├─────────────────────────────────┤
│「職場における受動喫煙防止のためのガイドライン」（令和元年│
│7月1日基発0701第1号）│
│　この健康増進法と安衛法の2つの法律の規定により、事業者が│
│実施すべき事項をまとめた「職場における受動喫煙防止のための│
│ガイドライン」（令和元年7月1日基発0701第1号）も参考にし│
│ていただき、施設ごとの実情に応じた受動喫煙対策を進めましょ│
│う。│
└─────────────────────────────────┘

3　採用時に受動喫煙対策を公開

　従業員の募集を行う場合には、どのような受動喫煙対策を講じているかについて、募集・求人の申込の際に明示する義務が課されています。採用募集の時から、喫煙者は採用しないことを明記しておくこともご質問の内容を実現するためのひとつとなるでしょう。

　明示する内容は次のようなことが考えられます。

・施設の敷地内又は屋内を全面禁煙としていること。

・施設の敷地内又は屋内を原則禁煙とし、特定屋外喫煙場所や喫煙専用室等を設けていること。

喫煙時間は労働時間と休憩時間のどちらでしょうか？

　当社では、執務室および建物内で喫煙することは禁止されています。喫煙者は、当社の入居しているビルのフロアからエレベータで降りて１階に行き、建物の外にある喫煙所にて一服しているようです。非喫煙社員から、喫煙社員のタバコ休憩時間が長いとクレームが入りました。「喫煙社員が、喫煙しに行くと、まとめて何本か吸っているようで、20分程度帰ってこない。１時間程度仕事をしたら20分休憩に行っているようなもので、これで同じ労働時間扱いとされるのは納得がいかない。」と言っています。どのように対応したらよいでしょうか？

 労働時間か休憩時間か手待時間のいずれかに該当しますが、実態次第の部分もあり、ケースバイケースでの判断が必要になります。

1　労働時間・休憩時間・手待時間の定義

　労働時間とは、労働時間ガイドラインで「使用者の指揮命令下に置かれている時間」とされています。また、休憩時間とは、単に作業に従事しない、いわゆる手待時間は含まず、労働者が権利として労働から離れることを保障されている時間をいいます（昭和22年９月13日発基17号）。手待時間とは、作業をしていなくてもよいが、何かがあった際に対応が求められる時間のことをいい、労働時間に該当します。

2　労働時間に該当するかどうかの判断　ポイント❶

　労働時間ガイドラインにおいて、使用者の明示又は黙示の指示により、労働者が業務に従事する時間は労働時間に該当します。

　労働時間に該当するかどうかは、労働契約、就業規則、労働協約等の定めのいかんによらず、労働者の行為が使用者の指揮命令下に置かれたものと評価することができるか否かにより客観的に定まります。

　また、客観的に見て使用者の指揮命令下に置かれていると評価され

るかどうかは、労働者の行為が使用者から義務付けられ、又はこれを余儀なくされていた等の状況の有無等から、個別具体的に判断されます。

押さえておきたい判断のポイント①

喫煙時間の長さによる判断

①短時間の喫煙時間

　トイレ休憩の時間を例にあげると分かりやすいですが、日常的な生理現象のための通常想定される時間であれば、労働から完全に開放される訳でもありませんので、休憩時間ではなく労働時間の一部と考えることが一般的です。

②長時間の喫煙時間

　どのくらいの時間を長時間とするかは、法律上明確な定めがあるわけではないので、一概には言い切れませんが、ご質問の場合は、時間も長めで頻度も多いようです。その時間に、例えば携帯電話で呼び出される可能性があったり、仕事の打ち合わせをしているような場合など、使用者の指揮命令下にあると判断される場合は労働時間の一部と判断されます。自由に利用することができる場合には、休憩時間扱いとすることも可能ですが、頻度や時間などを就業規則等で明確に定めておくことがトラブル防止につながります。

　喫煙者と非喫煙者との間で、このように実労働時間に大きな差異が生じているようであれば、何らかの対応が必要となるでしょう。例えば、喫煙に行ってよい回数を1日何回までと定めたり、喫煙（長時間）に行く際には、私用外出扱いとして休憩時間扱いとするルールとしたりすることが考えられます。後者は休憩時間に関する定めのため、ルール化する際には就業規則への記載が必要です。

　健康増進法の定めにより、施設内では原則として禁煙となっている所が多いため、喫煙所への移動時間も結構かかることが多いようです。どちらの側も納得ができるような公平なルールを労使が協議して作成することが望ましいと言えます。

Q 従業員数が少ないので、交替で休憩時間中に昼の電話当番をしてもらっていますが問題ないでしょうか？

　当社は、小規模の会社で、従業員の人数も少ないので、交替で昼休み（12時〜13時）に電話当番や来客当番をしてもらっています。昼休み中に電話がかかってきても１・２本程度で時間も短く、来客対応も週に１度あるかないか程度です。また、郵便局の人や宅配便の業者の人がほぼ毎日来訪するので、その対応もしてもらいますが、１日あたり延べ５分もかかりませんので問題ないと考えていますが、いかがでしょうか？

　この取扱いには問題があります。そのような時間は「手待時間」といって、労働から完全に開放された時間ではないため、何もしていなかった時間も含めて労働時間とする必要があります。

1　休憩時間の意義－休憩時間と手待時間

　休憩時間とは、単に作業に従事しない、いわゆる「手待時間」は含まず、労働者が権利として労働から離れることを保障されている時間をいいます（昭和22年９月13日発基17号）。休憩時間は労基法34条に定められており、次の３つの原則があります。

　①労働時間の途中に一定時間数を与える……使用者は労働時間が６時間を超える場合は少なくとも45分、８時間を超える場合は少なくとも１時間の休憩時間を労働時間の途中に与えなければなりません。

　②一斉付与……休憩時間は一斉に与えなければなりません。

　③自由利用……使用者は労働者に休憩時間を自由に利用させなければなりません。

　一方で「手待時間」とは、労働から離れていない（自由利用が可能であるが、何かあったら「対応が必要」）と解釈されるため、労働時間となります **判例❶**。

> **判例❶** **昭和56年３月24日すし処「杉」事件（大阪地裁判例）**
> 　接客業で、店員が客を待っている時間や客が途切れた時に休憩をしてもよい、とされている時間は、実際に客が来店した際には即時その業務に従事しなければならなかったことからすると、完全に労働から離れることを保障する旨の休憩時間について約定したものということができず、手待時間であるとして、労働時間として認定されました。

2　休憩時間の対応方法

　ご質問の場合、業務量としては多くありませんが、電話当番や来客対応で一定程度の作業が発生することは避けられないようですので、対応方法としては、次の事項をご検討いただくとよいでしょう。

①昼休みの時間帯を複数設定して、対外的な対応に空き時間が出ないようにする

　　休憩は一斉に付与することが原則ですが、「一定の業種に該当する場合」と「労使協定を締結した場合」には、違う時間帯に取得することが可能です。

　　例えば、A班は11：30～12：30、B班は12：30～13：30と就業規則等に規定しておけば、11：30～13：30の間で常に誰かが業務に従事していることになりますので、「手待時間」の問題は解消されます。

②事業主自らが対応する

　　事業主は労働者ではないため労基法の規制の対象外となりますので、対応しても特に問題がありません。

③管理監督者が対応する

　　管理監督者は、労働時間・休憩・休日の適用外のため、休憩が取れていなくても労基法上の問題はありません。

2 育児時間／育児短時間勤務

 従業員が、育児時間と育児短時間勤務の両方を取りたいと言ってきました。両方同時に取ることは可能でしょうか？

　1 歳より前に育児休業から職場復帰した従業員が、「育児時間と育児短時間勤務の両方を取りたい」と言ってきました。同じような内容なので、両方取ることは無理ではないかと思ったのですが、両方同時に取ることは可能なのでしょうか？

 可能です。適用される法律（労基法、育児・介護休業法）が異なりますし、制度の趣旨が異なりますので、両方同時に取ることができます。

1　育児時間と育児短時間勤務

　育児時間は、労基法第67条に定められている制度で、生後満 1 年に達しない生児を育てる女性は、休憩時間のほか、 1 日 2 回、各々30分の生児を育てるための時間を請求することができます。

　女性に限定されているのは、いわゆる授乳のための時間としてできた制度であるためです。

　育児短時間勤務は、育児・介護休業法に定められている制度で、原則として、1 日の所定労働時間を 6 時間に短縮することができます。

　このように、それぞれに適用される法律と制度の趣旨が異なりますので、併用することが可能です ポイント❶ 。

2　育児時間と育児短時間勤務の比較

　育児時間と育児短時間勤務は、それぞれその間の賃金は無給で差し支えありません。ただし、労使の定めにより、有給扱いとすることも可能です。

育児時間と育児短時間勤務の比較表

	育児時間	育児短時間勤務
適用法	労基法	育児・介護休業法
対象者	女性のみ	男女問わない
内容	休憩時間以外に1日2回各々30分の時間を請求可能	所定労働時間を6時間に短縮する措置
期間	1歳まで	3歳まで
賃金	無給で差し支えない（労使の定めで有給扱いも可）	
利用	両制度の併用可能	

押さえておきたい判断のポイント①

実務上の対応

　従業員から育児短時間勤務を申請する際に、始業・終業時刻などもあわせて労使で協議することが一般的です。1歳未満の子を養育する場合には、育児時間の取得希望もあわせてご確認いただくとよいでしょう。育児時間は、休憩時間と違い、労働時間の途中だけでなく、労働時間の最初と最後に取得することも可能です。はじめにきちんとどのように取得するかを決めておくことが肝心です。

育児短時間勤務は、どのような時間数にしてもよいのでしょうか？

　従業員から、「育児休業から復帰したら育児短時間勤務を取ろうと考えているが、何時間短縮することができるのですか？」と聞かれました。どのように回答したらよいでしょうか？

 育児・介護休業法では、育児短時間勤務は、6時間勤務とすることが原則です。ただし、それ以外の時間を定め、労働者が任意で選択することができるようにすることは可能です。

1　育児・介護休業法の定め

　育児・介護休業法では、所定労働時間の短縮措置という定めの中で育児短時間勤務が規定されています。原則として、「6時間」勤務にすることが義務付けられていますが、そのうえで、他の労働時間を選択することを可能とする制度を入れることも可能です ポイント❶ 。

押さえておきたい判断のポイント①

6時間勤務以外を導入する場合

　育児・介護休業法上は、6時間勤務制度のみが入っていればよいですが、従業員からの希望でそれと異なる時間を選択できるようにしたいという要望が出てくることもあります。そのような場合の規定例は、次のとおりです。

就業規則規定例 DL↓

　第●条（育児短時間勤務）

　　3歳に満たない子を養育する従業員は、申し出ることにより、就業規則第●条の所定労働時間について、以下のように変更することができる。

　　所定労働時間を9時から16時まで（うち休憩時間は、12時

から13時までの１時間とする。）の６時間とする（１歳に満
たない子を育てる女性従業員は更に別途30分ずつ２回の育児
時間を請求することができる。）。

　２　前項にかかわらず、従業員の希望により、所定労働時間
　　を６時間30分、７時間の中から選択することができる。こ
　　の場合の始業・終業時刻等については、会社と従業員が協
　　議して決定する。

　３　本条第１項にかかわらず、日雇従業員及び１日の所定労
　　働時間が６時間以下である従業員からの育児短時間勤務の
　　申出は拒むことができる。

　第１項で法定の原則を定め、第２項で任意に選択可能な時間数
を決めています。こちらは、自社の実態に合わせて時間数を決定
するとよいでしょう。
　また、第２項の定めのように、時差出勤制度なども組み合わせ
ると労働者にとって使いやすい制度となるでしょう。保育園の送
迎の時間帯などから、会社の通常の始業・終業時刻をベースにす
るとうまく行かないことが想定されるからです。

2　介護短時間勤務

　介護短時間勤務では、時間数の定めがありません。そのため時間数
は自由に設定することが可能です。ただし、実務の観点からは、育児
短時間勤務と同じ制度にしておいた方が管理がしやすいのではないか
と考えられます。

Q 管理監督者や裁量労働制の従業員は、育児短時間勤務を取ることはできるのでしょうか？

　管理監督者である女性と、裁量労働制で働いていた女性が育児休業から復帰しました。本人達から「育児短時間勤務を取りたいのですが可能でしょうか？」と聞かれました。

　管理監督者は労働時間・休憩・休日の適用除外と認識していますが、育児短時間勤務を取得できるのでしょうか？

　また、裁量労働制は、始業・終業時刻を本人に委ねる制度なので、これも育児短時間勤務となじむのかがよく分かりません。

　どのように回答したらよいでしょうか？

A 管理監督者はそもそも労働時間の適用除外であるため、育児短時間勤務を取得する余地がありません。ただし、準ずる措置を講じること等が可能です。裁量労働制従事者は、短時間勤務制度にはなじみにくいですが、2つの方法が考えられます。

1　育児短時間勤務とは

　育児短時間勤務とは育児・介護休業法の定めに基づき、子を養育する従業員が所定労働時間を原則として6時間に短縮することができる制度です。

2　管理監督者の育児短時間勤務

①管理監督者とは

　管理監督者は、労基法第41条第2項に規定される経営者と一体的な立場にある者で、労働時間・休憩・休日の適用除外となります。そのため、労働時間の定めである短時間勤務も適用除外となるのが原則です。

　厚生労働省の「改正育児・介護休業法に関するQ＆A（平成22年2月26日版）」（以下「Q＆A」とする）においても原則として不要

とされています。

　ただし、Q&A の中で、管理監督者であっても、育児・介護休業法第23条第１項の措置（所定労働時間の短縮措置）とは別に、同項の所定労働時間の短縮措置に準じた制度を導入することは可能であり、こうした者の仕事と子育ての両立を図る観点からは、むしろ望ましいものとされています　ポイント❶。

押さえておきたい判断のポイント①

実務上の対応

　管理職と管理監督者は異なりますので、まずは、自社の管理職が管理監督者に該当するかどうかの再確認が必要でしょう。

　次に、管理監督者本人が取りにくいと言ってきた場合ですが、前述のQ＆Aにあるように、短時間勤務制度に準じた措置の導入を検討することも一案です。

　また、本人の申出により、一旦管理監督者から外れて職責を変更するということも考えられます。ただし、育児・介護休業法の定めにより、育児・介護休業制度を利用したことで不利益取扱いをすることは禁止されていますので、労働者の自由意志で選択すること、会社からの指揮命令でないことなどをクリアしている必要があります。

3　裁量労働制の育児短時間勤務

①裁量労働制とは

　業務の性質上、業務遂行の手段や方法、時間配分等を大幅に労働者の裁量にゆだねる必要がある業務として定められた業務の中から、対象となる業務を労使で定め、労働者を実際にその業務に就かせた場合、労使であらかじめ定めた時間働いたものとみなす制度です。

②原則として対応不要だが、対象とすることも可能　ポイント❷

　Q＆Aにおいて、所定労働時間の短縮措置の対象とする２つの方

法が挙げられています。

i　裁量労働制　→　通常労働時間制へ

　　労働者を裁量労働制の対象から外し、通常の労働者の労働時間

　管理を行うこととした上で、所定労働時間の短縮措置の対象とする。

ii　労働者を裁量労働制の対象としつつ、所定労働時間の短縮措置

　の対象とする。ただし、次の点に留意が必要です。

・事業主は、制度を設けるだけではなく、実際に短時間勤務がで

　きることを確保することが必要であること。このため、事業主

　は、必要に応じ、みなし労働時間を短縮するとともに業務内

　容・量の削減などを行い、実際に短時間勤務ができることを確

　保することが必要であり、単にみなし労働時間を短縮するだけ

　で、常態として短時間勤務が実現されていない場合は、事業主

　の義務を果たしたとは評価されないこと。ただし、裁量労働制

　においては、時間配分の決定に関して具体的な指示をすること

　はできないことに留意すること。

・みなし労働時間を変更する場合は、労基法第38条の3に基づく

　労使協定または第38条の4に基づく労使委員会決議を変更する

　必要があること。

押さえておきたい判断のポイント②

実務上の対応

　②ⅰの裁量労働制から通常労働制に変更する場合は、変更に伴う事項に関して、本人の申出に伴い、どのように賃金等を含めた諸条件が変わるのかを十分に説明し納得したうえで進めることが重要です。

　②ⅱの裁量労働制の枠組みの中で所定労働時間を短縮する場合は、短縮した割合に応じた業務負荷となっていることが重要となります。また、手続き面では労使協定または労使委員会決議を変更し、短時間勤務に対応した時間数とすることが必要です。

第3節 残業

1 時間外労働

> **Q** 時間外労働が翌日の始業時刻に及んだ場合の取扱いはどのようにしたらよいのでしょうか?
>
> システム担当の従業員から、「緊急の案件で日中は作業が出来ず、終業後の深夜に作業を行ったが、トラブルが発生してなかなか作業が終わらずに翌日の始業時刻までかかってしまった」と申し入れがありました。このような場合の取扱いはどうしたらよいのでしょうか?何か注意事項などはありますか?
>
> **A** 時間外労働が翌日に及んだ場合でも、前日の労働時間として扱います。割増賃金の支払い方、36協定の締結方法などの注意事項があります。

1 どちらの日の勤務にあたるか

時間外労働が翌日に及んだ場合であっても、「始業時刻が属する日」の労働時間として取扱います 。

> **通達①** 1日の定義（昭和63年1月1日基発第1号）
> 一日とは、午前〇時から午後十二時までのいわゆる暦日をいうものであり、継続勤務が二暦日にわたる場合には、たとえ暦日を異にする場合でも一勤務として取扱い、当該勤務は始業時刻の属する日の労働として、当該日の「一日」の労働とするものであること。

2 割増賃金の支払い

割増賃金の支払いは、翌日の勤務開始時刻までが対象となります。時間帯とそれぞれの割増率は次のとおりです。

例) 9：00始業、18：00終業（12：00〜13：00休憩）、時間外が翌日の9：00まで

時間帯	割増率
9：00から18：00	なし
18：00から22：00	時間外25％
22：00から翌5：00	時間外25％＋深夜25％
翌5：00から翌9：00	時間外25％
翌9：00から	なし

3　36協定

　36協定において、1日8時間を超えて働かせる時間を協定します。ご質問のように徹夜勤務である場合には、1日が24時間ですから、「8時間勤務」＋「1時間休憩」＋「15時間時間外勤務」で翌日の始業時刻となりますので、36協定の1日に働かせることができる時間数は「15時間」である必要があります。規定がされていなければ、労基法違反となりますので、注意が必要です。

4　勤務間インターバル

　労働者の健康管理の観点から勤務間インターバル制度が努力義務化されています。ご質問のような場合、徹夜勤務を経て、さらに翌日の勤務があるとなると、労働者の安全配慮の観点からも好ましいものとは言えません。睡眠不足での勤務は、酒酔いで酩酊状態と変わらずパフォーマンスが著しく下がるとも言われていますので、翌日の勤務は一定時間を空けるために、特別休暇等を取れるようにすることが望ましいと言えます。

5　健康診断

　通常の定期健康診断は年1回実施しますが、深夜業に常時従事する場合には、6ヵ月に1回の実施が必要です。

　深夜業に常時従事したとする範囲は、1週に1回以上または1ヵ月あたり4回以上とされています。

6　翌日が法定休日だった場合

　翌日が法定休日だった場合は別の考え方をしますので、別途解説します。

Q 勤務時間外や休日に業務用携帯電話で顧客等とやりとりをすることは、数分程度でも労働時間となるのでしょうか?

当社の営業社員から、「取引先から、勤務時間外や休日に仕事のことで連絡がきて短時間だがやり取りをしている。数分程度なので、今までは何もしてなかったが、労働時間になるのか?」と聞かれました。また、「上司からも、勤務時間外や休日にメールなどで連絡がきて、翌日でよいかと思い回答しないと「何故返事をしない!」と注意を受けた。これも労働時間になるのか?」と聞かれました。どのように回答したらよいでしょうか?

A たとえ短時間であっても、業務に従事している時間として労働時間となります。

1　労働時間とは

労働時間とは、労働時間ガイドラインで「使用者の指揮命令下に置かれている時間」であり、使用者の明示又は黙示の指示により、労働者が業務に従事する時間は、労働時間にあたると定義されています。

そして、短時間だから労働時間に該当しないという定めはありません。ちょっとしたメール返信や短時間の通話なども、実際に業務に従事している時間は労働時間に該当します。

2　黙示の指示とは

黙示の指示とは、使用者側が明確に労働するように指示はしていないけれども、状況や諸事情から判断した場合に、その作業をせざるを得ない状況に置かれていることを指します。

例えば、当日中には到底終わりそうにない大量の業務を指示し、家に持ち帰ってでも終わらせるようには指示していなかったとしても、そうするしかない状況で実際に持ち帰り残業をして、その業務の成果物を受け取っている場合などがこれにあたります。

3　会社からの指示義務付け

　会社の規則で、「勤務時間外や休日に上司の許可なく業務を行わないよう」定めがあったにもかかわらず、業務を行った場合はどうなるでしょうか？

①従業員が勝手に行った場合

　たとえば、会社側が指示をしていないにもかかわらず、勝手に業務に関連した勉強をしていたので労働時間として認定して欲しいと請求したとしても、原則として認められません。

②黙示の指示との関係

　会社側は、業務指示をしない定めになっていますが、例えば上司から指示があった場合や、黙示の指示があったかどうかがポイントになります。黙示の指示には、例えば、勤務時間外の業務や休日の業務をしていたことを知っていながら、特にやめるように指示しないことや、指示していない時間外労働や休日労働の成果物を受領すること等が含まれます。

4　つながらない権利

　フランスでは、休日、休暇、就業時間外の電話、メール、SNSなどからの情報を遮断する「つながらない権利」が2017年に制定されています。これは50人以上の企業で、労使でどのように情報を規制するかを協議して協定を定めることを目的としています。

　日本でもテレワークが浸透してきたことや、営業社員など顧客対応の関係で、就業時間外・休日・休暇中であっても連絡が途切れないことが多く見られます。また、上司や同僚からの業務上の連絡が、メールやSNSなどで就業時間外に送付される場合が増えています。

　「上司から部下に休日や就業時間外にメールをしない」（メールソフ

トによっては送信予約機能があるので翌日の就業時間開始時刻に発送
されるよう手配など）というルールを徹底しないと、このような隠れ
た労働時間・未払賃金が発生する可能性があります。

　可能であれば、取引先へ休日や就業時間外の連絡を控えていただく
ように依頼することも大事です。それが難しいようであれば、就業時
間外や休日は携帯電話や業務用のノートパソコンなどの電源を切って
おく運用にしておくことが推奨されます。

会社の指示のない時間外労働を認めないことは可能でしょうか？

当社では、就業規則で時間外・休日勤務は、所属長の承認がなければ行うことが出来ない旨を規定しています。このたび、企画部の部長から「うちの部員が勝手に残業をしていて、残業時間を多くつけてきて困っている。就業規則で所属長の承認が無ければ残業できないと書いてあるから突っぱねてもいいのか？」と聞かれました。どのように回答したらよいでしょうか？

就業規則等で時間外労働は会社の指示のもとに行う旨の規定があり、単に居残りをしていただけであったり、業務に関係のないことをしていた時間であれば基本的には可能です。ただし、黙示の指示がある場合や成果物を受領しているような場合には、労働時間と判断される可能性が高いです。

1　労働時間とは

労働時間とは、労働時間ガイドラインで「使用者の指揮命令下に置かれている時間」であり、使用者の明示又は黙示の指示により、労働者が業務に従事する時間は、労働時間にあたると定義されています。

承認が無いとはいえ、実際に時間外労働を実施しているようですので、その内容次第で労働時間にあたるのかを判断する必要があります。ただ単に承認を取っていないだけなのであれば、労働時間に該当する可能性が高いと言えます　**ポイント❶**。

押さえておきたい判断のポイント①

承認の有無だけで判断はできない

実務上、時間外労働を行うにあたり、所属長の承認を必要にすることは、ダラダラ残業などを抑制する効果がありますし、所属長が部下の業務量を把握する効果もあります。とはいえ、実際に業務を行っていた場合に、承認の有無だけで時間外労働を認めるかどうかを判断することにはリスクが伴います。実態をよく判断をしたうえで、適切な取扱いをするようにしましょう。

2　時間外勤務命令

　原則として、時間外勤務を命ずることがある旨の就業規則の根拠条文が必要です。また、雇用契約書や労働条件通知書に時間外労働があることを記載し、書面で明示しておく必要があります。

3　就業規則等の定め

　時間外・休日労働は、「事前に所属長の承認がなければしてはならない。事前に承認を取ることが困難な場合は事後速やかに承認を得ること。」というように就業規則等で定めること自体は問題ありません。時間外労働・休日労働は、使用者からの指揮命令に基づき行うことが原則だからです。

　とはいえ、就業規則等にそのように定めておけば、すべて時間外労働にすることが出来るわけではありませんので注意が必要です。

4　黙示の指示とは

　黙示の指示とは、使用者側が明確に労働するように指示はしていないけれども、状況や諸事情から判断した場合に、その作業をせざるを得ない状況に置かれていることを指します。

　黙示の指示がある場合は、たとえ明確に指示していなくても労働時間に該当します。例えば、残業することは指示していないけれども、通常の所定労働時間内では終わらないような業務量を与えたり、納期がひっ迫しているような場合などがこれに該当します。

5　成果物の受領とは

　成果物の受領とは、実際に行った仕事の結果（作成した資料等）を受領することを言います。黙認しているような場合も含まれます。

36協定の締結方法や注意事項を教えて下さい。

36協定を締結する際の締結方法や注意事項を教えて下さい。

 毎年届け出が必要なので、忘れないようにすることが重要です。起算日の1-2ヵ月前くらいから準備をしておくとスケジュールに余裕ができます。労使協定の締結には、労働者代表を民主的に選出する必要があります。

1　スケジュールを組む

　毎年届け出が必要なので、うっかり忘れないようにすることが重要です。36協定は届け出て、はじめて効果（免罰効果）が発生します。届け出漏れであっても使用者は罰則の対象となります。

①リマインダーの活用

　人事労務関連の業務は、毎年繰り返し行う業務が多いので、リマインダー等を活用して、絶対に忘れないようにしましょう。

②業務カレンダーの作成など

　Excel ファイルなどを活用して、月ごとにすべきことをシートで分けておき、毎月見直すという方法も考えられます。あとは原始的な方法としては、卓上カレンダーに1年分の予定を前年末に書き込んでおくことなどが考えられます。

2　届け出までのフロー

①民主的な方法で労働者代表を選出する。

　　　↓

②厚生労働省のホームページから Word ファイル様式をダウンロードする。

　様式が変わっていなければ前年のファイルから年月日・人数などを

修正し、使用します。住所変更などがあった際は、提出先の労基署も変更になる場合があります。

↓

③該当する事項を入力または手書きし、労働者代表者と協定を結ぶ。

↓

④（紙で届出）

　所轄労基署へ郵送または持参します。各2部作成し、1部を提出用、1部を控（1部提出用、1部会社控、1部労働者代表控とすることも可能です）。

（電子申請で届出）

　電子申請する場合、電子申請の事前準備をしておく必要があります。郵送代もかかりませんし、便利です。

3　複数の支店等（事業場）がある場合

　労使協定の締結・届出は、事業場ごとに行う必要があります。なお、36協定は、内容が同じであれば、本社管轄へ一括して届け出ることができる「本社一括届出制度」があります。

　支店の所在地変更などがあった際は、忘れずに反映してから届出をするようにしましょう。割と忘れがちな項目です。

4　36協定以外の協定の届出

　36協定以外にも、変形労働時間制、みなし労働時間制、裁量労働制などで労基署への届出が必要なものがあります。その場合、起算日を統一しておくと届出がまとめてできるので届出漏れが防げますし、届出や労働者代表の選出作業は1回で済みます。

　ただし、作業量自体は増えますので、その辺りは考慮する必要があるでしょう。

有効期間が1年で毎年届出が必要な労使協定等

労使協定等	届出周期
1ヵ月単位の変形労働時間制（就業規則のみで定めない場合）	1年以内
1年単位の変形労働時間制	1年以内
1週間単位の非定型的変形労働時間制	1年以内
フレックスタイム制（1ヵ月超3ヵ月以内）	1年以内
事業場外労働に関するみなし労働時間制	1年以内
専門業務型裁量労働制	1年以内
企画業務型裁量労働制　決議届	3年以内
企画業務型裁量労働制　報告	6ヵ月以内
高度プロフェッショナル制度　決議届	1年以内
高度プロフェッショナル制度　報告	6ヵ月以内

5　運用面

①節目ごとに定めた時間を超えていないかの確認

　原則として、時間外労働が、1ヵ月45時間、1年間360時間を超えていないかをチェックする必要があります。36協定でこれよりも短い時間を協定した場合には、その協定した時間を上回る場合には法違反になりますので、その時間を遵守する必要があります。

　特別条項締結時、単月100時間未満、複数月平均80時間を超過していないかを確認しなければなりません。

　それぞれの目安となる時間を1日あたりにならした表は次のとおりです。日々の積み重ねが1ヵ月、1年の時間数に影響しますので、まずは日々の時間数が少なくなるように取り組みをしていくと良いでしょう。

限度時間と時間外・休日労働時間数と 1 日平均の時間数

特別条項	限度時間	時間外労働・休日労働を含むか	1 日平均（所定労働日数月20日）
通常	1 ヵ月45時間	時間外労働	約 2 時間
通常	1 年360時間	時間外労働	約1.5時間
特別条項適用	1 ヵ月100時間未満	時間外労働・休日労働	約 5 時間
特別条項適用	複数月平均80時間	時間外労働・休日労働	約 4 時間
特別条項適用	1 年720時間	時間外労働	約 3 時間

②人数が増えてきたら手作業ではなく勤怠システム等の活用を

　　手作業でチェックするのは、人数が一定程度いると実務的にはかなり大変です。うっかり超えてしまわないように、勤怠システム等を活用して、一定のラインでアラートが出るようにしておくとよいでしょう。また、年間の限度時間は盲点になりやすいのでこちらも注意が必要です。

③特別条項の発動時

　i　発動手続は、書面等で

　　特別条項の発動手続きは、口頭ではなく書面に残る形にしておきましょう 通達❶。

通達❶ 限度時間を超えて労働させる場合における手続（平成30年9月7日基発0907第 1 号）

所定の手続がとられ、限度時間を超えて労働時間を延長する際には、その旨を届け出る必要はないが、労使当事者間においてとられた所定の「手続の時期」、「内容」、「相手方等」を「書面等」で明らかにしておく必要があること。

---

ii　健康福祉確保措置の実施

　　36協定で定めた健康福祉確保措置を忘れずに実施する必要があります。

iii　80時間超　6ヵ月の平均

　　80時間を超えた場合には、その後6ヵ月間の平均を追っていく必要があります。特別条項の1ヵ月の限度時間は100時間未満まで設定可能ですが、管理上は80時間までにしておかないと管理が煩雑になります。

iv　80時間超　安衛法の面接指導の対象に

　　80時間を超えた場合、安衛法による面接指導の対象となるため、「労働者に対して産業医による面接指導の申出勧奨」、「産業医へ該当労働者の氏名と労働時間の情報提供」を行う必要があります。

当社は支店がいくつかあるのですが、36協定は本社でまとめて提出すればよいでしょうか？

当社は支店が何箇所かあります。支店ごとで36協定を締結して届け出るのは大変なので、本社で人数を取りまとめて１枚の様式でまとめて提出すればよいでしょうか？

 36協定は、「事業場ごと」に締結して届け出る必要がありますので、人数をまとめて本社の36協定にまとめて届け出ることはできません。ただし、本社一括届出という制度があり、人数等以外の情報が同じである場合など、一定の条件を満たせば、届出の簡略化として、本社所在地所轄の労基署へまとめて届け出ることが可能です。

1　36協定は事業場ごとに届出が必要

労基法の原則では、事業場ごとに36協定を締結し届出する必要があります。支店が複数あるのであれば、支店ごとに36協定を締結し、所轄労基署へ届出しなければなりません。

事業場とはいえないほど小規模な拠点で、本社から直接指揮命令を行うような場合には、本社所属と判断することも可能です。

2　本社一括届出とは

届出事務の簡略化を図るため、就業規則や36協定の内容が同一である場合に限り、本社で一括して届出することが認められています。

36協定については、「事業の種類」「事業の名称」「事業の所在地（電話番号）」「労働者数」以外の項目が同一であることが要件です。

従来は、「労働者代表」も一致している必要があったため、労働組合がある会社でしか本社一括届出ができなかったのですが、令和３年３月29日から、電子申請をする場合に限り「労働者代表」が異なっていても本社一括届出が可能になりました。

3　36協定　本社一括届出の方法

　紙、電子申請の2通りの方法があります。

【紙で届出する場合】

①本社管轄の労基署へ、本社と各事業場の36協定を提出します。

②届出事業場一覧表を添付します。

※紙での届出の場合、労働者代表も一致する必要があるため、労働
　組合がある会社でなければなりません。また、過半数を代表する
　労働組合である必要があるため、過半数代表でない事業場につい
　ては、別途所轄の労基署へ個別に届け出する必要があります。

【電子申請で届出する場合】

※事前準備として、パソコン環境の設定（アカウントの準備、ブラ
　ウザの設定、アプリケーションのインストール等）が必要です。
　詳細は e-Gov 電子申請のサイトの利用準備をご覧ください。

① e-Gov 電子申請のホームページから「一括届出事業場一覧作成
　ツール」を入手します。

②ツールを開き、申請データを入力します。

③入力チェックをします。エラーが出たら修正します。

④申請用ファイルを作成し保存します。

⑤申請ファイルを添付して電子申請します。

4　本社一括届出の注意点

　紙、電子申請のどちらを選択する場合も、労使協定書は各事業場で
締結しておくことが必要です。届出事務が簡略化されるだけで、その
他のプロセスには変わりがありません。

36協定を 5 年前の会社立ち上げ時に就業規則とともに作成し労基署にも届出済です。その後特に何もしていないですが、問題ないですよね？

当社は、5 年前に設立しました。当時専門家に依頼して、就業規則を作成し、各種労使協定も整備しました。36協定も労基署へ届出済みです。その後、人数も変動ありませんし、業務内容や所在地など何も変更がありませんでしたので、届出は何もしていませんが、問題ないですよね？

問題があります。36協定は、毎年届出をしなければなりません。届出をしていない場合、時間外労働・休日労働を命ずることができません。また罰則も適用されます。

1　36協定とは

36協定（時間外労働・休日労働に関する協定）は、労基法第36条の定めによる協定であるため、36協定と呼ばれています。

36協定を締結・労基署に届出てはじめて、1 ヵ月45時間、1 年間360時間まで時間外労働が可能になります。労基法で定められた罰則を免れる効果が生じることから、免罰的効果があると言われています。

2　有効期間

36協定の有効期間は最長 1 年です。誤解の多いところですが、一度届出して終わりではなく、毎年届出しなければなりません。他の労働時間制でも毎年届出が必要なものがありますので、確認しておきましょう。

3　未提出会社の割合

少し古いデータですが、厚生労働省が行った平成25年度労働時間等総合実態調査結果によれば、36協定を締結している事業場割合は、

55.2%、締結していない事業場は44.8%でした。　締結していない44.8の事業場の締結していない理由をみると、「時間外労働・休日労働がない」が43.0%と一番多く、残りの57.0%は、届出が必要だけれども届出していない状態でした。

理由としては、

　「時間外労働・休日労働に関する労使協定の存在を知らなかった」（35.2％）

　「時間外労働・休日労働に関する労使協定の締結・届出を失念した」（14.0％）

となっており、その他、次のような理由も挙げられています。間違いのない取扱いをして、法違反にならないようにご注意ください。

　「就業規則等で規定を設けるのみで十分と思っていた」（1.0％）

　「適用除外だと思っていた」（1.2％）

　「事業場ごとに締結が必要とは知らなかった」（3.5％）

　「過去締結した時間外労働・休日労働に関する労使協定が現在も有効だと思っていた」（3.6％）

4　罰則

　36協定を届出せずに時間外労働・休日労働をさせた場合、6ヵ月以下の懲役または30万円以下の罰金となります（労基法第119条）。

Q 当社では、特別条項で定めた上限時間が法律を下回りますが、定めた時間を上回った場合には法律違反になりますか？

当社では 1 ヵ月45時間、 1 年間360時間で36協定を締結しています。また、突発的な事由が生じた際には、 1 ヵ月70時間まで、 1 年間540時間までで特別条項を締結しています。このたび、受注が大幅に増加して業務量が増えてしまい、特別条項を発動しましたが 1 ヵ月の時間外労働が70時間を超えそうです。再度36協定を締結しなおさなければ法違反を問われてしまうのでしょうか？確か法律の上限は 1 ヵ月の時間外労働が100時間未満だったような気がするので、法違反を問われないような気もするのですが、いかがでしょうか。

A 法律違反になります。法律で定める限度時間以内なので法律違反と感じないかもしれませんが、労使で締結した時間数を上回る場合には法律違反となります。

1　労基法の考え方

労基法の定めにより、限度時間の上限が定められていますが、協定で定めた時間数を超える場合については通達が出ています 通達❶ 通達❷ 。

> 通達❶　協定の限度を超える時間延長（昭和23年 7 月27日基収2622号、平成11年 3 月31日基発168号）
> Q　業務上必要ある場合（法第33条による場合を除く）に、法第36条第 1 項の協定で定めた限度を超えて労働時間を延長してはならないか。
> A　見解のとおり。

> 通達❷　一定期間の延長時間の限度（昭和53年11月20日基発642号、平成31年 4 月 1 日基発0401第43号）
> 一定期間（労基法第36条第 2 項第 4 号に規定する 1 日、 1 ヵ月、 1 年間）の延長時間の限度について協定をした場合に、これに違反して時間外労働をさせれば、当然法違反となること。

つまり、法律上の 1 ヵ月の上限時間は45時間まで、特別条項締結時

には100時間未満までとされていますが、36協定でそれよりも短い時間を定めた場合（設問では70時間）、その時間を超えてしまうと通達②により、法違反となります。

時間外休日労働の上限時間表まとめ

	限度時間の上限
1ヵ月	45時間
1ヵ月（特別条項締結時）	100時間「未満」（休日労働含む）
複数月平均（2から6ヵ月）	80時間（休日労働含む）
1年	360時間
1年（特別条項締結時）	720時間

2　実務対応

　もし、協定で定めた時間を上回る場合には、上回る前に労使協定を締結し直して、労基署に届け出る必要があります。そのため、自社で定めた限度時間ギリギリに判断するのではなく、少し余裕を持った時間数に達したら労使協議する取扱いにしておくとよいでしょう。

　設問のケースで言えば、特別条項の時間外労働70時間ギリギリで判断するのではなく、例えば55時間や60時間に達した段階で判断するような仕組みを整えておくことが望ましいと言えます。

自主的な学習の時間は労働時間に該当しますか？

終業後に自由参加で勉強会を行うことにしました。参加を強制しませんし、人事考課にも影響が無いものなので労働時間扱いにしなくて問題無いですか？

業務上義務付けられていない自由参加の学習時間は労働時間になりません。「使用者の指揮命令下に置かれている時間」なのかどうかで判断します。

1　研修や教育訓練等の取扱い

　厚生労働省から発行されているリーフレット『労働時間の考え方：「研修・教育訓練」等の取扱い』によれば、研修や教育訓練等の取扱いは次のとおりです。

【研修・教育訓練の考え方】

　研修・教育訓練について、業務上義務付けられていない自由参加のものであれば、その研修・教育訓練の時間は、労働時間に該当しません。

　※研修・教育訓練への不参加について、就業規則で減給処分の対象とされていたり、不参加によって業務を行うことができなかったりするなど、事実上参加を強制されている場合には、研修・教育訓練であっても労働時間に該当します。

　※ポイント：「業務上の義務付け」、「自由参加」、「参加の強制」、「処分対象」

【労働時間に該当しない事例】

①終業後の夜間に実施する勉強会

・弁当の提供あり

・参加の強制なし

　　　・参加しないことについて不利益な取扱いをしない

②勤務時間外に行う訓練

　　　・会社の設備を無償で使用することの許可

　　　・自ら申し出て、一人でまたは先輩社員に依頼

　　　・使用者からの指揮命令なし

③会社が開催している英会話講習

　　　・英会話は業務とは関連性がなし

　　　・任意参加

　　　・外国人講師は会社が手配

【労働時間に該当する事例】

①使用者が指定する社外研修について、休日に参加するよう指示され、後日レポートの提出も課されるなど、実質的な業務指示で参加する研修

　　　・「使用者の指示」と考えられる点……休日に参加するよう指示／後日レポートの提出

②自らが担当する業務について、あらかじめ先輩社員がその業務に従事しているところを見学しなければ実際の業務に就くことができないとされている場合の業務見学

　　　・「使用者の指示」と考えられる点……先輩社員がその業務に従事しているところを見学しなければ、実際の業務に就くことができない

2　具体的な取扱いの注意事項

　労働時間に該当しないとする場合には、次の事項について、あらかじめ労使で確認しておきましょう。

・上司がその「研修・教育訓練」を行うよう指示しないこと

・「研修・教育訓練」の開始時点において、本来業務や本来業務に不可欠な準備・後処理は終了しており、労働者はそれらの業務から離れてよいこと

　具体的には、「研修・教育訓練」について、通常の勤務場所とは異なる場所を設けて行うことや、通常勤務でないことが外形的に明確に見分けられる服装により行うことなどを定め、こうした取扱いの実施手続を書面により明確化することが望ましいと考えられます。

Q 親会社の働き方改革のため、子会社に業務の「しわ寄せ」が来ていて長時間労働が増加しています。どのように対応したらよいでしょうか？

当社は、とある会社の子会社ですが、親会社の働き方改革の影響で、当社の時間外労働が大幅に増加しています。親会社が今まで行っていた業務をやらなければならなくなったり、短納期での対応を迫られたりすることが増えたためです。どのように対応したらよいでしょうか？

A 厚生労働省・中小企業庁・公正取引委員会が連携して策定した、中小企業が「働き方改革の推進」と「取引適正化」を実施できるような様々な取り組みを推進する『しわ寄せ防止総合対策』に沿って対応していただくとよいでしょう。

1　業務の「しわ寄せ」とは

業務の「しわ寄せ」とは、大企業・親事業者による長時間労働の削減等の取り組みによる、下請等の中小事業者に対する適正なコスト負担を伴わない短納期発注、急な仕様変更等を言います。

2　しわ寄せ防止総合対策

厚生労働省・中小企業庁・公正取引委員会では、連携して『大企業・親事業者の働き方改革に伴う下請等中小事業者への「しわ寄せ」防止のための総合対策』を策定し、中小企業が「働き方改革の推進」と「取引適正化」を実施できるような取り組みを推進しています。その大きな柱は次の4つとなっています。

①事業者が遵守すべき関係法令等の周知・徹底

②大企業等の働き方改革に伴う「しわ寄せ」に関する情報の提供

③大企業等の働き方改革に伴う「しわ寄せ」防止に向けた重点的な要請等及び厳正な対応

④関係する省庁等に対する働きかけ

3　事業主が遵守すべき関係法令等の周知・徹底

①厚生労働省（労働局や労基署）が実施する働き方改革関連法に関する説明会等に中小企業庁職員や経済産業省職員を派遣し、「しわ寄せ」事例などを説明しています。

②労働時間等設定改善法の定め

　　他の事業主との取引において、長時間労働につながる「短納期発注」や「発注内容の頻繁な変更」を行わないよう配慮することが、労働時間等設定改善法で定められています。次のような取り組みが行われるよう周知徹底を図ることとされています。

　ⅰ　週末発注・週初納入、終業後発注・翌朝納入等の短納期発注を抑制し、納期の適正化を図ること

　ⅱ　発注内容の頻繁な変更を抑制すること

　ⅲ　発注の平準化、発注内容の明確化その他の発注方法の改善を図ること

③『「しわ寄せ」防止キャンペーン月間』

　　毎年11月を『「しわ寄せ」防止キャンペーン月間』と位置づけ、厚生労働省が実施する「過重労働解消キャンペーン」および公正取引委員会・中小企業庁が実施する「下請取引適正化推進月間」の各種取り組みと連携を図りながら、経営トップセミナーの開催など、大企業等の働き方改革に伴う「しわ寄せ」の防止に向けた集中的・効果的な取り組みを実施しています。

④公正取引委員会・中小企業庁による不当な行為の事例集等を用いた

啓発

　大企業の働き方改革に伴う下請事業者へのコスト負担を伴わない短納期発注等の下請代金支払遅延等防止法（以下「下請法」）等違反の疑いのある「しわ寄せ」事案の情報に接した場合、中小企業庁・公正取引委員会は下請法等に基づき、厳正に対応することになっています。

　特に次の行為は下請法や独占禁止法で定める禁止行為に該当する可能性があります。

i　買いたたき

【事例1　短納期発注による買いたたき】

　発注者は、短納期発注を行い、受注者は休日対応することを余儀なくされ、人件費等のコストが大幅に増加したにもかかわらず、通常の単価と同一の単価を一方的に定めた。

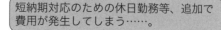

発注した製品なんだけど、代金は変えずに納期を早めてくれる？

短納期対応のための休日勤務等、追加で費用が発生してしまう……。

発注者

受注者

【事例2　業務効率化の果実の摘み取り】

　発注者は、受注者から社外秘である製造原価計算資料、労務管理関係資料等を提出させ、資料を分析し、「利益率が高いので値下げに応じられるはず」などと主張し、著しく低い取引対価を一方的に定めた。

もらった製造原価計算の資料等を分析した
ところ、利益率が高いようだね。値下げに
応じられるんじゃない？

発注者

自分たちの努力で業務を効率化したんだ
けどな……。

受注者

ii　減額

【事例3　付加価値の不払い】

発注者は、書面において短納期発注については「特急料金」を定めて
いたところ、受注者に対して短納期発注を行ったにもかかわらず、
「予算が足りない」などの理由により、特急料金を支払うことなく通
常の代金しか支払わなかった。

予算が足りないんだ。悪いけどいつもと
同じ代金で頼むよ。

発注者

「特急料金」に基づく短納期対応をした
のにいつもと同じ代金なんて……。

受注者

iii　不当な給付内容の変更・やり直し

【事例4　直前キャンセル】

発注者は、受注者に対して運送業務を委託しているところ、特定の荷
主の荷物を集荷するために、毎週特定の曜日に受注者のトラックを数
台待機させることを契約で定めていた。当日になって「今日の配送は
取りやめになった」と一方的にキャンセルし、その分の対価を支払わ
なかった。

発注者

悪いけど、今日の配送は取りやめになっ
たよ。

トラックの待機が無駄になったのにその
費用を払わないなんて……。

受注者

iv　受領拒否

【事例5　短納期発注による受領拒否】

発注者は、発注後、一方的に納期を短く変更し、受注者は従業員によ
る長時間勤務によって対応したが、その納期までに納入が間に合わ
ず、納入遅れを理由に商品の受領を拒否した。

発注者

納期に間に合わなかったでしょ？
商品は受け取れないなあ。

納期を短く変更されたから従業員の長時
間労働によって納品したのに……。

受注者

v　不当な経済上の利益提供要請

【事例6　働き方改革に向けた取り組みのしわ寄せ】

発注者は、商品の発注に関するデータの自社システムへの入力業務を
発注者自らが行うべきであるにもかかわらず、自分達が休むために、
受注者に対して無償で行わせた。

発注者

商品発注のために必要なデータをうちの
システムに入力してよ。

自分たちが休むためではないか。しかも
無償だなんて……。

受注者

出典：厚生労働省『「働き方改革」を阻害する不当な行為をしないよう気を付
けましょう！！』（https://www.mhlw.go.jp/seisakunitsuite/bunya/koyou_

roudou/roudoukijin/jikan/shiwayoseboushi/pdf/kaikaku.pdf）より加工して作成

４　大企業等の働き方改革に伴う「しわ寄せ」に関する情報の提供と、防止に向けた重点的な要請等及び厳正な対応

　労基署などへの相談があった際や労基署の事業所調査で概要を把握した場合に、必要に応じて、関係省庁間への通報を行う制度を整えています。

　また、労働局では、管内の大企業等を個別に訪ね、労働時間等設定改善法の定めにより、取引上必要な配慮をするよう努めなければならないとする規定に関する要請等を重点的に実施しています。

　公正取引委員会や中小企業庁は、下請法等の違反の疑いのある「しわ寄せ」事案の情報に接した場合には、当該事案に大して厳正に対応しています。

５　関係する省庁等に対する働きかけと具体的な相談先

　関係する諸省庁や業界団体などに要請を行っています。

　また、各行政機関の具体的な相談先として次の２箇所が示されています。

①厚生労働省委託事業「労働条件相談ほっとライン」　0120-811-610

　（受付）月～金：17:00～22:00　土・日・祝日：9:00～21:00

　※12月29日～１月３日を除く

②中小企業庁委託事業「下請かけこみ寺」　0120-418-618

　（受付）9:00～12:00／13:00～17:00（土日・祝日・年末年始を除く）

社長が「裁量労働制を導入したら残業代を払わなくてもよいと聞いた。我が社でも導入しよう」と言っていますが、そのような対応は可能なのでしょうか？

社長が業界の会合で、同業他社の社長から「裁量労働制を入れると残業代を払わなくてもよい」と聞いてきたようです。我が社でも導入したらどうかと指示がありました。裁量労働制度はそのような制度なのですか？

 そのような趣旨で導入するのであれば間違っています。同業他社の社長も勘違いをしている可能性があります。制度の趣旨をよく理解し、労使で検討したうえで導入の可否を判断してください。

1　裁量労働制とは

　業務遂行の手段や方法、時間配分等を大幅に労働者の裁量にゆだねる必要がある業務として定められた業務の中から、対象となる業務を労使で定め、労働者を実際にその業務に就かせた場合、労使であらかじめ定めた時間働いたものとみなす制度です。
　専門業務型裁量労働制と企画業務型裁量労働制の2種類の制度があります。

2　裁量労働制に該当する業務かどうかの検討

　裁量労働制に該当するためには、労基法で定める業務に該当する必要があります。専門業務型裁量労働制の場合は、対象となる19業務が定められています。企画業務型裁量労働制の場合は、業務が所属する事業場の事業の運営に関するもので、企画、立案、調査、および分析の業務であることが必要です。

3　「みなす」とは

　「みなす（看做す）」とは、法律用語のひとつで、事実はそれと違うけれども、そうであったとしてしまうことを言います。

　例えば、カラスは黒いですが「カラスは白いとみなす」と、誰がどう見ても、黒いカラスが法律上は白いことになります（まれに白いカラスがいるかもしれませんが・・・）。

　みなし労働時間制で「9時間働いたとみなす」と定めた場合は、その日に3時間しか働かなくても9時間労働に、12時間働いたとしても9時間労働になります。

　結果として、残業が多かったとしても、労使で協定した時間が労働時間となります。

4　休日や深夜は例外

　裁量労働制であっても、休日勤務はみなしの対象外となります。また、深夜に勤務があった場合には対応する深夜勤務手当の支払いが必要です。

5　みなし時間は、労使協議のうえで決定

　みなし労働時間は、実態を踏まえて労使で協議して決定する必要があります。実態と乖離したみなし労働時間を設定することは法の趣旨に反します。また、定期的に協定内容を見直すことも必要です 通達❶ 。

> **通達❶**　「専門業務型裁量労働制における労働時間の算定方法」（昭和63年3月14日基発150号、平成12年1月1日基発1号）
> 業務の遂行に必要とされる時間は、一般的に、時とともに変化することが考えられるものであり、一定の期間ごとに協定内容を見直すことが適当であるので、当該協定には、有効期間の定めをすることとしたものであること

**長時間労働を削減するために社内でできる取組みは
ありますか？**

　当社では、長時間労働の従業員が多く、時間外労働を減らすように言っても
なかなか改善しません。どのようにしたらよいでしょうか？

　様々な取り組み方法がありますので、労使で様々な取り組みを試して
みて自社にあったものを取り入れるとよいでしょう。また、経営トップ
の取り組みや時間外労働を減らすという宣言も効果があります。対
外的に取引先への理解を求めることも重要です。

1　時間外労働を減らすための取り組み

　時間外労働を減らすための取り組みには様々なものがあります。少
し情報が古いですが、平成23年に厚生労働省が実施したアンケート調
査の概要での取り組みを次のとおり記載しています。何をしたらよい
かが分からないという場合の参考にしていただくとよいでしょう。

時間外労働削減の取り組み	取組状況
ノー残業デー、ノー残業ウィークの設置	60.3%
業務の繁閑に応じた営業時間、営業日・休業日の設定	30.9%
年次有給休暇取得促進の取り組み	72.7%
変形労働時間制の導入	45.5%
交代勤務制度の導入	33.0%
フレックスタイム制の導入	30.6%
事業場外みなし労働時間制の導入	23.8%
短時間勤務制度の導入	42.2%
従業員間の労働時間の平準化を実施	77.8%
残業の事前承認制の導入	77.8%
時間管理が評価される管理職人事制度の導入	24.7%

時間管理が評価される一般従業員人事制度の導入	19.7%
労働時間適正化に関する従業員向けの教育の実施	54.0%
経営者等主導の労働時間削減プロジェクトの実施	41.7%
ＩＴ環境の改善	66.8%
取引先との間の発注方法、スケジュールなどの見直し	48.4%
業務プロセスの見直し	63.2%
従業員の能力開発の実施や自己啓発の支援	76.6%

2　実際に対応するにあたって

　時間外労働を減らそう！という経営トップの宣言は重要です。

　ただし、その宣言だけですべてが解決するわけではありません。従業員側からみると、残業を減らすことのメリットが何もないからです。仕事量が減るわけでは無いのに残業代で給与が減るデメリットの方が大きいでしょう。

　方向性だけでなく、どのように取り組みをするのか、減らすことにより何がよくなるのかを社内で議論して決めていただくことが必要です。例えば、減った残業代を原資として、残業削減の取り組みに成功した人に賞与を支給すること等が考えられます。

　厚生労働省の発行する「時間外労働削減の好事例集」というパンフレットがあるので、その内容や取り組み状況を参考にするのもよいでしょう。

新入社員に36協定のことを説明したいのですが、なかなかうまく説明ができません。どのように説明したらよいでしょうか？

　新入社員が入った際に、雇用契約書の説明、就業規則の説明の他に時間外労働や36協定のことを説明しているのですが、なかなかうまく説明ができません。どのように説明したらよいでしょうか？

　制度の概要を説明しつつも、なるべく難しい用語を使用せずにわかりやすく説明することを心がけるとよいでしょう。

1　説明の仕方

　従業員への説明の仕方の参考になるような文面を記載しました。参考にしてみてください。

　なお、最近では社内イントラネットなどが一般的ですが、誰もが見られる場所に掲示しておくことなども考えられます。

　　　　　　残業をさせるには36協定が必要です！

当社の36協定は、○○に保管されています。

【36協定の原則】

> 原則：法律（労基法）の定めで、会社は、従業員を1日8時間を超えて働かせることができません。
>
> 36協定を締結して労基署に届け出てはじめて、1日8時間（1週40時間）を超えて働かせることができます。
>
> また、休日にも働かせることができます。

【36協定の締結方法】

> 36協定は、労働者代表（現在の代表は●●さん）と会社が１年に１回締結します。
>
> 労働者代表は、選挙、挙手などで民主的に選ばれなければなりません。
>
> 会社側の指名で決めてしまうと労働者にとって不利な内容の条件にされてしまう可能性があるからです。

※記載のポイント

・○○には、実際の保管方法を記載してください。

・労働者代表の氏名は適宜修正してください。

2　通知文（例）（36協定説明資料）

36協定に記載されている内容をまとめると次のとおりです。下線部は「※記載のポイント」を参照ください。

> 通知文
>
> (1) 当社の労働時間は、○○時から○○時まで、１日○時間○分です（休憩○○時から○○時）。
>
> (2) 時間外労働をするときは、事前に所属長の承認を取ってください。
>
> 事前に承認を取ることが難しいときは、事後速やかに承認を取ってください。
>
> (3) １ヵ月で時間外労働をさせることができる時間数は、45時間までとなっています。
>
> 当社のルールで、１ヵ月30時間を超える場合には、所属長と

面談し、時間外労働が45時間を超えそうなのか、超えないで済むのかを話し合うことになっています。

もし、超える場合には、特別条項の発動手続きを行いますので、所属長経由で人事部にお知らせ下さい（※30時間超過時にアラートのメールが送付されます）。

(4) 特別条項を発動した場合であっても、1ヵ月の時間外労働の上限時間は80時間以内になっています。絶対にこの時間を超えないように所属長と話し合って業務の調整をしてください。

(5) 1ヵ月の時間外労働が80時間を超えてしまった場合は、医師による面接指導の対象となります。

また、複数月平均で80時間を超えることはできないので、翌月の調整が必要となります。詳細は人事部へお問い合わせください。

※記載のポイント

(1) 適宜時間数を入れてください。

(2) 所属長の氏名は適宜修正してください。

(3) 時間数は、36協定と労働時間管理の実態にあわせて、修正ください。1日8時間労働ではない場合、法定の時間外と所定の時間外を区別した方が分かりやすいかもしれません。

　※30時間超で面談設定としています。勤怠システムで可能なのであれば、時間外労働が30時間を超えたら、本人、所属長、人事にアラートメールがくる仕組みを構築しておくと管理がしやすいでしょう。

(4) 時間数は、36協定にあわせてください。80時間を超える時間数の場合、管理が煩雑になります。

(5) 社内の基準が80時間よりも短く設定している場合は、その時間数にあわせて運用して下さい。

3　特別条項発動時の通知文例

特別条項を発動する際には、発動のための手続きやその証拠書面が必要になります。決まった様式はありませんが、次の文面を参考にしてください。

特別条項発動時の労働者代表への申し入れ文面例

> 労働者代表　●●様
>
> 　　　　　36協定で定める特別条項の発動について
>
> 対象者または対象部署：企画部
>
> 対象期間：20●●年３月１日から３月31日
>
> 理由：イベント企画で突発的対応が逼迫したため
>
> 発動回数：３回目

※記載のポイント

勤怠システムで可能なのであれば、本人、所属長にメール等で通知できる仕組みを構築しておくと管理がしやすいでしょう。

深夜労働

 深夜に労働させることに関してどのような規制がありますか？

当社では深夜に労働させることが今後発生しそうです。どのようなことに気を付けたらよいでしょうか？

深夜時間帯に労働させる場合、労基法の定めで25％の割増賃金の支払が必要です。残業させているかどうかは関係ありません。

また、深夜時間帯に一定程度従事する場合は、健康診断を受ける必要があります。36協定の特別条項において、深夜業の回数制限というオプション措置があります。

1　深夜時間帯とは

労基法第37条第4項で午後10時から翌午前5時（厚生労働大臣が認める場合午後11時から翌午前6時）までと定義されています。

2　労基法の定め　深夜割増

深夜労働には25％の割増賃金が必要です。これは、時間外、休日、所定時間内労働なのかを問わず必要となります **ポイント❶** 。

押さえておきたい判断のポイント①

深夜割増の対象

管理監督者は、労働時間、休日、休憩の適用除外ですが、深夜割増は対象になります。支給が漏れているケースが非常に多い事項ですので、間違いのないようにしましょう。

3　労基法の定め　36協定特別条項発動時の健康福祉確保措置：深夜業回数制限

36協定の特別条項発動時の健康福祉確保措置として、深夜業回数制限があります。

> **「改正労働基準法に関するQ&A（平成31年4月）」**
>
> 　深夜業の回数制限（指針第8条第2号の健康確保措置）の対象には、所定労働時間内の深夜業の回数制限も含まれます。なお、交替制勤務など所定労働時間に深夜業を含んでいる場合には、事業場の実情に合わせ、その他の健康確保措置を講ずることが考えられます。
>
> 　また、指針は、限度時間を超えて労働させる労働者に対する健康及び福祉を確保するための措置として望ましい内容を規定しているものであり、深夜業を制限する回数の設定を含め、その具体的な取扱いについては、労働者の健康及び福祉を確保するため、各事業場の業務の実態等を踏まえて、必要な内容を労使間で協定すべきものです。

4　安衛法の定め　健康診断

通常の定期健康診断は年1回実施しますが、深夜業に常時従事する場合には、6ヵ月に1回の実施が必要です。

深夜業に常時従事したとする範囲は、1週に1回以上または1ヵ月あたり4回以上とされています。

第**4**節 ┊ 休日・休暇

1 休日勤務／振替休日／代休

>
>
> **Q** 従業員から、「先日休日勤務したのですが、給与明細で「法定外休日手当」という項目で支払われていました。休日に法定外という考え方があるのですか?」と聞かれました。どのように回答したらよいでしょうか?
>
> 　業務が忙しく休日勤務を余儀なくされた従業員から、「先日休日勤務したのですが、給与明細で「法定外休日手当」という項目で支払われていました。休日に法定外という考え方があるのですか?」と聞かれました。どのように回答したらよいでしょうか?
>
> ──────────
>
> **A** 労基法で定められた週に1日の休日を「法定休日」といいます。それ以外の休日は「法定外休日」と呼ぶことが一般的です。

1　休日とは

休日とは、労基法では次のように定義されています。

> 労基法第35条
> 　使用者は、労働者に対して、毎週少なくとも1回の休日を与えなければならない。
> 2　前項の規定は、4週間を通じ4日以上の休日を与える使用者については適用しない。

これを「法定休日」といいます。これに対して、週休2日制の会社であれば、週1日の法定休日以外の休日を「法定外休日」や「所定休日」という言い方で区別しています。

2　週休2日制の場合、法定休日はどのようになるか？

　週に2日休日がある場合、法定休日は、どのように定まるのでしょうか？

　厚生労働省では、法定休日を就業規則で特定することを推奨しています。また、就業規則の作成義務がない10人未満の事業場においても具体的に定めることを推奨しています（昭和23年5月5日基発682号、昭和63年3月14日基発150号）。

　ただし、就業規則で法定休日を特定することは、必須事項ではありません。

　法定休日を特定する場合、土日休みの会社では、土曜日か日曜日のどちらかを法定休日にしますが、「法定休日」が日曜日、「法定外休日」が土曜日、国民の祝日、年末年始等になっている会社が多いようです。

　なお、1週間については、特に就業規則で定めがない場合には、日曜日から土曜日であるとされています（昭和63年1月1日基発第1号）。

3　割増賃金率

　法定休日の場合は、35％割増となります。法定外休日の場合は25％の割増となります **ポイント❶** 。

割増率

時間外労働等の種類	割増率
時間外労働（法定内）	0％
法定時間外労働・法定外（所定）休日労働 60時間まで	25％

法定時間外労働・法定外（所定）休日労働 60時間超　中小企業は令和5年4月から	50%
法定休日労働	35%
深夜労働	25%

押さえておきたい判断のポイント①

業務を考慮した割増率の設定の仕方

　法定休日と法定外休日労働で割増率が異なるとはいえ、勤怠管理をするうえで、法定休日労働と法定外休日労働を区分することが大変であることや、働く曜日によって差を付けることを考慮して、会社の就業規則で休日労働の割増率を一律に35%とすることがあります。

この場合には、就業規則の定めが労働者に有利なため、就業規則の定めが優先されます。

時間外労働が長引いて日付が変わり、休日に及んだ場合の取扱いはどのようにしたらよいでしょうか？

　システム担当の従業員から、「緊急の案件で平日は作業ができず、休前日の終業後から作業を開始し、深夜作業を行ったが、トラブルが発生してなかなか作業が終わらずに翌日に始業時刻まで掛かってしまった」と申し入れがありました。このような場合の取扱いはどうしたらよいのでしょうか？

　時間外労働が翌日に及んだ場合でも、前日の労働時間として扱います。割増賃金の支払い方、36協定の締結方法などの注意事項があります。

1　どちらの日の勤務にあたるか？

　残業が翌日に及んだ場合であっても、始業時刻が属する日の労働時間として取り扱う旨の通達があります **通達❶**。

> **通達❶　1日の定義**（昭和63年1月1日基発第1号）
> 　一日とは、午前〇時から午後十二時までのいわゆる暦日をいうものであり、継続勤務が二暦日にわたる場合には、たとえ暦日を異にする場合でも一勤務として取扱い、当該勤務は始業時刻の属する日の労働として、当該日の「一日」の労働とするものであること。

2　割増賃金の支払い

　勤務がどちらの日に属するかについては、1の通達にあるように、始業時刻がどの日かで考えますが、休日の割増賃金の支払いにおいては別の考え方をします **通達❷**。

> **通達❷** 暦日休日の場合の休日労働および時間外労働の取扱い（平成6年5月31日基発331号）
>
> ① 「休日労働となる部分の考え方」
>
> 　法定休日である日の午前0時から午後12時までの時間帯に労働した部分が休日労働となる。
>
> 　したがって、法定休日の前日の勤務が延長されて法定休日に及んだ場合および法定休日の勤務が延長されて翌日に及んだ場合のいずれの場合においても、法定休日の日の午前0時から午後12時までの時間帯に労働した部分が3割5分以上の割増賃金の支払いを要する休日労働時間となる。
>
> ② 「時間外労働となる部分の考え方」
>
> 　①で休日労働と判断された時間を除いて、それ以外について法定労働時間を超える部分が時間外労働となる。

　上記通達の考え方を表にすると、次のようになります。

例）平日9：00始業、18：00終業（12：00〜13：00休憩）で、時間外が法定休日である翌日の9：00以降まで続いた場合

時間帯	割増率
9：00から18：00	なし
18：00から22：00	時間外25％
22：00から24：00	時間外25％＋深夜25％
翌0：00から翌5：00	法定休日35％＋深夜25％
翌5：00から翌9：00	法定休日35％
翌9：00から	法定休日35％

3　その他注意事項

　詳細は、「時間外労働が翌日の始業時刻に及んだ場合の取扱いはどのようにしたらよいのでしょうか？」を参照ください。

Q 従業員から「当社は週６日勤務で週休２日制ではないのはおかしくないですか?」と聞かれました。どのように答えたらよいでしょうか?

　当社は週６日勤務、１日６時間30分勤務の会社です。従業員から、「週６日勤務で週休２日制ではないのはおかしくないか?」と聞かれました。

　１日８時間、１週40時間の法律をきちんと守っていると思っていたのですが、どのように回答したらよいでしょうか?

A 週休２日制は法律で義務付けられていないので、それ自体はおかしいことではありません。変形労働時間制の採用や１日の労働時間を短くすることにより対応可能な場合があります。

1　休日の原則　週休２日とは?

　休日は、労基法では次のように定義されています。

> **労基法第35条**
>
> 　使用者は、労働者に対して、毎週少なくとも１回の休日を与えなければならない。
>
> 2　前項の規定は、４週間を通じ４日以上の休日を与える使用者については適用しない。

　これを「法定休日」といいます。これに対して、週休２日制の会社であれば、週１日の法定休日以外の休日を「法定外休日」や「所定休日」という言い方で区別しています。

　週休２日であることは、労基法上は求められていません。

2　１日８時間、週40時間の原則

　上述のとおり、週休２日であることは労基法上は求められていませんが、次の労基法第32条のとおり１日８時間、１週40時間の原則を守ろうとすると、通常の会社であれば週２日休日がないと達成できない

ことになります。

> **労基法第32条**
>
> 　使用者は、労働者に、休憩時間を除き1週間について40時間を超えて、労働させてはならない。
>
> 2　使用者は、1週間の各日については、労働者に、休憩時間を除き1日について8時間を超えて、労働させてはならない。

　厚生労働省の令和3年就労条件総合調査では、主な週休制（企業において最も多くの労働者に適用される週休制）の形態別企業割合は次のとおりです。完全週休2日制が適用されている企業は48.4％となっています。完全週休2日制よりも日数が少ない週休2日制企業は35.0％、週休1日制又は週休1日半制企業は8.0％となっています。

主な週休制の形態別企業割合　（単位：%）

企業規模	週休1日制又は週休1日半制	何らかの週休2日制			完全週休2日制より休日日数が実質的に多い制度※2
		何らかの週休2日制	完全週休2日制より休日日数が実質的に少ない制度※1	完全週休2日制	
令和3年計	8.0	83.5	35.0	48.4	8.5
1,000人以上	4.1	83.3	16.6	66.7	12.6
300-999人	2.9	85.2	25.2	60.0	11.9
100-299人	5.3	84.2	30.6	53.7	10.5
30-99人	9.5	83.0	38.0	45.0	7.4

※1　月3回、隔週、月2回、月1回の週休2日制等
※2　月1回以上週休3日制、3勤3休、3勤4休等

3　ご質問の場合

　1日6時間30分、週6日勤務というのは、「(1日6時間30分)×(週6日勤務)＝39時間」となり、1日8時間、1週40時間を超えないので、労基法上問題はありません。また、変形労働時間制を取る必要もありません。

　例えば、1日7時間、週6日勤務の場合には、1週42時間となるため、何らかの変形労働時間制を取ることおよび休日数を増やすこと等により、労基法上の要請を満たす必要があります。

従業員から「休日に行った接待ゴルフの時間は休日労働時間にならないのでしょうか?」と聞かれました。どのように答えたらよいでしょうか?

従業員から、「休日に行った得意先の接待ゴルフの時間は休日労働時間にならないのか?」と聞かれました。「業務の一環のようなものですし、労働時間になりますよね?」とも言われています。どのように説明したらよいでしょうか?

 労働時間となる場合は、事業主からの明確な業務指示がある場合などに限定されます。単なる飲食やゴルフプレー自体は業務との関連がないと考えられ、労働時間には該当しないことが多いです。

1　労働時間の考え方

労働時間の基本的な考え方は、「労働時間の適正な把握のために使用者が講ずべき措置に関するガイドライン」 **ポイント❶** に定められているとおり、「使用者の指揮命令下に置かれている時間」かどうかが重要となります。

押さえておきたい判断のポイント①

労働時間の適正な把握のために使用者が講ずべき措置に関するガイドライン（平成29年1月20日策定）

労働時間とは、使用者の指揮命令下に置かれている時間のことをいい、使用者の明示又は黙示の指示により労働者が業務に従事する時間は労働時間にあたる。労働時間に該当するか否かは、労働契約、就業規則、労働協約等の定めのいかんによらず、労働者の行為が使用者の指揮命令下に置かれたものと評価することができるか否かにより客観的に定まるものであること。また、客観的に見て使用者の指揮命令下に置かれていると評価されるかどうかは、労働者の行為が使用者から義務付けられ、又はこれを余儀なくされていた等の状況の有無等から、個別具体的に判断されるものであること。

2　裁判例

　接待は、得意先との関係を良好にするために行われますが、接待の場で行われる飲食やゴルフプレー自体は業務との関係があまりないと考えられるため、労働時間とするには難しい側面があります。

　次の裁判例 **判例❶** は、ゴルフ接待へ行く途中での事故の労災給付が争われた事案で、業務上の事由に該当するかどうかが争われた事案です。労働時間かどうかについても同様の視点で考えることができます **ポイント❷**。

判例❶ 高崎労基署長事件　前橋地裁判決（昭和50年6月24日）	
結論	労働時間に該当しない
争点	ゴルフコンペへの出席が業務か否か
事案の詳細	ゴルフコンペにおいて、業務上の情報交換の機会があり、円滑な取引の利点があるが、これが主目的ではない
	ゴルフコンペ自体は親睦会の域を出ない
	業務と認められるには、出席が単に「事業主の通常の命令」または「費用が支給」されるのみでは足りない
	事業運営上、「緊急に必要」「積極的な特命」によるものと認められる必要がある

押さえておきたい判断のポイント②

接待の考え方

　上記判例などから、次のポイントをもとに総合的に労働時間に該当するかどうかを判断することとなります。

　①参加が義務付けられているのか？→労働者が拒否することが可能かどうか

　②業務上の特別な命令があるのか？→具体的に商談などを行っているか

　なお、次のように「具体的」に業務を命じられている場合には、労働時間とされる可能性が高くなります。

　・送迎を命じられている

　・宴会等の準備を命じられている

　費用が会社負担だったという点は過去の事例ではあまり考慮されていないようです。

2 年次有給休暇

 Q 年次有給休暇を 5 日指定する際、繰り越した年次有給休暇を充てることは可能でしょうか？

　年次有給休暇の 5 日消化が義務化され、10日以上付与されている従業員に対して、5 日を消化することになったかと思いますが、実際にこの 5 日というのは10日付与した当年度分から消化させないといけないのか、それとも繰り越した分から充てることができるのでしょうか？通常の消化分は、繰り越した分から消化してもらう決まりになっているので、そうでないと実際には困るのですが……。

A 繰り越した分から 5 日に充てることが可能です。

1　年次有給休暇の 5 日消化義務化とは

　平成31年の労基法改正によって義務化された制度です。年次有給休暇を10日以上付与された従業員に対して、付与されてから 1 年以内に事業主は 5 日消化させる義務があります **ポイント❶**。

押さえておきたい判断のポイント①

　「10日以上付与」の判断の仕方
　10日以上付与とは、繰り越された日数との合算ではなく、当年度に新規付与された日数を単独でみて判断します。
　例えば、繰越日数が 5 日、新規付与日数が 5 日の場合は、合計で10日以上付与されていますが、労基法の 5 日を消化させる義務の対象にはなりません。

2　繰り越した年次有給休暇と新規付与された年次有給休暇は、どちらから優先的に消化すべきか

　一般的には、繰り越された年次有給休暇から消化することが多いですが、就業規則の定めによります。これは、労基法の定めや通達がないためです。

　新規付与された年次有給休暇から消化する、と定めてある就業規則もまれに見受けられます。ただし、年次有給休暇の趣旨（労働者の疲労回復やリフレッシュを図ること）からすると、繰り越した年次有給休暇から消化することが労働者にとって望ましいと言えます（時効にかかって消えてしまう可能性が高まるため）。

3　ご質問の場合

　年次有給休暇の5日消化義務化では、繰り越した年次有給休暇と新規付与された年次有給休暇のどちらから消化すべきかは問われないことになっています（平成30年12月28日基発1228第15号）。

　そのため、どちらの分を消化したかは関係なく、単純に何日を消化したかだけを見ることになります。

労働時間数に応じて年次有給休暇を按分したいのですが可能でしょうか？

当社では、正社員には法律通りの年次有給休暇を付与しており、パートやアルバイト社員には年次有給休暇を付与しなくてもよいと思っていましたが、付与しなければならないことを知りました。その場合、人によって希望する出勤日数や時間数がバラバラなのですが、トータルの時間数で按分すればよいのでしょうか？

労働時間数で按分するという考え方はありません。パートやアルバイトなど、正社員等と比較して所定労働日数が少ない場合の年次有給休暇の付与方法は「比例付与」といって、「日数」を基準に決められています。

1　年次有給休暇の比例付与とは

　パート・アルバイト等には年次有給休暇がないという誤解も多いところですが、労基法第39条により正社員等の場合と比例して少ない日数ではあるものの付与されますので、間違いのないようにしましょう。

　なお、考え方は「労働時間数」ではなく、次の表のとおり週所定労働日数（または年間所定労働日数）で判断します　ポイント❶。

週所定労働時間30時間未満であり、かつ、週所定労働日数が４日以下の付与日数

週所定労働日数	年間所定労働日数	継続勤務年数						
		６ヵ月	１年６ヵ月	２年６ヵ月	３年６ヵ月	４年６ヵ月	５年６ヵ月	６年６ヵ月以上
４日	169日〜216日	７日	８日	９日	10日	12日	13日	15日
３日	121日〜168日	５日	６日	６日	８日	９日	10日	11日
２日	73日〜120日	３日	４日	４日	５日	６日	６日	７日
１日	48日〜 72日	１日	２日	２日	２日	３日	３日	３日

> ## 押さえておきたい判断のポイント①
>
> **週所定労働日数が一定でない場合**
> 原則は週所定労働日数で付与すべき日数を決定しますが、週によって所定労働日数に変動がある場合などは、年間の所定労働日数で付与すべき日数を決定します。

2　時間数が一部関係

　1の比例付与は、所定労働日数を基準に付与日数が決まりますが、一部で時間数が関係しています。比例付与日数の要件として、次の条件があります。

　①週所定労働時間が30時間未満＆②週所定労働日数が4日以下

　例えば、1日8時間×週4日の場合は週32時間となるため、比例付与の4日の日数には該当せず、通常の付与日数となることに注意が必要です。

3　年度中途の変更

　年度の中途で所定労働日数が変わった場合は、付与日数はどのように変わるのでしょうか？

　年次有給休暇は基準日を対象として付与されるものなので、年度中途で身分や所定労働日数・所定労働時間数が変わったとしても、一旦付与された日数に変更は生じません。次の基準日時点で、どのような所定労働日数なのかをもとに付与日数が決定されます。

　ただし、例えば年度中途で正社員になり、本来の正社員の日数との差額日数を補填して付与する場合など、就業規則等で労働者に有利な定めの場合はこの限りではありません。

定年後再雇用者はいったん退職になるため、年次有給休暇はリセットとなるのでしょうか？

　当社では、このたび定年退職者が出ます。退職金を支払ったうえで、嘱託社員として１年契約での再雇用を予定していますが、新たな身分で働いてもらうので、年次有給休暇も新規入社社員と同様に新規付与としています。残存している年次有給休暇は、定年退職前に全部使ってもらうようにしました。ところが、この定年退職した再雇用社員から「年次有給休暇が無くなってしまうのは困る、何とかならないか？」と質問されましたが、しょうがないですよね？

　取扱いが間違っています。継続して勤務しているのであれば、年次有給休暇はリセットされず、引き続き雇用しているものとして取り扱わなければなりません。

1　継続勤務とは

　継続勤務とは、労働契約の存続期間、すなわち「在籍期間」をいいます。

　継続勤務に該当するかどうかは、勤務の実態に即して実質的に判断すべきものであり、実質的に労働関係が継続している限り、勤務年数を通算して考える必要があります **通達❶**。

通達❶ 継続勤務の意義（昭和63年３月14日基発150号）

　継続勤務とは、労働契約の存続期間、すなわち「在籍期間」をいう。継続勤務か否かについては、勤務の実態に即し実質的に判断すべきものであり、次に掲げるような場合を含むこと。この場合、実質的に労働関係が継続している限り勤務年数を通算する。

継続勤務か否か

1	定年退職者を引き続き再雇用 ・退職金が支給されていても該当する。 ・定年退職と再雇用との間に相当程度の間が空いていて客観的に労働関係が断続している場合は除く。

2	日雇者、アルバイト、パート、契約社員等 ・引き続き雇用されている者 ・アルバイト、パート、契約社員から正社員に身分が変わった場合も継続勤務と判断する。
3	在籍出向者
4	復職した休職者
5	会社が解散し、従業員の待遇等を含め権利義務関係が新会社に包括承継された場合
6	全員を解雇し、所定の退職金を支給し、その後改めて一部を再採用したが、事業の実体は人員を縮小しただけで、従前とほとんど変わらず事業を継続している場合

2　実務上の取扱い

　特に「定年後再雇用者」や「パート・アルバイト等から正社員」になった場合について、年次有給休暇の継続勤務の年数や日数をリセットしてしまう事例が多く見られます。間違いのない取扱いをするようにしましょう。

　また、基準日がそれぞれの雇用形態で違う場合に、前倒しで付与していれば問題ありませんが、前回の付与日から1年以上あけて、次の付与日を設定することは労基法違反に該当しますので注意が必要です。

正社員から週 3 日の有期契約社員へ変更になった ため、年次有給休暇の日数を按分して減らすことは 可能でしょうか？

　当社でこのたび正社員で働いていた社員から申し入れがあり、週 3 日の有期 契約社員へ切り替えをすることになりました。当社では、身分を切り替えたタイ ミングで年次有給休暇の付与日数を変更する決まりになっているのですが、該当 する社員から「付与日数が減るのはおかしいのではないか？」と聞かれました。 今まで、パートやアルバイト社員から正社員にするときには、このようなことを言 われたことはなかったのですが、どのように回答したらよいでしょうか？

　年次有給休暇は基準日にどのような働き方かで付与する日数が決定 します。そのため、契約切り替え時に直ちに不利に切り替えることは 違法です。次回の基準日時点でどのような所定労働日数かによって 付与すべき日数が変わります。

1　年次有給休暇の原則

　年次有給休暇は、 6 ヵ月継続勤務したら10日、その後 1 年ごとに 11・12・14・16・18・20日と継続勤務を重ねるごとに付与されてい き ます。基本的に、基準日から遡った過去の継続勤務に応じて日数が付 与されていくものです。

6 ヵ月勤務	→	10日付与
1 年 6 ヵ月勤務	→	11日付与
2 年 6 ヵ月勤務	→	12日付与
…		…

　そのため、年度中途で身分が変わっても、基準日に付与された日数 が変わらないということとなりますので、ご質問のように年度中途で 身分変更があった際に日数を減らすことは許されません **ポイント❶**。

押さえておきたい判断のポイント①

有利な改定は OK

　1では年度途中で正社員からパート・アルバイト等になった場合について日数を減らすことはできないと解説しましたが、反対にパート・アルバイト等から正社員になった際に、正社員の日数になるように有利に日数を追加付与することは、法違反ではないため、問題ありません。

2　比例付与日数

　正社員と比較して所定労働日数が少ない場合、通常の日数と比例して少ない日数ですが年次有給休暇が付与されます。

病気欠勤した社員から、欠勤後に「年次有給休暇を使用したい」と申出がありましたが、そのような取扱いは可能でしょうか？

　病気欠勤した社員から、「年次有給休暇を事後であるが使用したい」と申出がありました。そのような取扱いは可能なのでしょうか？

 取扱いをすることは可能。ただし、就業規則等で明確に定めておくことが望ましい。

1　年次有給休暇の事後申請

　使用者は、労働者から年次有給休暇の請求があった場合に、請求のあった時季に与えなければなりませんが、事後申請については法的な義務はありません。

　そのため、認める必要はありませんが、多くの企業において、急な病気などのやむを得ない事由については、事後の申請でも認めているケースが多いようです ポイント❶。

押さえておきたい判断のポイント①

就業規則でルールを明確に

　法的な義務はなくとも、就業規則などで明確にしていない場合、人によって認められる、認められないなどの取扱いが統一されないことも考えられますので、運用方法を就業規則等で明確にしておくことが望ましいと言えます。

就業規則で定める場合の規定例は次のとおりです。

就業規則規定例 `DL↓`

第●条（年次有給休暇）

　会社は、急な病気等のやむを得ない事由により、従業員が事前の年次有給休暇の請求ができない場合に事後申請を認める場合がある。この場合、医師の証明書等の必要最小限度の各種証明書の提出を求めることがある。

2　会社が勝手に年次有給休暇を使用すること

　例えば、本人から当日の朝に「今日は病気で休む」としか連絡がないことがあります。この場合に、欠勤扱いにするのか、年次有給休暇を取得するのか、給与計算をする際に困ることがあります。「どうせ年次有給休暇を使うだろう」と、本人に確認せずに年次有給休暇を使うことが見受けられますが、このような対応はできません。

　なぜなら、年次有給休暇は、本人の請求に基づくものだからです。面倒でも、本人からの申し入れをして貰うようにしないと、後から問題になる可能性がありますので注意が必要です。

育児休業中の社員から「年次有給休暇を取得したい」と申出があったのですが、どのように対応したらよいのでしょうか？

　現在育児休業中の従業員から「前年に付与された年次有給休暇が時効になってしまうので、無くなってしまう前に使いたいのですが、使えますか？」と質問を受けました。認める必要があるのでしょうか？

　認める必要はありません。育児休業中は、労働義務が免除されていますので、年次有給休暇を取得する余地がありません。

1　育児休業とは

　育児・介護休業法の定めに基づき、1歳未満の子を養育する労働者からの申出で、育児のための休業をすることができます。休業期間中は労働義務が消滅します。

2　育児休業期間中の年次有給休暇

　年次有給休暇は、「労働義務」のある日について請求できるものであるため、育児休業中は年次有給休暇を請求する余地がありません**通達❶**。

> **通達❶**　**育児休業をした日の取扱い（平成3年12月20日基発712号）**
> 　年次有給休暇は、労働義務のある日についてのみ請求できるものであるから、育児休業申出後には、育児休業期間中の日について年次有給休暇を請求する余地はないこと。また、育児休業申出前に育児休業期間中の日について時季指定や労使協定に基づく計画的付与が行われた場合には、当該日には年次有給休暇を取得したものと解され、当該日に係る賃金支払日については、使用者に所要の賃金支払の義務が生じるものであること。

　ただし、育児休業を終了し、職場復帰した日からは労働義務が生じるので、年次有給休暇を取得することが可能になります。職場復帰日

＝出勤日でなくても差し支えなく、職場復帰日から年次有給休暇を取得しても何ら問題ありません。

3　産前産後休業中の取扱い

　産前産後休業中も、労働義務が消滅するため、年次有給休暇の取得余地がありません。ただし、産前休業は、6週間以内に出産予定の労働者が「請求」した場合に取れる制度のため、請求がない場合には出産予定日または出産日当日まで、年次有給休暇を取得する余地があります **ポイント❶** 。

押さえておきたい判断のポイント①

産前産後休業中の年次有給休暇の申出

　出産予定日まで年次有給休暇を取得予定だった場合で、早く出産した場合には、実際の出産日までが産前になるので、実際の出産日から出産予定日までの年次有給休暇は取得が不可となりますので、実務上給与計算をする際などは注意が必要です。

産前産後休業中は原則無給の会社の場合

4/15 出産予定日	4月中は出産予定日まで年次有給休暇を取得予定で給与計算 日割計算は、暦日数で30分の15で計算
4/8 実際の出産日	4/9－4/15の間の年次有給休暇の取得は不可となる →①4/1－4/8までの年次有給休暇の取得に変更。 4/9－4/15は、産後休業中のため、就業規則の定めに従い無給に 日割計算は、暦日数で30分の8で計算 →②4/1－4/8までの年次有給休暇の取得に変更。 4/9－4/15は、産後休業中のため、無給であるが特例的に有給扱い。 日割計算は当初のまま、暦日数で30分の15で計算

　また、通常は、産前産後休業期間→育児休業期間に移行しますが、産前産後休業期間の終了後、育児休業期間に入る前に年次有給休暇を消化することは可能です。

　育児休業は本人の申出により開始になるので、産前産後休業終了後に自動的に移行するわけではありません。そのため、産前産後休業終了後、年次有給休暇を使ってから育児休業を開始することも可能です。

4　休職期間中の取扱い

　休職制度は、法律上の制度ではなく、就業規則で定めた場合に取得可能な制度です。ただし、休職期間中は労働義務を免除する制度と考えられることから、原則として年次有給休暇を取得する余地がないと考えられます。

育児休業中に年次有給休暇の付与日が来た場合、休業中のため０日としてよいのでしょうか？

　育児休業で休んでいる従業員から、「自身の年次有給休暇の日数を教えて欲しい」と連絡がありました。「休んでいるから日数は休む前と変わっていませんよ」と伝えたところ、「それはおかしいのではないか。会社の一斉付与日は過ぎているのだから新たに付与されているはずでは？」と聞かれました。どのように回答したらよいでしょうか？

 　育児休業で休んでいても、付与日に要件を満たしていれば付与されます。育児休業中は、年次有給休暇の出勤率の算定にあたっては、「出勤したもの」とみなすため、育児休業をしていない期間も含めて出勤率をみて、要件を満たしているかを判断します。

1　育児休業とは

　育児・介護休業法の定めに基づき、労働者（男性も取得可能）は、原則１歳に満たない子を養育するために休業することができます。育児休業期間中は、就労義務が免除されると考えられます。

2　年次有給休暇の出勤率の算定

　年次有給休暇は、雇入日から６ヵ月間「継続勤務」し、「全労働日」の８割以上「出勤」した労働者に対して10日付与されます。その後は、１年経過するごとに、その１年の「全労働日」の８割以上「出勤」した労働者に対して所定の日数が付与されます　ポイント❶。

年次有給休暇付与日数

勤続期間	6ヵ月	1年 6ヵ月	2年 6ヵ月	3年 6ヵ月	4年 6ヵ月	5年 6ヵ月	6年 6ヵ月 以上
付与日数	10日	11日	12日	14日	16日	18日	20日

―― それぞれ8割以上の出勤率か？ ――

押さえておきたい判断のポイント①

実務のポイント

　実務的には一斉付与日に付与しなければなりませんが、育児休業期間中は年次有給休暇の取得余地がない、という理由で育児休業中の従業員に対して通知をせず、職場復帰時に付与日数や残日数をお知らせするケースが多いようです。労基法で通知義務は課せられていませんが、労基法の趣旨からするとお知らせすることが望ましいといえます。

　育児休業中は、育児休業をしている従業員との連絡を取ることが減ってしまいがちです。会社や従業員の近況を伝える機会をつくることも、それだけでは難しいと思いますので、このようなことをきっかけとして、連絡を取る機会にしていただくとよいのではないでしょうか。

3　育児休業期間中は労働義務が免除

　育児休業期間中は、労働義務が免除されているため、実際には出勤をしていませんが、年次有給休暇の出勤率の算定にあたっては、「出勤したもの」とみなします（労基法第39条第10項）。そのため、対象期間中のすべてが育児休業だった場合は、出勤率が100％ということになります。

4　その他の休んでいる日の扱い

　「業務上の負傷または疾病で休業した期間」、「介護休業期間」、「産

前産後休業期間」も同様に出勤したものとみなします（労基法第39条第10項）。

　「労働者の責に帰すべき事由によるとはいえない不就労日」は、通達の定めにより原則出勤したものとみなしますが、出勤率の算定にあたり、分母（全労働日）や分子（出勤日）の両方から除く取扱いをする場合もあります。

3　　特別休暇／裁判員休暇

Q　従業員から「先日結婚しましたが、結婚休暇がない
のはおかしくないですか?」と聞かれました。どの
ように回答したらよいのでしょうか?

　入社してしばらく経った従業員から「先日結婚したのですが、就業規則をみた
ら結婚休暇がないようなのです。おかしくないですか?前職ではありましたし、
普通ありますよね」と聞かれました。どのように回答したらよいでしょうか?

A　結婚休暇は、特別休暇や法定外休暇などと呼ばれる任意の休暇のた
め、制度がなくても法的には何ら問題ありません。ただし、従業員か
らするとそのような休暇も無いのかと失望する可能性もありますので、
福利厚生の一環として導入することが望ましいといえます。

1　法定外休暇、特別休暇とは

　労基法では年次有給休暇について定めがありますが、年次有給休暇
以外に、各企業で独自に導入している法定外休暇や特別休暇などがあ
ります。このような法定外休暇、特別休暇は、労基法上は定めがあり
ませんので、導入するかどうかは自由です。

　また、賃金をどうするか(有給扱いとするか無給扱いとするか)も
自由に決めることができます。

2　結婚休暇

　結婚休暇などの慶弔休暇制度は、独立行政法人労働政策研究・研修
機構が平成29年に行った調査によれば、約9割の企業で導入されてい
るようです。なお、日数については、もともとは新婚旅行に行くこと
を想定していたと考えられるため、「5労働日」とする場合が多いよ
うです。

3　導入する場合に行うべきこと

　法定外休暇や特別休暇などを導入する場合、休暇に関する定めは就業規則の絶対的記載事項であるため、就業規則への記載が必要となります。また、10人以上の事業場では、労働者代表の意見書を添付したうえで労基署への届出が必要です。

　任意の休暇であるため、どのようなルールとするかは就業規則の定めが全てとなりますので、各種条件については、事前にしっかりと決めておくことがトラブル防止につながります。

　考慮すべき主な事項は次のとおりです。

事由	考慮すべき事項
結婚	・結婚とは？（入籍日か挙式日か、事実婚はどうするか等）
日数	・何日とするか？ ・暦日数か労働日か？ ・連続日数か分割可能か？
期限	・有効期限は設定するか？
賃金	・有給とするか、無給とするか
回数	・再婚はどうするか？
申請方法	・年次有給休暇と同様とするか？
証明書類	・必要最小限度で求める場合がある、という文言を入れるか？

従業員から「先日、裁判員の選任通知が届きました。裁判員に選任されたときに休暇が取得できるらしいと聞いたのですが」と聞かれました。どのように回答したらよいでしょうか？

従業員から「先日、裁判員の選任通知が届きました。裁判員に選任されたときに休暇が取得できるらしいと聞いたのですが、本当ですか？」と聞かれました。どのように回答したらよいでしょうか？

 労基法の定めおよび裁判員法の定めにより、裁判員休暇を取得することができます。有給とするか無給とするかは、法の定めはないので自由に定めることができますが、就業規則に規定する必要があります。

1　裁判員休暇

平成21年から開始された裁判員休暇制度は、労基法第 7 条に規定する公民権行使のための時間として、労働者が請求した場合には、使用者はこれを認めなければなりません。

賃金をどうするか（有給とするか無給とするか）は任意ですが、就業規則に規定する必要があります。

2　公の職務執行権の保障

労基法第 7 条では、「使用者は、労働者が労働時間中に、選挙権その他公民としての権利を行使し、又は公の職務を執行するために必要な時間を請求した場合においては、拒んではならない。」と定められています。

裁判員としての職務は、この公の職務を執行することにあたります（平成17年 9 月30日基発0930006号）。会社は、全ての従業員（正社員、パート、アルバイト、契約社員等）からの請求を拒むことができません。

3　不利益取扱いの禁止

　裁判員として仕事を休んだこと等を理由とした不利益な取扱いは、裁判員法（裁判員の参加する刑事裁判に関する法律）第100条で禁止されています。

4　就業規則への規定

　休暇に関する定めは就業規則の絶対的記載事項であるため、就業規則への記載が必要となります。また、10人以上の事業場では、労働者代表の意見書を添付したうえで労基署への届出が必要です。決めるべき事項は、休暇の手続方法、賃金の取扱い、出勤率の取扱いなどです。

①手続方法

　いつまでに、誰に、どのような様式で申請するのかを決めます。また、1日単位の休暇とするのか、半日では可能なのか、それとも時間単位での請求とするのか等も決めておきます。

②賃金

　労基法では、賃金についての定めがありませんので、有給でも無給でも差し支えありません。

③出勤率

　年次有給休暇の出勤率算定に関しては、労基法では定めがありませんので、出勤扱いとするのか、欠勤扱いとするのか、分母分子から除外するのか等を決定します。

就業規則規定例 DL↓

第●条（裁判員休暇）

　従業員が裁判員候補者、裁判員、補充裁判員となった場合で、その職務遂行のために休暇を請求した場合には、会社はその必要な限度でこれを認める。

2　従業員は、裁判員候補に選出され呼び出しを受けた場合には、会社に報告しなければならない。

3　裁判員休暇は、従業員からの請求に基づき、1日単位で必要な日数について付与するものとする。

4　会社は、必要最小限の各種証明書の提出を求めることがある。

5　裁判員休暇は、無給とする。

6　会社は、従業員が裁判員休暇を取得したこと等を理由として不利益な取扱いを行わないものとする。

4　半休／時間単位年休

 Q **従業員から「午前半休を取得し午後から出社しましたが、終業時刻までに終わりませんでした。残業時間の取扱いはどのようになるのでしょうか?」と聞かれました。どのように回答したらよいでしょうか?**

　従業員から「午前半休を取得し、午後から出社しましたが、仕事が忙しく終業時刻までに終わりませんでした。残業時間の取扱いはどのようになるのでしょうか?」と聞かれました。どのように回答したらよいでしょうか?

A 　労基法は実労働時間主義なので、実労働時間が8時間を超えた場合に割増賃金支払義務が発生します。半休と実労働時間を合わせて1日の所定労働時間を超えた場合には時間外労働手当を支払う必要があります。

1　労基法の割増賃金

　労基法では、1日8時間を超えて働かせた場合には、25%の割増賃金を支払う必要があります。時間単価が1,000円だった場合、25%割増した1,250円が時間外単価となります。

2　半休とは

　法律上は、年次有給休暇を半日単位で付与することは定められていません。ただし、使用者が任意に付与することは認められています。半休については、通達で「本来の取得方法による休暇取得の阻害とならない範囲で適切に運用される限りにおいて、問題がないものとして取り扱うこととしていること」とされています。

3　契約上の考え方

　1日の所定労働時間が7時間30分の会社で時間外労働があった場

合、7時間30分から8時間までの時間外労働は、8時間を超えていないので割増は不要ですが、契約上の労働時間を超えているため、割増率なしでの時間外労働手当を支払う必要があります。時間単価が1,000円だった場合、割増無しの1,000円が時間外単価となります。(法定内)時間外労働というような言い方をすることが多いです。

4　午前半休時の時間外労働

1日の所定労働時間が8時間、半休取得時は4時間（8：00〜12：00、13：00〜17：00）ずつの場合で時間単価が1,000円の場合で考えてみます。

午前半休を取得して、13：00から出社した場合、13：00から17：00までは、通常の労働時間、17：00以降は時間外労働に該当しますが、実労働時間は8時間を超えていないので割増率は不要です。21時以降で実働8時間を超えますので割増率が必要となります。表にすると次のとおりです（休憩時間は、ひとまず考慮していません）。

時間帯	割増率	時間単価
13：00から17：00	通常の労働時間	1,000円
17：00から21：00	割増無しの時間外	1,000円
21：00から22：00	時間外25％	1,250円
22：00から	時間外25％＋深夜25％	1,500円

5　休憩時間

通常労働時は、お昼休みなどで一律に休憩が取れますが、午前半休などで午後から出社した場合、本事例のように忙しくて時間外労働になった場合に休憩を取ることを忘れがちになります。

休憩時間は、労働時間が1日6時間を超える場合に45分、8時間を

超える場合に1時間を与えなければなりません。

　半休取得時に時間外労働を実施する場合、所定終業時刻を超える際、もしくは6時間を超過する前に休憩時間を取得するルールとしておくことが望ましいといえます。

　4の表でいえば、17：00からの休憩、19：00からの休憩となります。時間外25％は実働8時間を超えたところからとなります。

6　会社独自の定め（就業規則等）

　法定の割増率は3で述べたとおりですが、就業規則等でこれを上回る定めをした場合には、就業規則等の定めが優先されます。1日8時間労働の会社の場合、通常労働時はこのような法定内の時間外労働の想定をしていないことが多いため、運用上どのようにするのかを迷うことがあります。自社の就業規則等がどうなっているのかを見直ししていただくとよいでしょう。

Q **裁量労働制適用者から半休の申出がありました。制度上矛盾するように思うのですがいかがでしょうか？**

裁量労働制適用者から、「半休を取りたいのですが」との申出がありました。制度上矛盾するように思うのですがいかがでしょうか？

A 裁量労働制適用者は、始業・終業時刻を労働者に委ねる制度のため、半休が生じる余地がないと考えられます。

1　裁量労働制度とは

裁量労働制度には、専門業務型裁量労働制と企画業務型裁量労働制の２種類があります。どちらも、業務遂行の手段や方法、時間配分等を大幅に労働者の裁量にゆだねる必要がある業務として定められた業務の中から、対象となる業務を労使で定め、労働者を実際にその業務に就かせた場合、労使であらかじめ定めた時間働いたものとみなす制度です。

2　半休制度とは

半日単位で有給を取ることができる半休制度は、労基法で定められた制度ではありませんが、就業規則等で定めることにより任意に導入することができる制度です。通達においても「本来の取得方法による休暇取得の阻害とならない範囲で適切に運用される限りにおいて、問題がないものとして取り扱うこととしていること」とされています。

3　裁量労働制適用者に対する半休の導入余地

裁量労働制度では、時間配分等を大幅に労働者の裁量にゆだねる必要があることから、裁量労働制適用者は、何時に出社するのか、何時に退社するのか、何時間労働するのかの裁量が与えられています。何

時間労働したとしても、労使で定めた時間を労働したものとみなします。4時間働いても、8時間働いても、12時間働いても労使で定めた時間が9時間だとしたら全て9時間となるのが裁量労働制の特徴です。例えば、病院へ行ったり、役所へ手続きに行ったりといったことも裁量労働制適用者が自身の判断で時間調整することができます。

そのため、決まった時刻に取得可能な半休制度とは制度の趣旨からなじまないと考えられます（会社側が時間管理することの裏返しとなってしまうため）。

同様に、時間単位の年次有給休暇についても同じことが言えます。

4　裁量労働制適用者に対する通常の年次有給休暇

裁量労働制適用者は、時間配分に関しては裁量が与えられていますが、通常の年次有給休暇については、通常労働者と同様に取得することが可能です。

当社では、コアタイムなしのフルフレックス制度を導入しています。従業員から半休の申し入れがありましたが、認める必要はありますか?

当社では、コアタイム無しのフルフレックス制度を導入しています。このたび、従業員から半休の申し入れがありましたが、認める必要はありますか?

 半休制度自体は任意の制度であるため、フレックスタイム制適用者に適用させるかどうかは自由です。ただし、始業・終業時刻を労働者に委ねる制度であること、コアタイムがない制度であることから必要性は低いと考えられます。不適切な運用がされないように、半休の取得には、やむを得ない場合に限るなど、一定の制限を掛けた方がよいと考えられます。

1 フルフレックス制度とは

最近導入企業が増えていますが、コアタイムなしのフレックスタイム制で、「フルフレックス制」や「スーパーフレックス制」などと呼ばれています。

フレックスタイム制の特徴である始業・終業時刻帯だけでなく、必ず働く時間帯も設定しないことで、自由な働き方が可能になる制度です。

2 半休制度とは

法律上は、年次有給休暇を半日単位で付与することは定められていません。ただし、使用者が任意に付与することは認められています。半休については、通達で「本来の取得方法による休暇取得の阻害とならない範囲で適切に運用される限りにおいて、問題がないものとして取り扱うこととしていること」とされています（平成21年5月29日基発第0529001号）。

3　フルフレックス制度における半休の留意点

　例えば、所定労働日が1日8時間、所定労働日数が20日の月で、全ての労働日で半休取得を申請したうえで、毎日8時間労働した場合、

　その月の実労働時間　　8時間×20日＝160時間

　半休取得時間　　　　　4時間×20日＝　80時間

といったように、80時間分の時間外労働手当の受領が可能になるからです。これは、本来の趣旨に反するものであると考えられるため、原則として、フルフレックス制度においては、半休制度は導入しない方がよいと考えられます **ポイント❶**。

押さえておきたい判断のポイント①

半休制度を取得可能とする場合

　上述のとおり、フルフレックス制度において半休制度は適していないものの、例えば、その月の実労働時間が短く、本来働くべき労働時間に達していない場合などに限定して、半休を取得可能とすることは、制度の趣旨からしてもよいものと考えられます。

4　フルフレックス制度における休憩の留意点

　フルフレックス制度では、コアタイムが設定されないため、休憩時間をどのように取得するのかを明確にしておく必要があります。

　使用者は労働時間が6時間を超える場合は少なくとも45分、8時間を超える場合は少なくとも1時間の休憩時間を労働時間の途中に与えなければなりません。

　休憩時間については、一斉に付与することができないため、一定の業種以外は一斉休憩適用除外の労使協定の締結が必要になります。

従業員から「前職では時間単位の年次有給休暇が
あったが、当社ではないのはおかしいのではないで
しょうか?」と言われましたが、問題ないのでしょ
うか?

　従業員から「前職では時間単位の年次有給休暇があったが、当社ではないの
はおかしいのではないでしょうか?」と言われました。問題ないのでしょうか?

 時間単位の年次有給休暇は、任意の制度のため、導入していなくて
も問題ありません。

1　時間単位の年次有給休暇とは

　平成22年の労基法改正により新設された制度です。労使協定を締結
することで、年次有給休暇を年5日まで時間単位で取得させることが
可能になります。10人以上の事業場においては、就業規則の定めも必
要です。

　義務化された制度ではなく、任意に導入することが可能な制度で
す。そのため、導入されていなくても法律上は問題ありません。

　独立行政法人労働政策研究・研修機構が令和3年に全国の従業員30
人以上の企業約1万7,000社に行った調査によれば、時間単位の年次
有給休暇の導入企業割合は、22.0%でした。

　厚生労働省が実施する就労条件総合調査では、平成29年の調査結果
が最新で(その後は未公表)、導入企業割合は18.7%でした(従業員
30人以上の企業6,367社を対象に行った調査で有効回答率69.6%)。

2　半休制度との違い　ポイント❶

　半休制度と時間単位の年次有給休暇の違いと共通点は、次のとおり
です。

半休と時間単位の年次有給休暇の違いと共通点

	半休	時間単位
法律の定め	無し	あり
導入	任意	
就業規則	導入する場合、記載が必要	
労使協定	不要	必要
日数	任意に決められる	5日が限度
5日消化義務	対象	対象外

押さえておきたい判断のポイント①

労働者にとってのメリットと留意点

　時間単位の年次有給休暇制度の労働者にとってのメリットは、役所に手続きに行ったり、治療のため通院したり、子どもの学校行事に参加したりできることにあります。

　例えば用事が1時間程度で済む場合、1日8時間の企業であれば8回取得で1日分の有給休暇となりますが、半休制度しかない場合は2回取得で1日分となってしまいます。

　このように、時間単位の年次有給休暇制度は労働者にとって非常によい制度なのですが、年次有給休暇の5日消化義務化の対象「外」となることに留意していただく必要があります。

第5節 休業（妊娠期／育児・介護休業／職場復帰後）

> **Q** 従業員から妊娠したと報告がありました。会社として気をつける点は何でしょうか？
>
> 従業員から妊娠したと報告がありました。今まで当社では、妊娠・出産をした社員がいなかったので、何をしなければならないか、何をしてはいけないのかなど、右も左も分からない状態です。会社として気を付ける点は何でしょうか？
>
> ─────────────────
>
> **A** 妊娠から産前休業期間、出産、産後休業、育児休業、職場復帰、復帰後の働き方まで、それぞれの事象に応じて、各種法令に基づき様々な手続きがあります。全体の流れを把握したうえで、それぞれの詳細を把握していくとよいでしょう。

1　全体の流れ

　妊娠が判明した時から、産前休業期間、出産、産後休業期間、育児休業期間、職場復帰、復帰後の働き方まで、それぞれの事象に応じて、各種法令に基づき様々な手続きがあります。全体の流れが把握できるような表を作成しました。それぞれの時期ごとに必要な手続きを忘れないようにしましょう。

時期	項目	会社がすべきこと	根拠法令
妊娠判明	妊娠健康診査	定期的な診査時間の確保	母子保健法均等法
	母性健康管理指導事項連絡カード	医師からの指導事項に基づき適正な措置	均等法

	時間外労働等	請求があれば、時間外、休日、深夜の制限、変形労働時間制の適用制限の実施	労基法
	軽易業務転換	請求があれば業務転換	労基法
	危険有害業務の制限	重量物を扱う業務等が禁止	労基法
	個別周知・取得意向確認	育児休業制度について、個別に周知し意向を確認	育児・介護休業法
	不利益取扱い・ハラスメント	禁止	均等法 育児・介護休業法
産前休業	就労	請求があれば、出産予定日6週（多胎14週）間前から就労禁止	労基法
	社会保険	保険料免除の申出手続	健康保険法 厚生年金保険法
出産	出産育児一時金	直接支払制度の場合は不要の事が多い	健康保険法
	子の健康保険証	収入が多い方が扶養する	健康保険法
	育児休業申出書	育児休業取扱通知書の交付	育児・介護休業法
産後休業	就労	出産日後8週（医師が認めた場合6週）間は就労禁止	労基法
	出産手当金	原則、産後休業期間が経過後に手続	健康保険法

育児休業	社会保険	保険料免除の申出手続	健康保険法 厚生年金保険法
	育児休業給付金	定期的に手続（1ヵ月または2ヵ月ごと）	雇用保険法
	育児休業の延長	・保育所等が見つからない場合、育児休業期間を延長 ・保険料免除の申出延長手続	育児・介護休業法
職場復帰	働き方	・育児時間 ・短時間勤務制度、所定外労働・時間外労働・深夜労働等の制限、子の看護休暇など	労基法 育児・介護休業法
	社会保険	時短勤務などで報酬が下がった場合 ・育児休業等終了時報酬月額変更届 ・厚生年金保険養育期間標準報酬月額特例申出書	健康保険法 厚生年金保険法

2　その他

① 厚生労働省の各種資料

　厚生労働省が作成している「働きながらお母さんになるあなたへ」というパンフレットがあります。働く女性の妊娠・出産・育児について法律で定められていることや公的な相談先が記載されており、どの時期にどのようなことをする必要があるかが記載された資料となっています。女性労働者だけでなく、使用者がみても分かり

やすい資料です。ご一読いただくとよいでしょう。

　また、厚生労働省では、働く女性や企業担当者向けに「妊娠・出産をサポートする女性にやさしい職場づくりナビ」というウェブサイトを開設しています。

　妊娠初期から妊娠中、産前産後休業から育児休業までの各時期に企業担当者が注意すべき事項や働く女性がどんなことをしたらよいかが紹介されています。各種申請書の様式などもダウンロード可能になっています。

②　実務上の注意事項

　産前休業に入ると給与が支給されなくなることが多くなります。社会保険料は免除になりますが、無給期間中の住民税をどうするかなどもあらかじめ決めておくとよいでしょう。

　普通徴収に切り替えする、毎月一定期日に振込してもらう、賞与時にまとめて振込または本人希望で控除する、出産手当金などのまとまった給付金が入金された際に返済してもらう、職場復帰時に返済してもらう等が考えられます。

③　マタニティハラスメント（マタハラ）の禁止

　妊娠したこと、出産したことを理由としたハラスメント（マタニティハラスメント）は男女雇用機会均等法で禁止されています。「制度等利用への嫌がらせ型」と「状態への嫌がらせ型」の2つの類型があります。

類型1：「制度等利用への嫌がらせ型」

　出産・育児・介護に関連する社内制度の利用に際し、当事者が利用をあきらめるざるを得ないような言動で制度利用を阻害する行為をいいます。

　例えば、次のようなものが考えられます。

・産休の取得について上司に相談したところ、「他の人を雇うの

で早めに辞めてもらうしかない」と言われた。

・妊婦健診のために休暇を取得したいと上司に相談したら、「病院は休みの日に行くものだ」と相手にしてもらえなかった。

類型２：「状態への嫌がらせ型」

　出産・育児などにより就労状況が変化したことなどに対し、嫌がらせをする行為をいいます。

　例えば、次のようなものが考えられます。

・上司に妊娠を報告したところ、「次回の契約更新はないと思え」と言われた。

・上司から「妊婦はいつ休むか分からないから、仕事は任せられない」と雑用ばかりさせられている。

・同僚から「こんな忙しい時期に妊娠するなんて信じられない」と繰り返し言われ、精神的に落ち込み業務に支障が出ている。

産前休業に入るのは6週間前からと認識していましたが、出産予定の社員から「出産予定日ギリギリまで働きたい」と申出がありました。問題ないのでしょうか？

　出産予定の社員から「出産予定日ギリギリまで働きたい」と申出がありました。産前休業に入るのは6週間前からと聞いたような気がしますが、出産予定日の直前まで働いてもらうことに問題はないのでしょうか？

　労基法上は問題ありません。産前休業は、本人の請求に基づき取得するものだからです。ただし、母体保護の観点からはおすすめできません。なお、本人が休みたいと希望しているのに就労させることは労基法違反に該当します。

1　産前休業とは

　産前休業は、労基法第65条では次のように定義されています。

> 使用者は、6週間（多胎妊娠の場合にあっては、14週間）以内に出産する予定の女性が休業を請求した場合においては、その者を就業させてはならない。

　自動的に、6週間前から産前休業になるのではなく、本人の請求があった場合に休業が開始となり、その者を就業させることが禁止されます。

2　出産予定日ギリギリまで働けるか

　ご質問のように、本人が産前休業を希望せずに、ギリギリまで就労したいということであれば、労基法上は問題ありません **ポイント❶**。極端な話ですが、出産予定日 **ポイント❷** 当日まで就労して、仕事中に産気づいて出産を迎えたとしても労基法上の問題はありません。

押さえておきたい判断のポイント①

実際の対応方法

　労基法上は問題ないとはいえ、そのような状態で就労させることは、母体保護の観点や会社の従業員に対する安全配慮義務の観点からもあまりおすすめできることではありません。

　会社は医学的な見地の判断をすることが困難ですので、主治医とうまく連携しながら、問題のない範囲で就労させるようにすることが望ましいと言えます。

　また、収入が減ることが懸念材料なのであれば、健康保険法に規定する出産手当金制度が産前産後休業中に収入がない方に対する給付であるため、こちらの制度を説明するということも考えられます。また、健康保険・厚生年金保険は、産前産後休業中・育児休業中は免除になりますのであわせてご説明いただくとよいでしょう。

押さえておきたい判断のポイント②

よくある勘違い（出産予定日≠帝王切開の手術予定日）

　従業員から、出産予定日を帝王切開の手術予定日でお知らせいただくことがあります。

　通達（昭和26年4月2日婦発113号）では、「産前6週間の期間は、自然の分娩予定日を基準として計算する」とされているため、「医師が証明」した「自然分娩予定日」が「出産予定日」となります。

　とはいえ、帝王切開の手術予定日に実際に出産した場合には、結果的にはその日から遡って6週間が産前休業期間となります。帝王切開の手術予定日が変更になることはあまり多くないですが、病院側の都合やご本人の体調などで変更になることもありますので注意が必要です。

　帝王切開の手術予定日は、自然分娩予定日よりも前倒しの日になることが多いですが、前述の理由から、医師の証明等がない限りは、会社は帝王切開の手術予定日起算の産前休業を認める必要はありません。ただし、申請があった場合に認めることは、母体保護の観点や会社の従業員に対する安全配慮義務の観点からは望ましいことであると言えます。

第6節 在宅勤務・テレワーク

 在宅勤務とテレワークの違いを教えて下さい。

　在宅勤務やテレワークという言葉を見聞きすることが増えました。どちらも同じような意味に思われますが、違いがよく分かりません。何か違いはあるのでしょうか?それとも全く同じ意味なのでしょうか?

 　同じような意味で使われることが多いですが、一般的にはテレワークの方が広い意味で使われます。テレワークという働き方のひとつの類型が在宅勤務となります。

1　テレワークとは

　テレワークとは、パソコン・スマートフォン等の ICT 技術（情報通信技術）を活用した、働く場所や時間にとらわれない柔軟な働き方の総称をいいます。テレ（tele）は、遠くや離れたことを意味する単語です。そこから、会社から離れて仕事をすることを意味する造語としてテレワークと呼ぶようになったようです。リモートワークと呼ばれることもありますが、テレワークと同じ意味合いで使用されています。リモート（remote）は、遠隔や距離が遠いということを意味する単語です。

　厚生労働省では、令和3年3月に「テレワークの適切な導入及び実施の推進のためのガイドライン」を改定して、テレワークの導入と実施にあたって留意点や望ましい取り組みについて解説しています **ポイント❶**。

押さえておきたい判断のポイント①

導入にあたって必要な検討

　テレワークを導入するにあたり、導入目的、対象業務、対象労働者、実施場所、テレワーク可能日、申請手続、費用負担、労働時間管理方法、中抜け時間、連絡方法、評価方法などを検討します。

　チェックリストを作成していますので、第1章第1節4−2のテレワーク導入に際しての留意点をご覧下さい。

　また、テレワークのどの形態を選択するか、または組み合わせをするかは自由ですが、情報漏洩リスクやシステムセキュリティの観点も非常に重要です。総務省が「テレワークセキュリティガイドライン」を発行していますので、そちらを参考にしていただくとよいでしょう。

2　テレワークの類型

　テレワークには雇用型（企業に勤務）と自営型（個人事業者）がありますが、雇用型テレワークには、自宅を就業場所とする「在宅勤務」、施設に依存せずにいつでもどこでも仕事が可能な「モバイル勤務」、会社とは違う場所でサテライトオフィス等を活用する「施設利用型勤務」などがあります。

テレワークの形態

テレワークの形態	働く場所	特徴
在宅勤務	自宅	・通勤を要しないため、その時間を柔軟に活用可能 ・仕事と家庭生活の両立が可能に
モバイル勤務	・自由に働く場所を選択可能 　例）喫茶店、移動中の電車やバス	・働く場所を自由に選択可能 ・外勤中の移動時間も活用可能
施設利用型勤務	・サテライトオフィス ・シェアオフィス ・コワーキングスペースなど	・通勤時間を短縮 ・在宅勤務の環境確保が困難な場合にも有用 ・各種設備が整っている

テレワークと在宅勤務のイメージ図

Q 従業員から「在宅勤務時に家事や育児介護等で離席や仕事を中断することは可能か」と聞かれました。どのように回答したらよいでしょうか？

子どもが小さい社員や家族の介護をしている従業員から、「在宅勤務中に家事や育児、介護などで、一旦仕事を中断したいことが多くあるのですが可能ですか？その分、他の時間で働いてカバーして通常の労働時間分は働きますので」と聞かれました。そのようなことをすることが可能なのですか？どのように回答したらよいでしょうか？

A 会社がそのような取扱いを認めるかどうか次第です。法的には認める必要は特にありません。就業時間中は職務に専念するのが原則です。ただし、在宅勤務の普及と有能な人材の確保の観点などからは、ご質問のような中抜け時間を認める取扱いは推奨されます。労働者にとっても働きやすい魅力のある職場となるでしょう。

1　職務専念の原則

労働契約に基づき、労働者は就業時間中は休憩時間を除き、使用者の指揮命令下のもと職務に専念する義務があると考えられます。

2　在宅勤務特有の事情

育児・介護休業法においては、子の看護休暇・介護休暇の時間単位取得が認められていますが、法令上は、中抜け時間無しでも問題ないことになっています。とはいえ、在宅勤務中は、就業場所が自宅であるという特殊事情から子どもの世話や家族の介護などが発生することが想定されます。

在宅勤務中の中抜け時間を認める法令上の定めはありませんが、厚生労働省の発出している「テレワークの適切な導入及び実施の推進のためのガイドライン」では、勤務時間の途中の中抜け時間の取扱いについて解説しています。

3　中抜け時間設定の仕方

①社内で検討する

　社内で中抜け時間を設定するかどうかを検討し決定します。

　産労総合研究所が2021年に実施した「2021年度　労働時間、休日・休暇管理に関する調査」によれば、在宅勤務中の中抜け時間については、「中抜けは認めない」33.3％が最も多く、「半日単位、時間単位の年休を取得」22.7％、「休憩時間として扱う」18.9％、「所定労働時間働いたものとして扱う」15.2％となっています。

②就業規則に定める

　中抜け時間は、労働時間や休憩時間等の取扱いになりますので、10人以上の事業場では「就業規則」に規定し、労基署へ届け出る必要があります。次の i 〜 iii のように、取扱いによって就業規則への定め方が異なります。

　i　休憩時間扱いとする場合

　　取れる回数や時間数について定めます。始業・終業時刻の変更と休憩時間が通常のものとは別に取得可能になりますので、就業規則に詳細を定める必要があります。規定例は次のとおりです。時間数の決まりはありませんので自由に決定します。

就業規則規定例 DL↓

　第●条（労働時間）労働時間は、1週間については40時間、1日については8時間とする。

　2　始業、終業時刻は以下のとおりとする。

　　　始業時刻　9時

　　　終業時刻　17時

　　　　休憩時間　12時から13時

　3　業務の都合その他やむを得ない事情により、これらを繰り
　　上げ、又は繰り下げることがある。

　4　在宅勤務中、やむを得ない事情がある場合に就業時間中の
　　中抜けを認める。中抜け時間は休憩時間とし、その上限は1
　　日2時間までとする。中抜けをする場合には勤怠システムで
　　の報告をしなければならない。

　また、一定の業種以外は「一斉休憩の適用除外に関する労使協
定書」の締結が必要です。

ⅱ　労働時間扱いとする場合

　労働時間扱いする場合には、特に就業規則の変更等は不要で
す。ただし、ルールを明確にしておかないとトラブルのもとです
ので、就業規則に規定することを推奨します。

ⅲ　年次有給休暇（半休や時間単位年次有給休暇）を使用する場合

　労働者の希望により、年次有給休暇を使用することも考えられ
ます。ただし、年次有給休暇は、本人の請求に基づくものである
ため、会社側から強制することはできません。

　なお、時間単位の年次有給休暇制度を新設する場合には、就業
規則の定めと労使協定の締結が必要です。

海外転勤する配偶者に同行する従業員が、海外で在宅勤務をすることは可能なのでしょうか？

　配偶者が海外転勤する従業員から「配偶者に同行して海外転勤する予定で退職を考えていたが、最近はほとんどの業務が在宅勤務でできていたので、海外に行っても引き続き働きたいと考えています。会社としてそのような制度はありますか？」と聞かれました。当社は、海外拠点などもないのでそのような想定はしたことがなかったのですが、どうしたらよいでしょうか？

 　労務管理の観点からは可能です。ただし、注意点がいくつかあります。なお、税法上の問題や赴任先の在留資格（ビザ）など、別途規制がある場合がありますので、その他の関連事項を考慮して、決定する必要があります。

1　質問の背景（働き方の多様化、在宅勤務の増加）

　従来であれば、ご質問のケースでは仕事を続ける選択肢はなく、退職することがほとんどでした。ところが、新型コロナウイルス感染症への対策として、在宅勤務を制度化している会社が急激に増加しました。出社することがほとんどなくても業務ができていたため、配偶者の海外転勤に同行しても仕事が続けられるのではないかという問い合わせは、非常に多くなっています。

2　労基法の適用　法令❶

　原則として、労基法は日本国内の事業にのみ適用されます。

　海外で勤務する場合で、海外に支店などがある場合には、現地の指揮命令下に入りますので、現地の法律が適用されると考えられます。

　海外に支店などがない場合等は、日本からの指揮命令下にあると考えられるため、労基法が適用されます。また、長期出張などの場合も、日本からの指揮命令下であると考えられるため同様です。

　当質問の場合は、長期出張の場合と同様に日本の指揮命令下で働く

ことが想定されますので、原則として日本の労基法が適用されると考えられます。

> **法令❶** **法の適用に関する通則法（平成18年6月21日号外法律第78号）**
>
> （労働契約の特例）
> 第十二条　労働契約の成立及び効力について第七条又は第九条の規定による選択又は変更により適用すべき法が当該労働契約に最も密接な関係がある地の法以外の法である場合であっても、労働者が当該労働契約に最も密接な関係がある地の法中の特定の強行規定を適用すべき旨の意思を使用者に対し表示したときは、当該労働契約の成立及び効力に関しその強行規定の定める事項については、その強行規定をも適用する。
> 2　前項の規定の適用に当たっては、当該労働契約において労務を提供すべき地の法（その労務を提供すべき地を特定することができない場合にあっては、当該労働者を雇い入れた事業所の所在地の法。次項において同じ。）を当該労働契約に最も密接な関係がある地の法と推定する。
> 3　労働契約の成立及び効力について第七条の規定による選択がないときは、当該労働契約の成立及び効力については、第八条第二項の規定にかかわらず、当該労働契約において労務を提供すべき地の法を当該労働契約に最も密接な関係がある地の法と推定する。
>
> （当事者による準拠法の選択）
> 第七条　法律行為の成立及び効力は、当事者が当該法律行為の当時に選択した地の法による。
>
> （当事者による準拠法の変更）
> 第九条　当事者は、法律行為の成立及び効力について適用すべき法を変更することができる。ただし、第三者の権利を害することとなるときは、その変更をその第三者に対抗することができない。

3　労働時間の考え方

　赴任する国によっては、時差で日本とは昼夜が逆転することが考えられます。双方で電話をしたり、WEB会議を行うなどのやり取りが発生するような勤務形態の場合には、このあたりをよく考えていただく必要があります。

　なお、深夜割増の対象となる時間帯をどのように考えるかは、明確に規定されたものはありませんが、時差を考慮して、現地時間で22時以降の労働になる場合を深夜割増の対象とすることが考えられます。このあたりは、雇用契約書などで、労働条件を明確に書面で明示しておくことが必要です。

4　税務上の取扱いと就労ビザの取扱い　ポイント❶

　税法上、日本に居住せず非居住者扱いとなることと、現地での納税義務の関係などが発生します。

　また、就労ビザを取得するに際しては、配偶者の分は配偶者の勤務先が手配し、従業員が同行する場合には家族滞在等で行くことが多く、その在留資格では現地では就労ができないという問題が発生する可能性があります。

押さえておきたい判断のポイント①

実現が難しい場合

　実務上は、上記4の取扱いをクリアすることが障害となり、なかなか実現することは難しいようです。

　このような配偶者に同行する場合に、退職という選択肢ではなく、一定期間の休職が可能な制度を導入することも一案です。休職制度の導入が難しい場合には、やむを得ず退職するとしても、帰国時には再雇用する再雇用制度を導入することなども考えられます。

著者紹介

松原 熙隆（マツバラ ヒロタカ）
特定社会保険労務士

早稲田大学法学部卒業。大手住宅メーカーで営業職に従事した後、社会保険労務士法人石山事務所に入所。25年間の勤務を経て、令和３年に独立し、松原 HR コンサルティング（社会保険労務士事務所）を開設。外資系企業を中心に人事労務相談、就業規則作成、労務診断・労務監査、給与計算、社会保険・労働保険業務全般に従事。

明治大学リバティーアカデミー「会社経営と経営労務監査」「労務コンプライアンス監査の実務セミナー」講師（2014年から2016年）、人事コンサルティング会社主催　人事研究会セミナー「働き方改革関連法案に伴い、中堅・中小企業が取り組むべき対応」（2019年）をはじめ、セミナー実績多数。

〈主な著作物〉
・第一法規　「こんなときどうする労働・社会保険事務手続　Ｑ＆Ａ」「こんなときどうする労働・社会保険事務手続き　届出の実務　チェックリスト式」共著
・第一法規　「パッとつかめる実務のステップ　図解　働き方改革法　らくらく対応マニュアル」
・第一法規　会社法務Ａ２Ｚ　2020年10月号　「中小企業におけるハラスメント防止対策〜with コロナ時代のハラスメント〜　対応に際してのポイントと注意事項」に寄稿

サービス・インフォメーション

─ 通話無料 ─
①商品に関するご照会・お申込みのご依頼
　　　　TEL 0120(203)694／FAX 0120(302)640
②ご住所・ご名義等各種変更のご連絡
　　　　TEL 0120(203)696／FAX 0120(202)974
③請求・お支払いに関するご照会・ご要望
　　　　TEL 0120(203)695／FAX 0120(202)973

●フリーダイヤル(TEL)の受付時間は、土・日・祝日を除く
　9:00～17:30です。
●FAXは24時間受け付けておりますので、あわせてご利用ください。

ケースでアドバイス　労働時間・休日・休暇の実務
～テレワーク時代でも迷わない判断のポイント～

2022年9月10日　初版発行

著　者　　松　原　熙　隆
発行者　　田　中　英　弥
発行所　　第一法規株式会社
　　　　　〒107-8560　東京都港区南青山2-11-17
　　　　　ホームページ　https://www.daiichihoki.co.jp/

ケース労働時間　ISBN 978-4-474-07815-4　C2034 (4)